国家出版基金项目
NATIONAL PUBLICATION FOUNDATION

当代中国教育学人文库

美国教育改革

1890—1920年

张斌贤 等 著

中国人民大学出版社
·北京·

目 录

导　言

1890—1920 年通常被称作美国历史的进步主义时期。这是美国国家发展的一个非常关键和重要的历史时期。在这个时期，美国基本实现了工业化，取代德国成为世界第一经济大国；城市化进程进入关键时刻，1920 年基本实现城市化，美国由此从一个乡村-农业国家转变为城市-工业国家。1898 年的美西战争和 1917 年美国加入第一次世界大战则使美国从区域大国成为世界大国。与此同时，美国进入社会矛盾异常尖锐、各种社会问题集中爆发的时期。工业化、城市化、前所未有的大规模移民，以及接二连三爆发的经济危机，不仅对美国既有的文化、政治、宗教等方面的价值观念造成巨大的冲击，而且对现行的社会结构、社会制度形成了直接的挑战。在严酷的形势下，进步主义运动应运而生。进步主义运动不仅直接推动了美国社会的全面改革，而且对 20 世纪美国历史变迁产生了深远影响。

在美国教育史上，1890—1920 年同样是一个波澜壮阔的巨变时期。在这个时期，美国普及义务教育普遍实施，中等教育高速扩张，普通中学的教育目标发生重要转变，原有的 8—4 学制逐渐被 6—3—3 学制取代，城市学校体制初步确立，教师、校长和督学的专业化基本实现。在这个时期，以哈佛大学校长查尔斯·埃利奥特为主席的十人委员会的《十人委员会报告》(1893 年) 和中等教育改造委员会的报告《中等教育的基本原则》(1918 年) 等著名教育文献先后面世，《史密斯-休斯法》(1917 年) 等重要的教育立法文件相继颁布，这些政策文件对 20 世纪美国学校教育发展产生了深远的影响。在这个时期，涌现了库克实习学校、杜威学校、弗朗西斯·帕克学校、密苏里大学附属初等学校、葛雷学校等大批新学校。弗朗西斯·帕克的《关于教育学的谈话》（1894 年）、格兰威尔·斯坦利·霍尔的《青少年：它的心理学及其与生理学、人类学、社会学、性、犯罪、宗教和教育的关系》（1904 年）、爱德华·桑代克的《教育心理学》（1903 年）、约翰·杜威的《民主主义与教育》（1916 年）等重要教育著作先后出版。所有这一切，为美国现代学校教育制度奠定了坚实的基础，深刻地影响了 20 世纪美国教育演变的过程和方向，也对世界许多国家教育的发展产生了直接或间接的重要影响。简言之，这个时期美国教育的"巨变"，不仅反映在学生、学校、教师和教育投入等一系列衡量教育增长水平指数的爆炸式增长，更反映在教育制度及其所蕴含的基本观念的剧烈而深刻的变革。这与美国教育史其他时期形成了鲜明的对照。

同样特殊的是，推动这个时期美国教育发生巨大变革的直接动力是一系列相继开展的教育运动。从 19 世纪 70 年代起，相继出现了众多教育运动，其中主要包括：手工训练运动（Manual Training Movement）、裴斯泰洛齐运动（Pestalozzian Movement）、赫尔巴特运动（Herbartian Movement）、福禄培尔运动（Froebel Movement）、蒙台梭利运动（Montessori Movement）、工业教育运动（Industrial Education Movement）、职业教育运动（Vocational Education Movement）、儿童研究运动（Child Study Movement）、学校调查运动（School Survey Movement）、初级中学运动（Junior High School Movement）、综合中学运动（Comprehensive School Movement）、教育效率运动（Educational Efficiency Movement）、教育测量运动（Educational Measurement Movement）、标准化运动（Standardization Movement）、进步主义教育运动（Progressive Education Movement）、职业指导运动（Vocational Guidance Movement）等（见表 1）。

表 1　　19 世纪末 20 世纪前期主要教育运动

运动名称	开始时间	宗旨	组织	运动领导人
裴斯泰洛齐运动	1806 年	致力于传播裴斯泰洛齐教学法，改善公立学校教学质量	奥斯威哥师范学校	威廉·麦克卢尔、约瑟夫·尼夫、爱德华·谢尔登

续前表

运动名称		开始时间	宗旨	组织	运动领导人
幼儿园运动（福禄培尔运动）		1856 年	引入福禄培尔的幼儿园教育思想及幼儿园机构	美国福禄培尔协会、全国教育协会幼儿园部	玛格蕾特·舒尔茨、伊丽莎白·皮博迪、苏珊·布洛、安娜·布赖恩
手工训练运动		1880 年	改革现行学校教育、推进手工训练、适应工业化需求	圣路易斯手工训练学校、芝加哥手工训练学校	约翰·丹尼尔·朗克尔、卡尔文·伍德沃德
儿童福利运动	游戏运动	1880 年	通过聘用校医，设立医务室，实施体检制度，增设学校浴室，提供营养午餐、游戏活动场地等措施，促进儿童身心健康发展	联邦儿童局、美国童工委员会	简·亚当斯、凯利、朱莉亚·莱思罗普、刘易斯·海因
	营养午餐运动	1895 年			
	学校卫生运动	1889 年			
农村学校合并运动		1882 年	对农村小学校和小学区进行合并与重组，以提升农村学校的教育质量	全国教育协会、乡村生活运动委员会	乔治·贝茨
儿童研究运动		1883 年	探索儿童身心发展规律，促进教育科学化	全国教育协会儿童研究部、各州儿童研究协会	格兰维尔·斯坦利·霍尔
进步主义教育运动		1883 年	改革美国学校教育	进步主义教育协会	弗朗西斯·帕克、约翰·杜威等
赫尔巴特运动		1891 年	通过宣传、研究和实践赫尔巴特和德国赫尔巴特学派的教育学说以改革美国学校教育	全国赫尔巴特俱乐部（1895 年更名为“全国赫尔巴特协会”）	查尔斯·加谟、麦克默里兄弟
“黑幕揭发”运动		1892 年	通过实地考察、访谈、报道，揭露学校教育的弊病，呼吁教育改革		约瑟夫·赖斯
教育测量运动		1904 年	在学校教育中引入一系列的标准化测验量表，检验教学效果	学校和学校系统效率测验与标准委员会	爱德华·桑代克

续前表

运动名称	开始时间	宗旨	组织	运动领导人
教育效率运动	1910 年	将泰勒（Frederick Winslow Taylor）的"科学管理原则"应用于学校管理工作中，以提高学校教育效能	全国教育协会督学分会、效率局、全美效率专员协会	埃尔伍德·克伯莱、富兰克林·博比特、威廉·巴格利
职业教育运动	1906 年	推广职业教育	全国工业教育促进会	查尔斯·普罗瑟、戴维·斯内登等
职业指导运动	1908 年	为学生提供职业指导	职业局、全国职业指导协会	弗兰克·帕森斯、布卢姆菲尔德
初级中学运动	1909 年	重组中等学校制度，设立初级中学	全国教育协会、全国教育理事会	邦克
蒙台梭利运动	1909 年	推广蒙台梭利教学法	蒙台梭利教育协会	塞缪尔·麦克卢尔、霍姆斯、贝尔
第二次黑人教育运动	1910 年	扩大面向非洲裔美国人的隔离学校	珍妮丝基金会（Anna T. Jeanes Foundation）、罗森沃德基金会（Julius Rosenwald Fund）、洛克菲勒普通教育基金会（General Education Board, Rockefeller）	布克·华盛顿、杜波依斯
综合中学运动	1918 年	重组中学科目，为所有学生提供广泛的综合课程，使"综合中学"成为美国中学的标准模式	全国教育协会、中等教育改造委员会（The Commission on the Reorganization of Secondary Education）	克拉伦斯·金斯利

除上述直接与公共教育改革相关的运动之外，还有一些社会运动虽然其宗旨与教育并无直接关联，但在客观上也对公共教育的改变产生了不同程度的影响，例如美国化运动（Americanization Movement）、禁酒运动（Prohibition Movement）、贫民安置运动（House Settlement Movement）等等。这些运动都在不同方面以不同形式对这个时期美国教育的巨大变化产生了不同程度的影响，共同促进了公共教育的全面变革。在某种意义上，19 世纪末 20 世纪前期的美国公共教育史就是教育领域中各种社会运动蓬勃开展、相互交织、此消彼长的历史。主要由民间力量发起的教育运动成为推进教育改革的主要动力和主要方式，这在美国教育史上是绝无仅有的。

一、作为社会运动的教育运动

上述教育运动在兴起的背景、参与的主体、组织结构、运作方式等方面存在着显著的差异，在运动所要达到的直接目的方面也同样相去甚远。这也就是说，不同教育运动的独特性确立了它们之间的清晰界限，因此才有了众多的教育运动。尽管如此，不同教育运动之间也存在某种相关性。例如：参与的成员存在着交叉的情况，不同的人可能会同时参加两个或两个以上的组织，同时参与两个或更多的运动；不同运动的某些诉求会有交叉重叠，比如儿童研究运动、福禄培尔运动、蒙台梭利运动和进步主义教育运动就存在着类似的情况。又如，有的运动之间存在着某种前后相继的关系，例如职业教育运动与手工训练运动之间、职业教育运动与职业咨询运动之间就有着这样的联系。更为重要的是，上述教育运动在本质上具有共同性。这种共同性主要源于它们都是一种社会运动，或者说是教育领域中的社会运动。

社会运动（social movement）是社会学的一个专门研究领域。19 世纪中期，德国社会学家洛伦茨·斯坦首先将“社会运动”这个概念引入学术研究领域。此后，不同时期的学者相继从不同学科开展了对社会运动的研究，使得社会运动逐渐成为社会学、政治学和社会心理学等学科的重要研究领域，并取得了丰富的研究成果，但也正因为如此，学界对社会运动的概念界定莫衷一是。

迈耶·扎尔德和罗伯特·阿什认为，社会运动是许多人为改变个人或社会制度与结构而进行的一次有目的的集体尝试[①]。麦鲁齐则指出，社会运动是在建立政治制度和权威中而产生断断续续的社会冲突后出现的制度化政治之外的行为[②]。在悉尼·塔罗看来，社会运动是基于共同目标和社会的团结一致，与精英、反对者和当局之间持续互动的集体挑战[③]。而查尔斯·蒂利则强调，社会运动是“一套独特的、相互关联的、逐渐演化的、历史的政治交互行为和政治实践活动，是运动、常备剧目和‘WUNC’展示的特殊结合体”。其中，“运动”指“不间断和有组织地向目标当局公开提出群众性的诉求”；“常备剧目”指社会运动的各种行为形式，如“为特定目标组成的专项协会和联盟、公开会议、依法游行、守夜活动、集会、示威、请愿、声明、小册子”；“WUNC”指“参与者协同一致所表现出的几种因素：价值（worthiness）、统一（unity）、规模（numbers）以及参与者和支持者所做出的贡献（commitment）”[④]。

综合分析不同学者对社会运动的概念界定，可以看到，尽管不同学者的表述各异，侧重点不同，但仍能从中概括出作为一种现代社会现象的社会运动的基本要素。正如戴维·斯诺和帕梅拉·奥利弗所说，大多数学者的定义都包含了一些社会运动的基本要素：以改变为导向的目标、组织程度、时间的持续性、制度外（如游行抗议）与制度内（如政治游说）的活动等[⑤]。借鉴社会运动的理论，分析这个时期出现的各种教育运动，将有助于进一步深入挖掘教育运动的共同特征。

1. 舆论动员

对 19 世纪末 20 世纪前期出现的各种教育运动进行分析，可以清晰地看

① ZALD M N，ASH R. Social Movement Organizations：Growth，Decay and Change. Social Forces，1966，44（3）：328.

② MELLUCI A. Nomads of the Present：Social Movements and Individual Needs in Contemporary Society. Philadelphia：Temple University Press，1989：29.

③ 杨悦 . 美国社会运动的政治过程 . 北京：社会科学文献出版社，2014：8－10.

④ 蒂利 . 社会运动（1768—2004）. 上海：上海人民出版社，2009：10.

⑤ SNOW D A，OLIVER P E. Social Movement and Collective Behavior：Social Psychological Dimensions and Considerations//COOK K S，GART A F. Sociological Perspectives on Social Psychology. Boston：Allyn and Bacon，1995：571.

到，不论运动形成的契机是什么，不论运动所要达到的直接目的是什么，或者说运动是否达到了预期的目的，这些运动的直接出发点都来源于对公共教育现状的不满以及由此产生的寻求改变的强烈意愿。

从19世纪70—80年代开始，对公共教育的批评就时有发生，但正如劳伦斯·克雷明所说，19世纪70—80年代的教育抗议是地区性的、间歇的，而且常常是无关痛痒的①。从19世纪90年代开始，由于受到记者报道和相关组织发表的调查报告的影响，情况发生了重大变化。

1892年1—6月，约瑟夫·赖斯先后访问了费城、芝加哥、巴尔的摩等36个城市，通过实地调查和与教师交谈，获得了大量第一手材料。在此基础上，从1892年10月至1893年6月，赖斯在《论坛》（*The Forum*）上连续发文，揭露美国城市学校和教育行政当局中普遍存在的各种消极行为甚至腐败现象。

赖斯揭露了美国一些城市政客和党魁对教育管理、教师聘任控制的行径。他认为，由于党派和政客的操纵，城市学校面临着毁灭。赖斯以大量的事实为基础，揭露了学校中普遍存在的形式主义、机械训练、成人权威、忽视儿童的个性差异等弊端。他指出，在相当多的学校中，教师对学生的态度通常是不友好甚至是充满敌意的，学生完全服从教师的意志，教室的气氛是压抑和令人恐惧的。在教育和教学过程中，教师通常不重视对儿童的个别教育，而强调整齐划一，因而使学生年复一年地处于被奴役的状态②。赖斯认为，学校中存在的种种问题使学校正在成为一个最不人道的机构。由此出发，他呼吁对美国教育尤其是教育管理进行全面改革。克雷明认为，从19世纪90年代开始，美国出现了全国性的批评创新和发展的洪流，它们很快就具备了一场社会运动的所有特征。在这一点上，赖斯的文章似乎标志着一个开端。他在《论坛》发表的一系列文章最早把当时各方面的抗议编织成一个统一的改革计划，最早把教育问题真正看作全国范围的问题，最早把“黑幕揭发”的方法应用到抨击、影响学校的政治腐败和职业僵化中。教育中的

---

① 克雷明．学校的变革．济南：山东教育出版社，2009：22.

② COHEN S. Education in the United States：A Documentary History. New York：Random House，1974（3）：1892－1895.

进步主义运动之所以从赖斯开始，恰恰是因为他把它看作一场运动①。

进入 20 世纪，一些组织发表的调查报告发挥了推动作用。1906 年，马萨诸塞州工业和技术教育委员会（Massachusetts Commission on Industrial and Technical Education）专门聘请专业调查员苏珊·金斯伯里对马萨诸塞州公立学校教育状况进行调查。调查表明，在马萨诸塞州，有成千上万的 14～16 岁的学生中途辍学。由于这些学生在学校并未接受职业训练，因此，辍学后，他们或是从事低薪、低级的工作，或者干脆整日游荡，从而对社会造成不良影响。她将 14～16 岁称为“被浪费的两年”。在分析造成上述现象的原因时，金斯伯里指出，关键在于学校对孩子毫无吸引力：“现存的学校制度实际上未能给 14 岁的孩子提供持续的学校教育”②。1908 年，拉塞尔·塞奇基金会（Russel Sage Foundation）统计研究部主任伦纳德·艾尔斯所著的《我们学校的后进生》（*Laggards in Our Schools*）引起了公众的广泛关注。艾尔斯指出，在美国，几乎所有的学生都能完成五年级的学业，但是只有一半的学生能完成八年级的学业。为此，全国 16%的孩子都在因为无法进入更高阶段的学习而不停地复读。这些复读的孩子每年需花费 2 700 万美元③。他认为，学校教育失败率如此之高的主要原因是学校的课程设置超出了大多数学生的接受能力，从而使大多数学生感到沮丧和羞愧。艾尔斯指出，这是“对现行学校教育的严肃控诉”④。

各种报道和调查在一定程度上暴露了美国公共教育制度存在的种种问题，引起了社会各界对公立学校教育状况的关注，从而为即将到来的、席卷全美的教育改革创造了必要的条件，也为 19 世纪末 20 世纪初各种教育运动的兴起奠定了广泛的社会基础。从社会学的角度看，社会问题的出现是社会运动得以形成的主要原因，社会运动正是为解决这些社会问题而采取的旨在改变现状的集体行为。正如汉斯·托克所说，社会运动是许多人集体解决他

---

① 克雷明．学校的变革．济南：山东教育出版社，2009：22.

② Report of the Massachusetts Commission on Industrial and Technical Education. New York：Teachers College，Columbia University，1906（25）：30－31.

③④ AYRES L M. Laggards in Our Schools. New York：Russell Sage Foundation，1909（3）：132.

们共有问题的一种行为①。只有当一定数量的社会成员特别是精英成员意识到问题的存在时，这些问题才会真正成为社会问题②。对公共教育现状和弊端的指责、批评，实际上就是揭示问题的存在，并逐渐使问题公开化。尽管并非所有对公共教育现状的诟病最终都导致教育运动的出现，但"黑幕揭发"确实是教育运动得以形成的基本条件之一，它客观上发挥了舆论动员的作用。

如同其他社会运动一样，对教育运动而言，广泛的舆论动员是非常重要的。这是因为，教育运动通常都是在现行体制之外发起的，除了志同道合者的同情、理解和支持，没有别的资源可以依靠。舆论动员不仅使得教育问题公开，引起那些热心教育事务的社会人士和组织的关注，还为进一步联合、积累必要的社会资源，采取有组织的行动提供了有利的基础。这几乎是 19 世纪末 20 世纪初所有教育运动得以产生的共同"逻辑"，尽管每个运动酝酿的时间长短不同，舆论动员的方式也各异。

2. 组织化

社会动员所赢得的资源达到一定程度后，随之而来的便是各种不同社团的建立。与欧洲国家不同，结社是美国特有的一种政治和社会传统。早在 19 世纪中期，法国思想家托克维尔就曾指出："在法国，凡是创办新的事业，都由政府出面；在英国，则由当地的权贵带头；在美国，你会看到人们一定会组织社团"③。之所以如此，是因为行使结社权"已成为美国人的习惯"④。"美国是世界上最便于组党结社和把这一强大行动手段用于多种多样目的的国家"⑤。这种情况在 19 世纪末 20 世纪初的教育演化过程中表现得尤为充分。

对于 19 世纪末 20 世纪初的教育运动而言，社团（协会、学会等）的建立既是运动发展到一定阶段的重要标志，是运动之所以成为运动的独特象征，也是运动进一步拓展的强大动力。如果一项运动不能以特定社团为载体，某些寻求改变的诉求和愿望可能会昙花一现，很快就会被新的要求淹

① TOCH H. The Social Psychology of Social Movements. Indianapolis，IN：Bobbs-Merrill，1965：5.

② 扎斯特罗．社会问题：事件与解决方案．5 版．北京：中国人民大学出版社，2010：13.

③④⑤ 托克维尔．论美国的民主（下）．北京：商务印书馆，1988：635－636，216，213.

没，或者融入其他相关的诉求之中，很难被清晰地认知。社团的建立赋予特定的改革愿望和思潮一种独特的符号标志，从而获得现实的存在。以进步主义教育运动为例，从 19 世纪末开始，弗朗西斯·帕克、约翰·杜威、弗洛拉·库克、朱尼厄斯·梅里亚姆、威廉·沃特、玛丽埃塔·约翰逊等人就在美国各地自发地开展了各种学校实验，被冠以“新教育”之名的各种教育主张流行一时，但直到 1919 年进步主义教育协会成立，“新教育”的理论和实验才获得了一种独特的符号标志，即进步主义教育（progressive education）。由此，进步主义教育协会不仅成了进步主义教育运动的代言人①，而且使进步主义教育思潮获得了一种外在的物质形式，从而成为一种真正意义上的教育革新运动。在一定意义上，进步主义教育协会的成立是进步主义从一种广泛的教育思潮转化为一个实际的社会运动的关键标志。

社团建立的另一个重要作用是为运动参与者之间的直接交流、沟通和协商提供平台，从而有助于形成普遍的共识。这种共识与教育运动的进展乃至命运是休戚相关的。由于需要来自各方面的支持，所以，19 世纪末 20 世纪初的各种教育运动一般都采取“门户开放”政策，由此产生的结果是成员构成的复杂性以及由这种复杂性而形成的思想观念和主张的多样性。仍以进步主义教育运动为例，进步主义教育协会的创始成员主要是小型私立学校的校长和慈善人士。随着运动的展开，公立学校的校长、教师、督学以及大学教师等不同职业群体的成员相继加入。尽管进步主义教育协会的成员大多来自教育界，但由于职业、职位、学术训练、思想来源的不同，他们在许多重要问题上的主张其实是存在很大差异的。相比之下，1906 年成立的全国工业教育促进会（National Society for the Promotion of the Industrial Education）的成员背景更为复杂，既有银行家、企业家、农场主，有劳工组织的代表和社会工作者，有职业培训机构和慈善机构的负责人，也有来自公立学校的督学、校长和大学校长，几乎收纳了来自社会大多数行业领域的人士。

成员构成的复杂性和由此带来的思想主张的多样性与教育运动本身所需要的普遍共识之间形成了矛盾甚至冲突。但是，由于这类社团并非行政机

① 克雷明．学校的变革．济南：山东教育出版社，2009：22.

构，组织并无强制其成员服从的权力，因此，只能借助社团的交流平台作用，使持有不同的思想主张的成员相互交流、沟通、协调和妥协，从而逐渐消弭分歧，达成共识。不仅如此，通过社团搭建的平台，不同的成员之间也会逐渐增进了解，加深认识，建立友谊。正如进步主义教育协会第四任会长斯坦伍德·科布所说，“我们相聚在一起，带来了我们的兴趣和问题，相互了解，并形成一种友爱和热情，这对于新的教育运动是至关重要的”[①]。

但是，社团的建立并不会必然产生其成员之间的稳定的共识与牢固的情感。1912年，蒙台梭利美国委员会（Montessori American Committee）成立，而后发展成为蒙台梭利教育协会（Montessori Educational Association），但很快就因内部分歧解体。进步主义教育协会在度过短暂的10年“浪漫岁月”（1919—1929）后，从20世纪30年代开始，由于内部争论不断，冲突频发，最终导致分裂[②]。与此相反的案例是职业教育运动：工促会成立的目的主要是为了推进工业教育，以满足工厂生产对大批熟练工人的需求。这主要反映了工业主的利益，而与农业界、商业界等行业代表的需求相去甚远。通过不断的博弈，工促会逐渐将农业教育、商业教育和家政教育纳入其工作范畴，从而使工业教育运动拓展为职业教育运动。如此一来，不仅其推进工业教育的目的得以顺利实现，而且赢得了更大范围的支持，最终成为20世纪前期最为成功的教育运动。

之所以形成如此巨大的反差，其中一个重要的原因是两个社团本身的组织化程度不同。进步主义教育协会建立后，先后成立了执行委员会和咨询委员会，前者是协会的主要决策机构。但事实上，至少从20世纪30年代初开始，进步主义教育协会就已“大权旁落”，工作重心就已转移到相继成立的各个委员会，如教育资源委员会、教育自由协会、中学课程委员会、人际关系委员会、农村学校委员会、家庭与学校关系委员会、实验学校委员会、成人教育委员会、师范教育委员会、学校与学院关系委员会、广播教育委员会等。与之相反，工促会从成立之初就建立了完整的组织架构和组织制度（包

① Progressive Education. Washington, D. C.: The Progressive Education Association, 1929 (6): 70.

② 张斌贤．话语的竞争：进步主义教育协会史．高等教育研究，2014 (2).

括对协会官员任期等的规定）。尤为重要的是，在早期，工促会就非常重视在各州成立分支机构。1908 年 1 月，工促会在召开第一次年会时，就已在 38 个州相继建立了分会[①]。而后，为了更好地协调全国协会和各州分会的利益关系，共同推进职业教育运动，1908 年 1 月 23 日，工促会与各州分会代表举行会议并形成两项决议。由于这两项协议，工促会成了由各州分会组成的联盟。正如工促会第二任会长卡罗尔·赖特所说的那样："只有全国协会成为州分会的联盟，才能证明它对这个国家的巨大价值。"[②]

社团的组织化水平不仅表现在其组织和制度的构架，也反映在其工作的成效上，这在很大程度上与社团的领导人，特别是负责协会日常事务的秘书的才干、智慧和工作效率直接相关。仍以进步主义教育协会和工促会做比较。进步主义教育协会在其存续期间，先后有四位专职秘书：莫顿·斯奈德（1926—1927 年在任）、米尔纳·多里（1928—1931 年在任）、雷德弗（1932—1943 年在任）、维纳尔·蒂贝茨（1944—1946 年在任）。通过多种途径查阅这四任秘书的个人资料，结果如下：多里曾就读于迪金森学院（Dickinson College）与哈佛大学，先后任教于菲利普斯学院（Philips Academy）、斯卡伯勒乡村学校（Scarborough Country School）等学校，并在宾夕法尼亚州立大学、马里兰大学、乔治·华盛顿大学、达特茅斯学院等任教。他曾编著过许多教科书，也撰写了大量作品，包括小说、剧本和评论等。关于第一任秘书斯奈德，仅知他曾任斯卡伯勒乡村学校、纽瓦克中学和芝加哥大学附属中学校长，其他资料不详。至于雷德弗和蒂贝茨，无从了解他们的生平事迹。但不论怎样，从有关进步主义教育协会历史的研究中，很难发现这四任秘书在协会运行中所发挥的实际作用[③]。

从 1906 年成立到 1917 年更名为"全国职业教育协会"（National Socie-

---

① 张斌贤，高玲．从信息中心到院外集团：美国全国工业教育促进协会史．社会科学战线，2015（2）.

② WRIGHT C D. The Work of the National Society for the Promotion of Industrial Education. Annals of the American Academy of Political and Social Sciences，1909，33（1），Jan.：20.

③ GRAHAM P A. Progressive Education from Arcady to Academe：A History of the Progressive Education Association. New York：Teachers College Press，1967.

ty for Vocational Education)[①] 的12年间，工促会前后有九任秘书，第一任为查尔斯·理查兹（1906年任职），第二任为科恩（1907年任职），第三任为詹姆斯·黑尼（1908年任职），第四任为莫纳汉（1908年任职），第五任为马修·亚当斯（1909年任职），第六任为爱德华·赖斯纳（1910年任职），第七任为弗雷德里克·普拉特（1911年任职），第八任为查尔斯·普罗瑟（1912—1915年任职），第九任为阿尔文·多德（1916—1917年任职）。就个人情况而言，在上述九任秘书中，普罗瑟并没有超出常人之处。就个人在工促会的地位和影响而言，理查兹和黑尼都是协会的主要创始人，理查兹还曾任工促会会长。就本人的社会地位而言，理查兹与多数秘书大抵相当。他在工促会历任秘书中的唯一特别之处就是其任职多了两年左右的时间[②]。

在任职期间，为广泛宣传工促会的主张，推动职业教育立法，短短的数月内普罗瑟跨越5万多英里，在美国15个州的50个市（县）先后发表了100多场关于职业教育的演讲。他以对职业教育的巨大热情、专业的法律素养和卓越的演讲才能，对社会各界尤其是对部分州的议员产生了重要影响[③]。此后，普罗瑟先后领导并开展了1914年的里士满职业教育调查和1915年的明尼阿波利斯工业教育调查。调查工作引起了社会各界人士对职业教育的兴趣，这有助于形成科学和可行的方案，从而合理规划职业教育发展。调查的直接结果是推动了里士满和明尼阿波利斯职业教育的发展，而其更为深远的影响则是为随后开展全国范围内的职业教育调查奠定了坚实的基础。

1912年3月，普罗瑟应邀到华盛顿，协助修改和完善由佛蒙特州参议员卡罗尔·佩奇提出的关于职业教育的议案——《佩奇议案》[④]。该议案虽然未能通过，却为后来的《史密斯-休斯议案》奠定了扎实的基础。1914年

① 1926年，全国职业教育协会与中西部职业教育协会合并为美国职业协会（American Vocational Association），2001年更名为“生计与技术教育协会”（Association for Career and Technical Education）。

② 张斌贤，高玲．英雄与时势：普罗瑟和美国职业教育制度的奠基．西北师范大学学报（社会科学版），2014（6）.

③ BENNETT C A. History of Manual and Industrial Education 1870 to 1917. Peoria，IL：Manual Arts，1937：546.

④ 同③.《佩奇议案》与众议院的《威尔逊议案》合并为《佩奇-威尔逊议案》。

1 月 20 日，美国国会通过第 16 号公共决议，授权总统成立一个由 9 人组成的委员会，研究联邦政府资助开展职业教育的问题。同年 4 月，时任美国总统的威尔逊批准成立全国援助职业教育委员会（Commission on National Aid to Vocational Education）。该委员会的主要成员包括：佐治亚州参议员霍克·史密斯（主席）、佛蒙特州参议员佩奇、佐治亚州众议员休斯、俄亥俄州众议员费斯、印第安纳州立法信息局主任约翰·拉普、纽约市曼哈顿职业学校校长弗洛伦斯·马歇尔、伊利诺伊州芝加哥市国际手套工人联合会主席阿格尼斯·尼特、华盛顿劳工数据统计局负责人查尔斯·温斯洛和普罗瑟。该委员会工作的直接成果就是草拟了《史密斯-休斯议案》，该议案最终成为《史密斯-休斯法》。

可以说，正是在普罗瑟任职期间，工促会的工作重心发生了重大的改变，有效地开展了大范围的职业教育调查，积极营造了促进联邦资助职业教育的舆论环境，直接影响了联邦政府职业教育政策的制定，为联邦职业教育立法创造了有利的条件，从而将工促会的事业推向前所未有的高度。从某种意义上可以说，普罗瑟的任职成为工促会历史的转折点。职业教育运动的成功与普罗瑟的高效工作有直接的关系。

3. 组织活动

19 世纪末 20 世纪前期各种教育运动达成自身的目的，从而对美国公共教育发挥影响的主要途径就是通过社团开展各种各样的活动。通常情况下，这些活动都是在体制外进行的。但体制外的活动如果持续足够长的时间且产生了广泛的影响，就或早或晚会被体制吸收，成为社会结构中持久的一部分①。

19 世纪末 20 世纪前期因应教育运动需要而建立的社团所从事的最为普遍的活动是传播与交流信息。例如：根据工促会章程，工促会建立的目的是使公众意识到工业教育对美国工业发展的重要性，提供机会讨论和研究关于工业教育的各种问题，推动国内外工业教育经验的应用和推广，促进工业训

① 波普诺．社会学．3 版．北京：中国人民大学出版社，1999：610.

练机构的建立[①]等。因此，在早期，工促会主要扮演了信息交流场所的角色，印刷出版物成为协会的重要活动。其中，印行《公报》是协会最为重要的信息发布工作。从1907年起，工促会定期印行《公报》，及时报道工促会年会的讨论内容和协会所开展的相关工作，至1917年，协会先后印行了27期《公报》。1908年，工促会还为此成立出版委员会，专门负责《公报》等协会出版物的编辑印行。为了使公众更为全面地了解工业教育，1907年，工促会印行《工业教育文献选编》[②]，搜集多种关于工业教育的文献，并按专题加以分类，主要的专题包括学徒制、欧洲工业教育、女子工业教育、工业教育中普遍问题研究、公立学校与工业教育的关系、工业教育的社会方面、面向产业工人的技术教育、中等职业学校等。

同样，发起成立进步主义教育协会的初衷是推动一切教育革新，进步主义教育协会的组织目标不过是搭建一个不同教育实验探索之间进行交流的平台，“尝试为正在全国不同地区进行的分散的和不一致的教育改革提供一个中心”[③]，其并不承担更大的使命[④]。这一点在进步主义教育协会1920年制定的章程中得到具体反映。章程规定，协会的目标是：(1) 宣传进步主义教育的原则；(2) 通过教育公众，引导公共教育走向进步主义；(3) 为外部人士和教师提供服务[⑤]。为了实现这个目标，1924年，在奎妮·孔利夫人的资助下，协会创办了会刊《进步主义教育》，并组成了由奎妮·孔利夫人、露西娅·莫尔斯和科布组成的出版委员会，负责会刊的筹划和出版等工作。在前后几任主编格特鲁德·哈特曼、弗朗西丝·弗罗利切、安·休梅克、弗朗西斯·福斯特、埃尔茜·克拉普和詹姆斯·海姆斯的努力下，《进步主义教

---

① National Society for the Promotion of the Industrial Education. Bulletin No. 1. Proceeding of the Organization Meetings，1907：10.

② RICHARDS C R. National Society for the Promotion of the Industrial Education. Bulletin No. 2. A Selected Bibliography on Industrial Education. 1907.

③ Progressive Education. Washington，D. C.：The Progressive Education Association，1929 (6)：66.

④ 这种情况与科布后来所说的情况存在着巨大的矛盾。1929年，科布明确指出：“从（协会创立）一开始，我们的目的就没有任何保留。我们的目的就是要改革美国的全部学校制度。”参见Progressive Education，1929 (6).

⑤ GRAHAM P A. Progressive Education from Arcady to Academe：A History of the Progressive Education Association. 1919－1955. New York：Teachers College Press，1967：27－28.

育》逐渐成为协会的舆论阵地，对扩大协会的全国性影响发挥了重要作用。进步主义教育协会之所以在较短的时间内成为一个具有全国性影响的组织，《进步主义教育》发挥了独特的作用。

传播和交流信息的另一个重要渠道是举办全国性的会议。几乎所有社团都曾以不同的方式和节奏举办规模不一的全国性会议。在一定意义上，全国性会议举办的数量、频率和规模，反映了一个社团乃至社团所承载的教育运动的活力和影响力。在进步主义教育协会处于鼎盛时期的 1920—1929 年，除 1924 年因未知原因而未举办年会之外，协会先后在华盛顿、戴顿、巴尔的摩、芝加哥、费城、波士顿、克里夫兰和纽约等地召开了 8 次年会。而从 1932 年第十二届年会后，进步主义教育协会举办的年会就逐渐失去了稳定性。从 1941 年后，再也没有举办过全国性的会议。

工促会的情况则有所不同。1906—1911 年间，工促会在年会中先后邀请了哈佛大学校长查尔斯·埃利奥特、哥伦比亚大学校长尼古拉斯·巴特勒、全国城市银行副行长弗兰克·范德利普、全国制造商协会（National Association of Manufacturers）主席詹姆斯·范克利夫、贫民安置运动的重要领导人简·亚当斯、美国电话电报公司总裁弗雷德里克·菲什等各界知名人士以及劳工界代表发表讲演，大力宣传工业教育的重要性，探讨开展工业教育的途径、内容和方法。从 1912 年起，由于协会的工作重点转向推动州与联邦的职业教育立法，年会的重要性逐渐下降。

除了发行出版物和举办会议之外，有的社团还运用其他方式开展信息交流与传播工作。例如，进步主义教育协会从 1929 年开始举办“暑期学院”(Summer Institute)，在中小学教师中普及、传播进步主义教育原理和新的教育方法、手段。1930—1931 年，协会与广播电台合作，开办关于进步主义教育的广播讲座（每周一次，共 29 周），主讲人包括威廉·克伯屈、卡罗琳·普拉特等。

除了发行出版物和举办会议，教育调查也是许多社团普遍采用的活动方式。但与酝酿阶段的调查不同，在运动过程中开展调查并不是为了揭露黑幕，而是为了清晰地了解现状、发现问题，以便寻找解决对策。在这方面，工促会依然是一个范例。1910 年，工促会对全国举办工业学校的现状进行了广泛调查，并发表了《美国中等职业学校和工业学校描述性列表公报》[1]。该公报较为全面地介绍了美国各地中等职业学校和工业学校的组织、管理、教学方法和课程。根据各种学校的特征，公报将工业学校划分为 8 种类型：(1) 中等工业学校、职业预备学校或职业学校；(2) 中等职业学校（日校)；(3) 技术学校（日校)；（4）学徒制学校；（5）夜校；（6）业余学校；(7) 有色人种中等职业学校；(8) 函授学校。从调查中可以看出，由于各地实际情况和需求的不同，实施工业教育的机构在名称、课程和招生对象等方面存在巨大差异，呈现出丰富的多样性。这实际上为日后《史密斯-休斯法》的制定和实施提供了非常重要的基础。

1910 年，工促会与美国劳工立法协会合作，对美国各州有关工业教育立法状况进行调查。调查表明，截至 1910 年 11 月，在全美 48 个州中，尚未对实践培训进行立法的州为 19 个，已有相关立法的州为 29 个。在这 29 个州中，不同的州对不同的职业培训项目提供了资助。这个调查为工促会后着力推动各州立法提供了依据。1912 年后，工促会加大了对调查研究的人力投入。1914 年和 1915 年，工促会先后在里士满、明尼阿波利斯开展职业教育调查。这两次调查虽是州和地方层面的，却具有全国性的意义。通过这些调查，工促会广泛地激发了公众对职业教育的热情，增进了公众对职业教育的理解和支持，促进了州和地方职业教育的有效开展，从而为在全国范围内推动职业教育发展营造了有利氛围。

4. 寻求体制支持

尽管 19 世纪末 20 世纪初绝大多数教育运动都寻求在现行体制之外开展活动，以达成运动的目的，但职业教育运动却有所不同。工促会成立后不久就开始致力于推动各州的职业教育立法。在 1907—1908 年，工促会及其分支机构的成员先后在威斯康星州、俄亥俄州、新泽西州等地积极游说州议会议员，试图说服议会采取措施支持职业教育。在威斯康星州，工促会分会促成议会以立法形式建立和资助公立职业学校。俄亥俄州分会则为推动立法开

① National Society for the Promotion of the Industrial Education. Bulletin No. 11//REISNER E H. A Descriptive List of Trade and Industrial Schools in the United States. 1910.

展了对全州职业教育的调查。1912 年，在工促会等组织的推动下，印第安纳州、宾夕法尼亚州、新泽西州、密歇根州和华盛顿州通过职业教育立法；马萨诸塞州、康涅狄格州和纽约州对原有的职业教育立法进行修改，加大了对职业教育的资助①。

为解决各州职业教育立法中概念表述混乱局面，更好地推进州职业教育立法工作，在 1912 年第六届年会上，工促会形成了关于《州职业教育立法的原则和政策》（Principles and Policies that Should Underlie State Legislation for a State System of Vocational Education）的决议，并于 1913 年 2 月由协会管理委员会通过。

在 1913 年第七次年会上，工促会会长威廉·雷德菲尔德指出，在过去的一年中，由于秘书普罗瑟和相关人员的辛勤工作，协会的工作取得很大进展，主要反映在推进各州的立法——越来越多的州和地方支持通过法律来保障职业教育的开展②。

推进各州职业教育立法只是工促会的直接目标，其最终目的是促成联邦立法。从 1911 年起，工促会就开始参与国会立法的活动。1912 年 4 月，刚担任工促会第八任全职秘书的普罗瑟被派往华盛顿，协助佩奇修改议案，并推动议案进入立法程序。与此同时，在工促会的积极推动下，宾夕法尼亚州众议员威尔逊向众议院提交了与《佩奇议案》内容相似的《威尔逊议案》，后与《佩奇议案》合并为《佩奇-威尔逊议案》③。议案虽然未获通过，却为《史密斯-休斯法》的制定奠定了重要的基础。这也是工促会最为重要和成功的院外游说活动。

---

① National Society for the Promotion of the Industrial Education. Bulletin No. 16：Proceedings of Sixth Annual Meeting Peoria，IL：The Manual Arts Press，Aug.，1913：300－301.

② National Society for the Promotion of the Industrial Education. Bulletin No. 18，Proceedings of Seventh Annual Meeting. Peoria，IL：The Manual Arts Press，Mar. 1914：93.

③ BENNETT，C A. History of Manual and Industrial Education 1870 to 1917. Peoria，IL：Manual Arts，1937：546.

二、教育运动成为改革的动力

不同的教育运动之所以能够在19世纪末20世纪前期这个特定的历史时期“呼风唤雨”，对美国公共教育的变革发挥如此重要的作用，既有特殊的历史因素，也有着特定的社会条件的影响。

所谓“历史因素”，主要是指由于殖民地时期所形成的分散、分权的教育管理体制，及美国宪法第十修正案将包括教育事务在内的权利赋予各州，使得美国形成了高度分权的教育管理体制，既不存在全国性的教育管理机构，也没有专门的全国教育决策部门。此时教育局①虽然是联邦政府的教育机构，但仅是内政部下属的一个机构，其职能仅限于搜集与发布相关教育信息和统计数据，并无实际的教育管理权限。

作为美国的最高立法机构，美国国会自然有权通过颁布相关法律对全国的教育事务产生影响。但是，与第二次世界大战后的情形截然不同，在19世纪末20世纪初，美国国会的教育立法工作不仅数量非常有限，而且极为艰难曲折。在这个时期，国会议员先后提交了众多有关教育的议案，例如《伯克特-波拉德议案》(Burkett-Pollard Bill，1906)、《利文斯顿议案》(Livingston Bill，1906)、《戴维斯议案》(Davis Bill，1907)、《洛奇议案》(Lodge Bill，1908)、《多利佛-戴维斯议案》(Dolliver-Davis Bill，1910)、《佩奇-威尔逊议案》(Page-Wilson Bill，1911)等等，但仅有极少数议案最终成为法律。即便如此，有幸成为法律的议案也是历经坎坷。例如，《史密斯-休斯法》被公认为奠定了美国职业教育法的基础，但就是这样一部具有深远意义的重要法律，也没有摆脱坎坷的命运。该法从最初“创意”到最终通过，经历三任美国总统（西奥多·罗斯福、威廉·霍华德·塔夫脱和伍德

① 1867年3月2日，联邦教育局成立，当时是联邦政府的一个独立机构。1869年6月30日，成为内政部下属的机构，称为“教育办公室”（The Office of Education）。1870—1929年，改称“教育局”（Bureau of Education）。

罗·威尔逊)，前后达十年之久[①]。

即便是国会通过的教育法，也主要与农业教育、农业科学研究和农业技术推广相关，如《哈奇法》(Hatch Act of 1887) 等。直到 1917 年《史密斯-休斯法》颁布，国会立法才开始涉及包括工业、职业、家政等农业领域之外的教育事务。之所以如此，与当时美国的社会结构有直接关系。19 世纪末 20 世纪初，尽管美国已经基本实现了工业化，在工业生产部门就业的人数快速增长，但 2/3 的美国人仍然生活在农场[②]。农村和农场主对全国的影响不可小觑。诸多有关教育的议案之所以历经磨难，与农业利益集团的反对有着直接的关系。

全国性的教育决策和管理机构的缺失与国会在教育事务中的“无为而治”，实际上为民间人士、民间团体和专业组织在解决全国性的教育问题上发挥作用提供了巨大的空间。这也是这个时期各种教育社团如雨后春笋般出现的重要原因。此外，在这个时期，还不存在具有很大权势、足以影响甚至左右教育政策话语权的民间社团或专业组织。全国教育协会 (National Education Association，NEA) 虽然日后成为美国教育界最大的院外集团之一，但在这个时期，它不过是无数美国社团中的一个：既无专职秘书，也无专门的办公场所，会员不过几千人 (直到 1907 年，全国教育协会会员才首次突破 5 000 人，达到 5 044 人)，充其量还只是教育界人士交流信息的一个场所，难以对全国性的教育问题产生重大的实际影响 (全国教育协会较早开始对全国教育问题发出声音的重要努力始于 1893 年发表的《十人委员会报告》[③])。这也为包括工促会、进步主义教育协会等新成立的、规模和影响等很有限的民间团体或专业组织拓展影响空间提供了有利条件。

所谓特定的社会条件，是指 19 世纪末 20 世纪初美国所发生的巨大变化对公共教育提出的巨大挑战和复杂多样的需求。南北战争结束后，美国进入

---

① 张斌贤，高玲．艰难历程:《史密斯-休斯法》的创制．华中师范大学学报 (人文社科版)，2015 (2).

② DANBORN D B. The Resisted Revolution：Urban America and the Industrialization of Agriculture，1900 - 1930. Ames，IA：The Iowa State University Press，1976：3.

③ 张斌贤，李曙光，王慧敏．揭开美国中等教育改革的序幕：《十人委员会报告》始末．外国教育研究，2015 (1).

一个全新的发展时期，经济、政治、社会、人口、文化和教育等社会生活的所有重要领域几乎都发生了前所未有的巨大变化。工业化造成了社会财富的急剧增长，带动了人口快速向城市集中，并逐步实现了城市化。城市化不仅改变了人们的生活空间，引起生活方式和消费方式的重大变化，而且从根本上改变了美国的社会结构和国家特质，使美国从一个乡村-农业国家转变为城市-工业国家。工业化和城市化为美国公共教育的发展创造了良好的社会条件。正是在这个时期，美国公共教育迎来了前所未有的发展良机。以中学教育为例，从 19 世纪末 20 世纪初开始，美国中学入学人数呈持续高速增长的趋势，1890 年，全美共有 202 963 名中学生，1900 年为 519 251 人，1912 年突破 100 万人，到 1920 年增至 220 万人，14～17 岁适龄青少年的入学率为 28%。1930 年达到 430 多万人，14～17 岁适龄青少年的入学率为 47%①。

工业化和城市化及其所引发的社会变革在为教育发展提供丰富的社会资源的同时，也对正在形成的美国公共教育尤其是中等教育制度产生了全面而深刻的影响。19 世纪末 20 世纪初，美国公立小学教育制度已经基本确立，公立中等教育制度正在形成中②。但不论是小学教育还是中等教育，都是建立在前工业化时期美国社会的基础之上的。美国小学教育具有浓厚的欧洲传统，即“3R”学校的印记，课程设置范围狭窄，机械训练盛行。由于在较短时间内急剧扩张，中学教育存在着辍学率高、质量低下、体制混乱和课程设置无章可循等问题。更为重要的是，由于中学的主要目的是为升入大学做准备，大学入学考试科目和入学要求成为制约中学教育的杠杆，包括希腊语、拉丁语等古典语言在内的传统课程占据重要地位。这与社会需求的多样性、复杂性产生了明显冲突。19 世纪末 20 世纪初出现的对公共教育制度的“排山倒海”般的批评、指责，有力地说明了美国公共教育正面临着深刻、全面和严峻的挑战。这在美国公共教育史上是第一次。

公共教育制度的全面变革势在必行。对此，当时美国教育界的精英人物有着敏锐的意识。早在 1899 年，杜威就指出，“首先引人注意的变化是，笼

① 斯普林．美国学校：教育传统与变革．北京：人民教育出版社，2010：325.

② EDWARD A K. The Shaping of the American High School，1880－1920. Madison：The University of Wisconsin Press，1964：XI.

罩一切甚至支配一切的‘工业’变化——科学的应用导致大规模廉价地使用各种自然力的重大发明：作为产品目标的世界市场的增长，供应这一市场广大制造业中心的发展，廉价且快速的交通和分配方式的发展……人们难以相信在历史上竟有这样迅速、广泛、彻底的革命”，“认为这个革命对于教育只有形式上的和表面上的影响，那是难以想象的”①，“我们的社会生活正在经历一个彻底的和根本的变化。如果我们的教育对于生活必须具有任何意义的话，那么它就必须来一个相应的完全的变革”②。埃尔伍德·克伯莱则认为，“有充分的理由认为，我们的学校制度现在正处于一个变化和发展时期的中心，我们正站在教育进步新时代的门槛上”③。

如果少数精英人物寻求改变的愿望局限在一个很小的人群里，那么，这种诉求是很难形成某一个社会运动的，也很难产生全国性的影响。从美国建国之初开始，就先后围绕着是否建立公立大学、是否建立以税收维持的公立学校、是否以联邦土地资助各州开展工农业教育（《莫里尔法》）等展开了程度不同、范围各异的争论，但这些争论或者只发生在某一群体间（例如围绕建立国立大学的争论主要发生在国会议员和政治家之间），或者只发生在局部地区（例如建立公立学校的争论主要发生在马萨诸塞州、康涅狄格州等州），很少有全国性的共同话题，因而也就不会产生普遍的共识，进而形成全国性的社会运动。只有当社会精英人物的认知和意愿为公众所知，并引起广泛的赞同和支持时，才有可能产生全国性的社会运动。这就需要有某些媒介将精英人物的思想观念迅速传播到一个更大的空间，以引起更大人群的关注和认同。19 世纪末 20 世纪初美国社会的各方面的发展为新的思想观念的快速传播提供了充分的保证。

南北战争结束后，特别是 1869 年第一条横跨大陆的铁路贯通后，美国

---

① 杜威．学校与社会·明日之学校．北京：人民教育出版社，2004：40．《学校与社会》《明日之学校》是杜威的两本著作，人民教育出版社将这两本著作同其他四部杜威的著作收录于同一本书中出版，书名为《学校与社会·明日之学校》。

② DEWEY J. The School and Society. 2nd edition. Chicago：University of Chicago Press，1900：21－22.

③ CUBBERLEY E P. Changing Conceptions of Education. Boston：Houghton Mifflin Company，1909：52.

进入了“铁路统治时期”[1]。1875 年，铁路运行里程超过 7.4 万英里，经过 25 年的高速发展，到 1900 年，铁路总里程为 19.3 万英里，1910 年达到 24.2 万英里。铁路超越公路和水运，成为主要的交通运输工具。不仅区域间的交通条件大为改善，有轨电车等交通工具的出现使市内交通更为廉价便捷，人们生活和交往的空间因此不断扩大。而汽车工业的快速发展进一步改变了人们的出行方式。1900 年，美国汽车保有量为 5 000 台，到 1913 年为 125 万台，1920 年则达到 900 万台。与此同时，由于电话的发明，通信变得更为便利。1890 年，全美国安装的电话为 50 万台，1900 年增至近 86 万台，到 1910 年为 700 万台。收音机的出现为接收来自更为广阔空间的信息提供了充分的条件。1923 年，全美收音机拥有数量为 19 万台，到 1929 年则迅速升至 500 万台。

此外，印刷、排版和造纸等方面的技术改进，极大提高了报纸杂志的生产效率，同时大幅降低了生产成本，出现了 10～15 美分的廉价杂志。1870—1910 年，日报的发行量增加近 9 倍，从不足 300 万份增至 2 400 万份。19 世纪 90 年代末，仅《纽约世界报》的发行量就超过 100 万份。1865 年，全美约有 700 种杂志，到 19 世纪末 20 世纪初达到 5 000 种。这使得信息的传播更为便利、迅捷和广泛。

所有这一切都为各种思想观念在全国范围的传播、交流创造了前所未有的良好条件，为形成广泛的共识奠定了基础。19 世纪末 20 世纪初之所以如此集中出现众多的教育运动，既是因为社会存在基础的根本改变使公共教育潜在的各种问题集中爆发，进而产生全面变革的广泛需要，也是由于交通和通信的快速发展为教育运动所必需的全国性的社会动员提供了充分的保障。此前既不存在这样的需要，也不具有这样的条件；而此后，尽管既有类似的需要，也存在有利的条件，但是，随着联邦政府不断加大对公共教育事务的影响和干预，完全或主要由社会人士和民间组织推动公共教育重大变革的可能性已不复存在。19 世纪末 20 世纪初波澜壮阔的教育变革运动因此成为美国公共教育史上独一无二的景观。

---

① 恩格尔曼，高尔曼．剑桥美国经济史：第 2 卷．北京：中国人民大学出版社，2008：411.

19世纪末20世纪前期相继出现的教育运动都在不同方面、不同程度对美国公共教育的变革产生了影响。例如，由于福禄培尔运动，美国建立了新型的幼儿教育机构，它们自此成为美国公共教育制度的重要组成部分。由于儿童研究运动，传统的清教儿童观被摒弃，现代的儿童观念逐步形成，并引发了儿童福利运动等一系列旨在保护儿童权益、促进儿童发展的行动。进步主义教育运动重新确立了学生在教育世界的重要地位，从而促进了对学校、教学、课程等方面的科学研究。职业教育运动促使“社会效率”的观念成为现代美国学校的核心价值，从而塑造了20世纪美国公共教育的基本特性。初级中学和综合中学运动直接导致公共学校制度的改革，奠定了6—3—3学制的基础，如此等等。简言之，在推动美国公共教育向现代全面转型的过程中，教育运动发挥了难以替代的重要作用，从而在美国教育史上书写了厚重的篇章。

从更为广大的时间和空间看，由社会运动发起并推动的公共教育的全面变革，不仅在美国教育史上是非常独特的现象，在现代世界各国历史上也是罕见的。这也说明这种现象是不可复制的。尽管如此，由于社会运动的特殊性，其在推进一国教育改革过程所发挥的特殊作用仍值得关注。这是因为，在现代社会，作为最大的公共事业，教育与社会各个阶层的切身利益有着密切的联系。教育系统中发生的任何重要改变都有可能涉及某个或几个阶层的利益而损害了其他阶层的利益，在这种情况下，任何教育改革进程都有可能因为特定阶层的抵制而受到阻碍。富兰指出，“教育变革是一种技术简单性和社会复杂性的变革”①。产生社会复杂性的一个重要原因就是参与和介入教育变革的人群有着不同的利益诉求，而这些诉求常常是相互冲突的。任何一种重要的教育变革要达到预期的目的，兼顾各主要方面的重大利益是明智的决策。无论是社会运动本身的长处还是其局限性，都有利于不同利益的表达、博弈和协调，最终得到相对的妥协。这是成功的教育运动之所以成功的最大奥秘。在职业教育运动中，来自工业界、商业界、农业界、劳工界、教育界和政界的人士围绕着同一个教育问题展开了激烈的思想争论和利益角

---

① 富兰．教育变革新意义．北京：教育科学出版社，2005：71.

逐。尤为重要的是，参与职业教育运动并试图影响职业教育走向的并不是个人，而是不同利益集团的有组织的参与。这使得职业教育运动成了一个利益博弈的大舞台，代表工商业界利益的工促会、代表教育界利益的全国教育协会和代表劳工界的劳工联盟以及代表农场主的社团等全国性或区域性组织竞相出现，纷纷开展各种形式的活动，不断阐明主张，积极争取各方面的同情和支持，努力影响各州和国会的决策与立法，使运动朝着有利于自身利益的方向发展，实现自身利益的最大化。这就决定了作为一场社会运动，教育运动在本质上是一个不同阶层和群体之间的利益博弈、角逐和平衡的过程，这个过程实际上为教育变革做了社会动员的准备。缺乏这种必要的准备，任何重大的教育变革都很难取得真正的成功。

第一章
教育改革的先驱

一、裴斯泰洛齐运动

二、哈里斯与圣路易斯市公立学校变革

三、赫尔巴特运动

总体而言，与19世纪90年代开始的剧烈变革相比，南北战争结束后的二三十年是美国教育相对沉寂的时期。除1874年的卡拉马祖案（Kalamazoo School Case）判决引发了广泛影响外，这一时期，具有全局意义的重大变化乏善可陈。尽管如此，从这段时期相继出现的一些区域块的、局部的事件及其所蕴含的意义可以看到，这段看似平淡无奇的时期实际上正不断积聚着巨大的改革能量。

这个能量积聚的过程实际上是美国本土的需要和来自欧洲的影响相互交织、互相作用的过程。南北战争结束后，面对社会迅速变化所造成的种种挑战，美国教育界不断地进行各种探索。来自欧洲的各种教育思想和实践为这种探索提供了巨大的教益与启示。而不断出现的教育问题，又进一步激发了引入和学习欧洲思想的必要。从19世纪初特别是南北战争后，欧洲教育思想和实践不断被引入美国，美国先后掀起了裴斯泰洛齐运动、赫尔巴特运动、福禄培尔运动、蒙台梭利运动等旨在传播、实践欧洲教育思想的运动，为即将到来的教育大变革提供了充分的思想准备。

一、裴斯泰洛齐运动

裴斯泰洛齐是瑞士著名教育家，现代教育的伟大先驱者之一。早在19世纪初，美国人就已经接触到裴斯泰洛齐的学说。19世纪初期，裴斯泰洛齐在美国的第一位信徒——威廉·麦克卢尔将裴斯泰洛齐的教学方法介绍到美国，并邀请裴斯泰洛齐在布格多夫学校的一位同事——约瑟夫·尼夫到美国传授裴斯泰洛齐的教学方法，从此，裴斯泰洛齐运动在美国拉开了序幕。裴斯泰洛齐在美国声名远播，被称作“第一位在美国教育史上留下痕迹的教育思想家”[①]。随着裴斯泰洛齐运动在美国的开展，裴斯泰洛齐的教学方法得到广泛传播，对美国现代教育制度的确立产生了巨大的推动作用。查尔斯·麦肯尼将其与公立学校运动、赫尔巴特运动并称为美国现代教育史上的

① MEYER A E. An Educational History of the American People. McGraw-Hill Book Company, Inc., 1957: 225.

三大运动，认为这三大运动对美国现代教育制度的确立发挥了重要的作用[①]。

1. 裴斯泰洛齐运动的兴起

威廉・麦克卢尔是苏格兰人，后来在美国定居。他是一名商人，在欧洲旅行的时候结识了裴斯泰洛齐。他认为裴斯泰洛齐的教育方法触及了理性教育的真正目的，适合引进到美国，能够对当时美国教育产生巨大的影响[②]。1806 年 6 月 6 日，麦克卢尔在华盛顿的《国民通讯员报》（*National Intelligencer*）发表文章，最早向美国人介绍了裴斯泰洛齐的教育原则[③]。麦克卢尔希望裴斯泰洛齐亲自到美国传播和推广他的教育方法与实践，裴斯泰洛齐则向麦克卢尔推荐了他的助手——约瑟夫・尼夫。

1806 年，尼夫到达费城，用了 3 年的时间学习英语，并且编写了《教育计划和方法大纲》（*Sketch of a Plan and Method of Education*），这本书被认为是他在美国第一本公开出版的、用英语编写的、严格意义上的教学法著作[④]。1809 年夏季，在麦克卢尔的帮助下，尼夫在费城开办了美国第一所裴斯泰洛齐学校。这所学校招收了 100 多名学生，全都是住在费城附近的富裕家庭的男孩，大多数学生在学校寄宿。这所学校开设的课程主要是语言、算术和自然科学，教学均在运用实物的基础上进行口头传授。学生在 10 岁以前不用书本，也不学字母表，这样做的目的是使学生理解他们所学的内容，并能应用到实际生活中。此外，尼夫与学生们打成一片，注重以自然的方式让学生进行体育锻炼。一位曾在这所学校学习 4 年的学生说，他们无论冬夏“从不戴帽子”，“多数人在暖和的时候赤脚走路”。而尼夫则和他们一样不戴帽子，带领他们到邻近的郊外远足，路上谈论各种自然知识，比如农学、矿物学、植物学，并且指出它们在实际生活中的用途。无论这群师生走到哪里，都会由于他们独特的行为和打扮而被一眼认出[⑤]。为了促进学生更好地研究自然，开展户外活动，尼夫将费城的裴斯泰洛齐学校迁往切斯特市

① MCKENNY C. The McMurrys in American Education. Peabody Journal of Education，1928.

② SILBER K. Pestalozzi：the Man and His Work. London：Routledge and Kegan Paul，1976：307.

③④⑤ MONROE W S. History of the Pestalozzian Movement in the United States. C. W. Bardeen Publisher，1907：44，77，100.

附近特拉华县的格林村。格林村的教学依然沿用费城学校的做法。在格林村学习过的一个学生后来还成了著名的美国海军上将。但格林村的村民们认为尼夫向学生传授无神论，这给尼夫带来了很大的困扰。在这种困扰之下，尼夫被迫将学校迁往路易斯维尔。学校搬迁使学生人数骤减。两三年之后，随着学生人数的不断减少，尼夫彻底丧失了信心，放弃了办学，他在美国的裴斯泰洛齐学校实验也告一段落。

继费城的裴斯泰洛齐学校之后，麦克卢尔又参与了罗伯特·欧文在印第安纳州开办的“新和谐公社”（New Harmony Community）。麦克卢尔为这个公社注入了大量资金，希望把它建成美国传播裴斯泰洛齐教学方法的中心。为此，他和尼夫等人于1825年开办了新的裴斯泰洛齐学校，包括小学和幼儿学校。小学的教学依然沿用裴斯泰洛齐的教育方法，男孩和女孩在不同的教室里接受同样的教育。在幼儿学校里，学龄前儿童可以自由玩耍，教师只教给孩子他们可以理解的东西。以后，随着“新和谐公社”实验的失败，这所学校关闭。

尽管麦克卢尔和尼夫试图以开办学校的方式传播裴斯泰洛齐思想和方法的尝试以失败告终，但他们最早将裴斯泰洛齐的教育思想和方法引入美国，并尝试将裴斯泰洛齐的教育方法运用于儿童教育，这无疑是具有探索意义的，而且也为以后裴斯泰洛齐运动的进一步开展创造了有利条件①。

2. 裴斯泰洛齐运动的复兴

美国裴斯泰洛齐运动第二个阶段的发展主要集中在新英格兰地区。这一时期的新英格兰，致力于传播裴斯泰洛齐教育思想的教育家人数比前一时期明显增多，包括教育管理者、一线教师以及教育杂志出版者，其中最重要的传播者是贺拉斯·曼和亨利·巴纳德。在这个阶段，运动的重心转向了建立师范学校，在未来的教师和教育管理者中间传授裴斯泰洛齐的教育思想与方法。

贺拉斯·曼当选为马萨诸塞州教育委员会首任秘书后，通过巡回演讲、出版《公共学校通报》（*The Common School Journal*）等方式促进马萨诸塞

① BARLOW T A. Pestalozzi and American Education. Este Es Press，1977：46.

州的教育改革，但收效甚微。1843 年，贺拉斯·曼赴欧洲考察，他着重考察了欧洲各国的公共学校系统，尤其是普鲁士的学校系统。普鲁士学校的许多教师都曾经在布格多夫学校或者伊佛东学校进修，直接从裴斯泰洛齐那里学习了教学方法和管理制度。在普鲁士学校，学生按照年龄和学业成绩分班，每个教师只教一个班或者尽可能少的班。教师把实物教学法应用到算术、音乐、地理等多门科目的教学中。贺拉斯·曼认为这种方法直观、形象，便于小学生理解和接受。

在目睹了普鲁士公共学校的成功实例后，贺拉斯·曼以多种方式在马萨诸塞州的公立学校系统中传播裴斯泰洛齐的教育理念。1845 年，贺拉斯·曼在马萨诸塞州建立了第一所教师培训机构。这所培训机构在不同的地方召开研讨会，邀请不同的主讲人讨论与教育教学方法相关的话题。这些主讲人多来自马萨诸塞州及附近各州，绝大部分都是裴斯泰洛齐的信徒、传播者和实践者（其中很多是中小学教师），例如亨利·巴纳德、路易斯·加西斯、洛厄尔·梅森、布朗森·奥尔科特等人。他们不仅热衷于在教学中运用裴斯泰洛齐方法，还致力于在新英格兰地区开办公立学校和私立师范学校，扩大实物教学法的应用范围①。

根据在欧洲考察的所见所闻，贺拉斯·曼在他提交给马萨诸塞州教育委员会的第七份年度报告（1843）和第九份年度报告（1845）中，重点介绍了普鲁士学校的实物教学法：第七份年度报告的标题是“在美国传播裴斯泰洛齐的方法、原则、学校管理和课程的最重要的因素”，第九份年度报告着重讨论了公共学校中的道德教育问题。1839 年，贺拉斯·曼在莱克星顿和怀斯特菲尔德分别建立了美国最早的师范学校。这两所师范学校以裴斯泰洛齐的教育思想为原则，开设了教师所需的各类学术课程和专业课程，尤其是让教师着重学习实物教学法，培养了实物教学法的更多信奉者和实践者②。

亨利·巴纳德在传播裴斯泰洛齐教育思想方面最主要的贡献在于编辑出版了《美国教育杂志》。这份杂志于 1855 年前后开始出版，一直持续到 1881

---

① MONROE W S. History of the Pestalozzian Movement in the United States. C. W. Bardeen Publisher，1907：125.

② BARLOW T A. Pestalozzi and American Education. Este Es Press，1977：63 - 65.

年，共31期。巴纳德不仅希望通过这份期刊记录和传播教育界的信息，帮助教师和管理者提升教育的效果，还希望这份期刊能够提供一个交流教育思想的平台，以在美国产生多元的教育系统并在全国推广，同时为美国的教育提供一份翔实、可靠的历史资料。为了实现这些目标，巴纳德收录了来自欧洲和美国的、话题涵盖了教育每个阶段与方面的文章：不仅包括当时在欧洲和美国发生的教育运动，还包括与教育相关的各级各类协会、美国中学和高等教育机构的发展历程等，许多资料都是这些事件的亲历者统计的第一手材料。在这些文章中，有许多是介绍裴斯泰洛齐的教育思想的。1839年，巴纳德就在《美国教育杂志》刊登了凯尔文·斯托伊的报告，用大篇幅介绍了裴斯泰洛齐思想在欧洲的传播状况，介绍了普鲁士学校对实物教学法的应用。此后，巴纳德在《美国教育杂志》刊登了一系列介绍裴斯泰洛齐教育思想和教育方法的文章，文章大多数出自裴斯泰洛齐信徒之手。这份杂志的读者众多，极大地扩大了裴斯泰洛齐的教育思想在美国的影响①。

3. 裴斯泰洛齐运动的高潮

裴斯泰洛齐运动在美国传播的最后一个阶段也是最为重要的阶段，是由爱德华·谢尔登发起的奥斯威戈运动（Oswego Movement）。谢尔登在奥斯威戈创办的师范学校取得了巨大的成功。这所学校培养的教师在美国各地尤其是广大的西部地区的小学和师范学校任教，他们广泛传播和运用裴斯泰洛齐的教育方法，取得了良好的效果。奥斯威戈师范学校推动了美国师范教育的发展，在美国的西进运动中发挥着重要的作用②。相关文献普遍认为，奥斯威戈师范运动标志着裴斯泰洛齐方法真正传入美国，使“裴斯泰洛齐主义”（pestalozzian）在美国迅速流行起来③。

谢尔登希望改善城市中贫困青少年的生存状况和教育状况，他建立了“免费学校联合会”为孤儿和贫苦儿童提供道德教育和知识教育。随后，他担任了奥斯威戈的督学。从上任的第二年开始，他先后建立了各种学校，为

① BARLOW T A. Pestalozzi and American Education. Este Es Press，1977：80－88.

② RILLERO P. The Enlightenment Revolution：A Historical Study of Positive Change Through Science Teacher Education. Journal of Science Teacher Education，1993.

③ CUBBERLEY E P. Public Education in the United States. Houghton Mifflin，1962：295.

短期失业的青少年、从其他地区转学到奥斯威戈的男女儿童提供基本的教育。与此同时，谢尔登认为，奥斯威戈的小学教学中充满着教条化的抽象内容，缺少口头传授、实物教学，不符合初等教育的特点。此外，由于教师纷纷前往薪水高的地方就职，奥斯威戈的教师数量短缺。在这种情况下，谢尔登决定建立师范学校，以解决教师短缺的问题，这所学校就是奥斯威戈州立师范培训学校（Oswego State Normal and Training School，简称“奥斯威戈师范学校”）。这所学校主要为学生传授小学教育的教学原则和教学方法，高中毕业生以及具有同等学力者都可以申请进入这所学校。

谢尔登对奥斯威戈师范学校的教师进行了严格的筛选，他选择教师的标准是，教师们能否促进裴斯泰洛齐教学原则的传播。在这所学校成立的前 25 年，奥斯威戈师范学校共有教师 66 人，其中 47 名女性，19 名男性。在有资料可查的 58 人之中，有 12 人上过大学，8 人在其他的师范学校受过训练，34 人上过高中或者高中毕业，2 人私立高中毕业，39 人曾经在奥斯威戈师范学校学习。在奥斯威戈任教前，有 74.1%的教师有教学经历。这所学校中著名的教师有玛格丽特·琼斯、赫尔曼·克鲁西等人，他们都来自欧洲，直接受教于裴斯泰洛齐或者他的得力助手。正因为如此，奥斯威戈师范学校才成为在美国传播裴斯泰洛齐教育思想的发源地①。

奥斯威戈师范学校的专业训练是全新的，因此得到了全国的关注，许多学区鼓励最优秀的学生到奥斯威戈师范学校学习。在奥斯威戈师范学校有确切资料可查的 1 251 名学生中，有 175 人来自纽约以外的其他 24 个州，遍布这些州的 131 个社区。此外，奥斯威戈师范学校还有 4 名学生来自加拿大，1 名学生来自日本②。在 19 世纪 60 年代，由于谢尔登的努力，实物教学法开始在美国的学校产生实际影响，以实物教学代替机械背诵，改善师范教育的质量，奥斯威戈师范学校迅速成为美国培训初等学校教师的中心。1862 年，托里教育委员会（Troy Board of Education）参观了奥斯威戈师范学校，在其报告中用大量篇幅介绍奥斯威戈师范学校的组织管理、教学方法以及课

---

①② DEARBORN N H. The Oswego Movement in American Education. Teachers College，Columbia University，1925：13-15，18-20.

程设计。在全国教师协会（National Teachers' Association）1863 年的会议报道中，全文引用了谢尔登关于实物教学法的文章，进一步扩大了奥斯威戈师范学校的影响，促进了裴斯泰洛齐教育思想和方法在美国初等学校中的应用。

当奥斯威戈师范学校于 1861 年成立的时候，全美只有 12 所州立师范学校。6 年之后，美国增加了 16 所州立师范学校、9 所市立师范学校，遍布美国中部、西部以及南部各州，奥斯威戈师范学校的很多毕业生到这些学校就职，传播奥斯威戈的教学方法①。一份关于奥斯威戈校友的记录表明：在 1861—1886 年这 25 年中，该校的毕业生在 44 个州和哥伦比亚特区的公立和私立学校中任教②。此外，奥斯威戈师范学校的影响还扩大至海外，该校的毕业生在日本建立了两所师范学校，在南美、加拿大、墨西哥等地也进行教学活动，传播裴斯泰洛齐方法。

裴斯泰洛齐运动对美国教育的影响是多方面的。裴斯泰洛齐运动至少从三方面影响了美国教育：促进美国公立教育的发展、促进美国师范教育的发展以及间接影响了美国的西进运动。裴斯泰洛齐运动将一种新的教学方法——实物教学法引入了美国公立学校并且使其制度化，规范了美国公立学校的教学方法，使其有章可循③。通过引进实物教学法和裴斯泰洛齐的教育思想，美国公立学校的教学质量逐步提高。裴斯泰洛齐运动对美国师范教育和西进运动起到的促进作用，主要是与后期的奥斯威戈运动有关。奥斯威戈学校的毕业生散布到美国各地，尤其是到广大西部的初等学校以及师范学校任教，进一步传播了裴斯泰洛齐的教育思想和方法④。

---

① 新增的 16 所州立师范学校分别是：加利福尼亚州 1 所，特拉华州 1 所，伊利诺伊州 1 所，印第安纳州 1 所，堪萨斯州 1 所，缅因州 1 所，马里兰州 1 所，马萨诸塞州 1 所，密歇根州 1 所，明尼苏达州 1 所，新泽西州 1 所，纽约州 1 所，宾夕法尼亚州 1 所，南卡罗来纳州 1 所，佛蒙特州 1 所，威斯康星州 1 所。9 所市立师范学校分布在：加利福尼亚州 1 所，康涅狄格州 1 所，印第安纳州 3 所，艾奥瓦州 3 所，密苏里州 1 所。参见 DEARBORN N H. The Oswego Movement in American Education. Teachers College，Columbia University，1925：98.

② DEARBORN N H. The Oswego Movement in American Education. Teachers College，Columbia University，1925：100.

③ PINLOCHE A B. Pestalozzi and the Foundation of the Modern Elementary School. C. Scribner's Sons，1901：210.

④ 同②26.

二、哈里斯与圣路易斯市公立学校变革

19 世纪后半叶，圣路易斯市是美国的第四大城市。该市位于美国中部的密苏里州，地处密西西比河中游河畔，从地理位置上看几乎位于美国国土的中心。内战后，密西西比河航线贸易的繁荣与大量铁路的修建为圣路易斯市带来了工商业发展的契机，同时，作为西进运动的重要起点之一，圣路易斯市汇集了大量来自美国东部和外国的移民。南北战争后，城市化、工业化与移民浪潮迅速改变了圣路易斯市的面貌。与此同时，在威廉·托里·哈里斯等人的领导下，圣路易斯市的公立学校经过南北战争后十几年的改革与发展，成为当时美国公立学校制度的典范。

威廉·托里·哈里斯出生于康涅狄格州，是 19 世纪美国著名教育家、哲学家。他早年曾求学于耶鲁大学，由于对当时耶鲁大学的课程感到失望，于 1857 年离开耶鲁前往西部，后抵达圣路易斯市。从 1858 年开始，哈里斯进入圣路易斯市的公立学校系统工作，并于 1868 年至 1880 年担任圣路易斯市公立学校督学。哈里斯是当时美国黑格尔主义者（American Hegelian）的代表人物之一，他于 1867 年创办的《思辨哲学杂志》（*Journal of Speculative Philosophy*）被认为是美国历史上第一本致力于纯粹哲学探究的杂志，对当时的学界产生了很大影响。作为教育家，哈里斯被教育史学家劳伦斯·克雷明认为是“早于杜威的、美国最早的”教育哲学家①。哈里斯不仅是一位教育思想家，也是一位出色的教育行政管理人员。他将自己的教育理念融入教育实践中，并借助自己在教育管理界的地位和影响力，将其对美国公共教育的改革影响逐渐扩展至全国②。

1. 圣路易斯城市学校管理改革

1876 年，为庆祝独立 100 周年，美国在费城举办了规模空前的百年纪念博览会（The Centennial Exposition）。在这一年的年度报告中，哈里斯记

① 克雷明．学校的变革．济南：山东教育出版社，2009：22.

② SUTTON W S. Contributions of William Torrey Harris to the Development of Education in America. Educational Review，1910（39）：302.

录了他在博览会中的见闻与感受。谈及他所观看的教育展览，哈里斯指出，“城市学校与乡村学校之间在精神和方法上的巨大差别已经开始显现”。在这些差别中，学校体系的规模固然是一个重要的方面，但除此之外，还表现在“乡村学校中没有学生分级与晋级制度，使得同一个班级中的学生程度不一，学习内容混杂，教师面对多样化的学生只能采取最机械、最狭隘的教导方式，而这些在城市学校中则完全是另一个面貌”[①]。在学校管理者看来，秩序是这一时代美国的城市学校与乡村学校区别开来的关键因素，这也是圣路易斯市学校改革所追求的主要价值。

南北战争后，美国的城市化进程加快，在威廉·哈里斯开始担任公立学校督学的 1868 年，圣路易斯市分为 12 个区，城中适龄入学儿童为 46 100 人[②]，到他卸任的 1880 年，分区的数量达到了 28 个，城市中的适龄入学人口数量达到了 106 372[③]，比 12 年前翻一番还多。要在城市学校运行经费有限的情况下满足不断扩大的入学需求，并且对数量日渐增多的公立学校进行有效的统筹，学校体系的秩序与效率变得尤为重要。这一时期的圣路易斯市，公立学校主要通过建立双重学校监管体系以及整合公立学校系统来强化其运行秩序。

1868 年，威廉·哈里斯正式担任圣路易斯市公立学校的督学。19 世纪后期，在美国的公立学校体系中，普遍设置了督学这一职位，作为城市学校自我管理的具体执行者和监督人。根据各城市的不同情况，督学的职责也各不相同。从哈里斯上任之初以及他的前几任督学的情况来看，圣路易斯市公立学校督学所负责的事务主要包括：组织建立新学校、选拔与调动教师以及处理大量日常事务（如接待市民与家长，听取其对公立学校的意见）、撰写季度与年度报告，常定期走访各学校等。哈里斯在其上任第二年的年度报告

---

① Reflection on the Educational Significance of the Centennial Exposition. Twenty-Second Annual Report of the Board of Directors of the St. Louis Public Schools for the Year Ending August 1, 1880, St. Louis: Slawson Printer, 1877: 197.

② General Statistics. Fourteenth Annual Report of the Board of Directors of the St. Louis Public Schools for the Year Ending August 1, 1880, St. Louis: George Knapp & Co., Printers and Binders, 1869: 13.

③ School Statistics. Twenty-Sixth Annual Report of the Board of Directors of the St. Louis Public School for the Year Ending August 1, 1880, St. Louis: Slawson & Co., Printers, 1881: 21.

中反映，“督学与两位助理发现他们自己始终处于工作负担过重的状况”，因此，他建议重新分配学校管理事务。

从 1869 年开始，哈里斯主张在公立学校体系中推行“主任教师本校监督”（local supervision of principals）制度，即赋予各学校主任教师（principal teacher）一定的监管职责，使其有权力处理本校的教师监管等事务。同时，组成一个主任教师委员会，每周召集这些教师与督学开会讨论管理工作中出现的问题①。以后，这种管理方式为波士顿、辛辛那提、芝加哥等地所采用，哈里斯在 1876 年的年度报告中将这种做法概括为“双重监管体系”（two-fold system of supervision）②。

在此之前，圣路易斯市公立学校包括若干名助理教师（assistant teacher），一到两名副主任教师（assistant principal teacher），以及一名主任教师。主任教师在承担日常教学任务的同时负责统筹学校的日常事务，并不是全职的学校管理者。通过将主任教师提拔为负有监管职责的人员，公立学校体系内部实际上形成了“督学—主任教师—助理教师”的监管层级，主任教师也逐渐从教学岗位中分离出来，成为后来俗称的校长（principal）。

由此，原先由督学一人负责的监管事务初步形成了一套体系，这也使得公立学校的外部监管与学校内部的实践结合起来。正如美国教育史研究者戴维·泰亚克所言，“在试图对城市学校进行系统化的过程中，19 世纪后半叶的督学寻求教育领域的结构和决策过程的转变”③。哈里斯在 1870 年的年度报告中表达了对组织与系统的信心，他说，“正是组织与系统有效地帮助个体补充其自身无法平衡之处”④。监管体制带来的价值，用哈里斯自己的话

---

① School Organization. Fifteenth Annual Report of the Board of Directors of the St. Louis Public Schools for the Year Ending August 1，1869，St. Louis：Missouri Democrat Book and Job Printing House，1870：131－133.

② Methods of Organization and Supervision. Annual Report of 1876：195.

③ 泰亚克．一种最佳体制：美国城市教育史．上海：上海人民出版社，2010：41.

④ School Organization. Sixteenth Annual Report of the Board of Directors of the St. Louis Public Schools for the Year Ending August 1，1870，St. Louis：Plate，Olshausen & Co.，Printers and Binders，1871：197.

来说，是“极大地减少了教学的开支，同时增强其价值与效率”[①]。在双重监管体系下，督学的功能主要在于“观测教学方法上的总体趋势，对其进行比较与综合，并与主任教师协商，以及偶尔与助理教师讨论”[②]。可见，随着监管体系的形成，督学本人也开始逐渐由执行者和监督人向综合管理者的身份转变。

2. 公立学校系统的整合

南北战争以前，不同等级与功能的学校在圣路易斯相继建立，公立学校系统初步形成。当时，整个学校系统包含一所师范学校（1857 年建立）、一所中学（1853 年建立）、若干所夜校和多所乡村学校（district school）。乡村学校的数量众多，提供初等教育，其内部又分为初级（primary）、中级（intermediate）和文法（grammar）3 个级别，每个级别内部再分为 2～3 个年级。内战期间，一些学校停课甚至关闭，学生人数减少，部分教师在战争中去世，学校系统受到很大影响。经过战后几年的恢复，公立学校逐渐呈现出发展态势，并通过新机构的建立与原有机构的改革实现了公立学校系统的整合。

内战后的整合强调学校系统的完备功能与各机构之间的有机联系。1867 年，3 所有色人种学校（colored school）在圣路易斯市建立，接纳城市中适龄非裔美国儿童入学[③]。1868 年，奥法隆工艺学院（O'Fallon Polytechnic Institute）成立，作为公立学校体系的一部分，承接原有的夜校，成为更高级别（相当于中等技术教育）的工艺培训机构[④]。1869 年，圣路易斯市的图书馆协会（Library Society）将其对公立学校图书馆（Public School Library）所拥有的一部分产权转移到公立学校董事会，公立学校图书馆成为公立学校系统中的独立机构[⑤]。1873 年，公立学校董事会正式通过将一所地区学

① Seventeenth Annual Report of the Board of Directors of the St. Louis Public School for the Year Ending August 1，1871. St. Louis：Plate，Olshausen & Co.，Printers and Binders，1872：8.

② Methods of Organization and Supervision. Annual Report of 1876：195.

③ Colored Schools. Annual Report of 1867：31－33. 当时，这些学校主要提供的是初等年级（primary grades）的教学。

④ The Evening Schools. Annual Report of 1869：75.

⑤ The Public School Library. Annual Report of 1869：116.

校中的教室用作设立幼儿园的提案，圣路易斯市建起了全美首个公立幼儿园①。至此，圣路易斯市的公立学校系统涵盖了从幼儿园到中学的各级教育，初等教育与中等教育中又包括普通的日间学校与进行工艺培训的夜校两个类别，同时，还有一个为这些学校师生服务的公立学校图书馆。

在设立新机构的同时，圣路易斯市公立学校内部的结构也发生了一定的变化，其中最为显著的变化是由哈里斯主导的“季度晋级制”（quarterly promotion）。圣路易斯市公立学校自 19 世纪 50 年代起陆续将“兰卡斯特制”（Lancasterian System）改为年级制，学生每学年晋级一次。哈里斯在 1872 年的年度报告中专门针对这种年级制度提出了意见，他认为在现有的以一年为期进行升级的制度下，升级与否取决于由督学主持的一年一度的考试，那些未通过考试的学生回到原先所在年级。然而，如果学生只需再经过一个季度的复习便能通过考试，那么他的学业进展便被这种过长的年级划分拖累了②。他批评这种现象为学习“被日程钉牢”（nail to the calendar），即学业进展的方式十分刻板，学生进步是由日程安排而非本人发展来决定③。因此，他建议在圣路易斯市公立学校中增加学生晋级的次数，采用每个季度举行一次考试的方式，使学业较好的学生快速升到较高年级，如此，未通过考试的学生也可以缩短留级的时间。这样一来，由于部分学生升级的速度加快，公立学校每个年级可容纳的学生人数也增多了。

此外，由于当时圣路易斯市公立学校之间的教学状况差异较大，哈里斯又对整个公立学校系统进行了一种“标准化”改革，要求学校在各个学科采用同样的教科书，教师教授统一的内容，使在不同学校就读的学生接收同样的信息。截至 1878 年，各级公立学校的统一课程与教科书方案基本成型。

---

① The History of the Establishment of the Kindergarten. Annual Report of 1879：194. 在 19 世纪中期，美国已存在由德国移民经营的私立幼儿教育机构，这些机构主要模仿德国在 18 世纪已出现的幼儿园而建。19 世纪 70 年代，被称为“美国幼儿园之母”的圣路易斯市市民苏珊·布洛向威廉·哈里斯介绍了幼儿园的理念，以及这所幼儿园在德国的成功实践，希望在圣路易斯的公立学校系统中建立幼儿园。1873 年，圣路易斯市教育委员会正式通过一份要求在一所公立学校中建立幼儿园的提案，让布洛成为幼儿园的主管。到 1880 年，圣路易斯市的公立幼儿园的学生已经由最初的 68 个增加到 7 828 个，同时配有 166 名教师。

②③ Annual Report of 1872：27，47.

在这一年的年度报告中，整合后的课程内容以表格的方式详尽地呈现出来[①]，圣路易斯市的公立学校初步实现了课程与教学的统一。哈里斯在报告中表示，“学习成果的相互对照，以及保证转学生所使用教科书的一致性，是分级并统一课程所带来的主要优势”[②]。

通过公立学校监管体制的改革与学校系统的整合，圣路易斯市初步形成了一套较为完备的公立学校体系，为扩大公立学校的规模与提升教学质量起到了一定作用。不过，这一时期城市学校对于秩序与效率的追求，以及形成的具有官僚制特性的管理体制，日后也受到下一代学校工作者与观察者的诟病[③]。

3. 公立学校的道德教育

圣路易斯市的第一所公立学校于 1838 年开办。与美国北方一些州的情况相似，在圣路易斯市公立学校创办早期，关于“由公共税收支持的学校应当为谁的孩子提供教育”这一问题，曾经存在这样的分歧：一部分人支持建立一个免费、自由而高效的公共教育体系，对所有阶层的市民开放；另一部分人则想建立只为穷人服务的免费学校，且认为对他们的教学无须超过初级英语水平[④]。最终，前一种建议获得了大多数人的支持，公立学校的普适性理念得以确立。

然而，公立学校运动时期所奠定的学校理念只在一般意义上为学校的发展制订了框架。那么在何种程度上，服务于所有阶层的教育机构可以与其他机构区分开来，从而有权享受大量的公共经费支持？通过公立学校授以学生怎样的共同价值、塑造怎样的人格，才可谓“服务于公共利益”？上述问题都未在公立学校建立的早期得到充分解答。在时代变迁与公立学校体系发展的过程中，有关这种体系存在的合理性的讨论从未消失。同时，内战之后的

---

① Course of Study and Text Books with Tabular Views. Annual Report of 1878：129－204.

② Annual Report of 1878：133.

③ 例如，1893 年，赖斯在《论坛》“教育揭幕”系列的一篇文章中，对比了圣路易斯市与印第安纳波利斯的公立学校，他批评圣路易斯市的监管办法只考虑教师工作的结果，使得教师都只保留有利于她们的结果，没办法反映事实，而学生也只能为符合教师的利益而被扭曲。参见 RICE J M. The public schools of St. Louis and Indianapolis. Forum，1892（12）：429.

④ Historical Sketch of the St. Louis Public Schools. Annual Report of 1867：109.

美国与 19 世纪 30 年代面临着不同的社会状况，城市的蓬勃发展，工业生产的飞速进步，政治形势与公共事务的日益复杂……一系列社会巨变正在展开，公立学校亟待回应时代的声音。

南北战争之后，在圣路易斯市公立学校快速发展之时，质疑之声主要来自宗教教派，这些质疑从根本上触及公立学校的合理性问题，公立学校管理者通过回应质疑，不断明确或重新阐释着公立学校的理念及其所培养之人的特性。

1849 年，圣路易斯市开始通过征收“米尔税”（Mill Tax）[①] 支持教育，公立学校体系得到了更为广泛的公共经费支持[②]。在 19 世纪前半叶，与公立学校共同存在的其他教育机构十分盛行，如教派学校、私立学校等。当圣路易斯市公立学校获得了公共税收的支持时，这些由私人或个别团体资助的学校及其捐助者开始产生疑问：“公共教育经费应当如何分配?”私立学校的拥护者认为，公立学校是为交不起学费的穷人设立的，富裕阶层无须资助这类学校；教派学校的拥护者则认为，最穷困的孩子其实并不在公立学校体系中受教育或获得看护，而主要分布在由教会设立的孤儿院、救济院、医院以及教派学校中，因此，他们完全可以要求与公立学校一样分得公共经费[③]。同时，教会力量还认为，公立学校中排除了宗教因素，使其学生面临道德堕落的风险。一直到内战之后，这些反对的声音仍未消失。

1870 年，圣路易斯市的天主教徒开始为他们自己开设的学校争取公共经费。一位名为奥赖利的神父发表了一个公开演说，他认为，所有天主教徒必须接受专门的宗教教育，而公立学校中只有清教教导或是完全缺乏宗教训练[④]。1871 年，圣路易斯市的爱尔兰天主教慈善协会（Irish Catholic Benevolent Society）的一位牧师费伦带头签署了一份决议，指责现存的公立学校体系“忽视所有超自然权威，使得关于上帝的第一位的知识成为最末位的，

---

① 米尔（mill）是货币单位，1 000 米尔等于 1 美元。

② Annual Report of 1867：107.

③ Annual Report of 1869：21.

④ Our Public Schools. Missouri Republican，1870（1）//TROEN S K. The Public and the Schools：Shaping the St. Louis System，1838－1920. Columbia，Mo.：University of Missouri Press，1975：43.

这是对我们国家的诅咒，它将引向无神论，导致文明、社会、国家的堕落”[①]。

19世纪天主教对公立学校的攻击并不只在圣路易斯市发生，这一现象最早出现在19世纪三四十年代的纽约[②]，到了1853年，在美国有7个州都出现了教派学校要求政府资助的争论。此后，在波士顿等城市中，天主教势力与公立学校的冲突频繁发生[③]，在这些纷争中，双方就公立学校中能否有专门的宗教教育、教派学校是否可以为所有阶层服务，以及公立学校经费是否可以被划分等问题产生了严重分歧。

哈里斯在1871年的年度报告中以较大的篇幅集中讨论了道德教育与宗教的关系，积极为公立学校的道德教育辩护[④]。他首先明确指出现代社会中宗教与国家已经分离，现代历史中“宗教的”与“世俗的”是两个不同的因素：“一方面是神圣的庙堂，上帝的真理与自由以教义的形式铸入人心，引导行动；另一方面是国家与公民社会，在此基础上建立起正义和道德感。”为了保证宗教与国家各自的完善，二者必须分开考虑，虽然现代国家并非建立在否认宗教重要性的基础上，但是只有教会与政府这两种机构分离，各自的功能才能实现。在哈里斯看来，正因为公立学校是属于国家一方的机构，教会是为宗教服务的机构，所以公立学校无须专门的宗教教育。“公立学校向所有人开放，但并不意味着公立学校要承担对儿童的所有教育。此外，学校的教学时间限制在每周五天，每天五个半小时，本就留出了许多时间用于诸如宗教等其他事务。”

在哈里斯看来，公立学校是否应当进行专门的宗教教育取决于这样一个问题：道德是否可以在专门的宗教教育之外教导。通过分析道德的结构，同时与正在形成的工业社会相联系，他进一步阐述了应当由公立学校教授的世俗道德。

---

① Common Schools Denounced As a Flood-gate of Atheism. New York Evangelist，1873：44.

② DORCHESTER D. Romanism verse Public School. New York：Phillips & Hunt，1888：9.

③ CARROLL H K. The Conflict Over the Public School Question：An Outline of Its History. The Independent Devoted to the Consideration of Politics. Social and Economic Tendencies，1894（1）：4.

④ Annual Report of 1871：21－26.

哈里斯认为，人的责任（human responsibility）是所有道德体系的基本前提，这种责任可分为两部分：法律责任是国家法律所规定的外在需要；道德义务则取决于个体的主观意愿，道德义务又包括个体对自己的义务和与他人关系中产生的义务。个体对自己的义务主要包括维持生命、追寻理性、为更高的义务适度控制个人需求、为精神存在而牺牲自然存在状态等。个体与他人的结合包含三个层次：家庭，文明社会与国家。个体对他人的义务也是就这三个方面而言的：对于家庭而言，慈爱与尊敬构成其基础；对于文明社会，诚实、正直、审慎、守时和守规矩等是最重要的美德；对于国家而言，最重要的德性是正义①。这些德性所反映的基本思想在于人作为自然生物与人之为人的区别。因此，人的责任其根本依据在于“自我牺牲”，即“洞察到个体通过超越自然欲求而实现真实自我的必要性”。

在道德义务的实践中，“服从”（obedience）是首要条件，这种服从具有几个层次：（1）守时——遵守外在时空的要求；（2）秩序与规则——对掌握外界事物运行规律的遵从；（3）毅力——对目的的遵从；（4）真诚——外在举止遵从内心；（5）正义——对普遍行为准则的遵从；（6）诚实——言行与实际相符；（7）勤劳——行为符合社会规定的方式。服从是自我牺牲的一个方面；另一方面则是善良，包括同情、容忍、体贴、仁慈、博爱等等，善良是最接近宗教的道德义务，也正是这一德性能够形成与宗教的联结②。

在公立学校的道德教育中，上述道德结构中的各成分占有怎样的地位，又应当如何传授呢？哈里斯认为，公立学校教育的第一要务是秩序，“每一位学生必须首先被教会使自己的行为符合一般准则，唯此学校方能存在并实现其功能”。为培养学生的良好行为，可将其划分为具体的几个方面：（1）守时；（2）守规矩；（3）安静；（4）诚实；（5）正义；（6）善良或仁爱。在这几方面行为准则中，哈里斯尤其强调守时和守规矩，他认为这二者是“最为基础的道德准则”。

哈里斯所阐述的学校道德教育内涵与他对自身所处时代的认识密切相

---

① Annual Report of 1871：28－29.

② 同①29.

关，他称其为“产业经济时代”（the age of productive industry）。在这个时代，通过机器，所有的社会成员从为满足其自然需求而进行的劳作中解放出来，“而对于这一代作为机器操纵者的人们而言，一种普遍的训练尤其必要，即守时和守规矩的习惯”①。“正是在文明越来越复杂、越来越依赖于每个人与社会联结的时代，守时成为一种美德。”② 对于守时的强调几乎出现在圣路易斯市公立学校每一年的年度报告中，这些报告一般以 7～10 页的篇幅列出公立学校中一学年来既未缺勤也未迟到的学生名单，可见其对这一品质的重视。

哈里斯对于公立学校价值及其培养的世俗道德的论述，为这一时期的教育者们所普遍接受。1872 年，美国部分州督学及地方督学在华盛顿召开会议，为即将在维也纳举办的美国教育状况展览做筹备工作，会后由包括哈里斯在内的几个人负责撰写一个简述美国教育状况的文件。这份文件中的道德教育部分出现了与哈里斯在年度报告中相似的表述：“必须培养学生立刻服从教师的习惯，并以不同的形式锻炼其自我控制力，使他为将来那种鲜有能够对其施加控制的强制性权威的生活做好准备”③。克雷明在《学校的变革》中这样评价这种观念，“哈里斯教育学的特征显然是保守的。他的重点是在秩序上，而不是在自由上；是在学习上，而不是在游戏上；是在努力上，而不是在兴趣上；是在规定上，而不是在选择上；是在有条不紊、缄默以及‘保存和拯救我们的文明社会’的工业上”④。然而，正是这一时期公立学校中对于符合工业社会要求的道德价值的强调，使学校跟上了社会变迁的步调，成为工业社会中不可或缺的大众机构，也正是在这个意义上，克雷明认为哈里斯的贡献在于“最终使公立学校制度合理化了”⑤。

4. 圣路易斯市公立学校德语教育的兴衰

圣路易斯市是西进运动的重要起点，城内不仅居住着来自美国东部一些

---

① Annual Report of 1871：31.

② Annual Report of 1875：20－21.

③ U. S. Bureau of Education. A Statement of the Theory of Education in the United States of America，As Approved by Many Leading Educators. Washington：Government Printing Office，1874：13.

④⑤ 克雷明. 学校的变革. 上海：上海教育出版社，1994：23，17.

州的西迁人口，还有很多从欧洲远道而来的移民。因此，市内人口的种族、宗教构成纷繁复杂。德意志、爱尔兰、东欧等国的大批移民带来了种族和文化的多样性，如何在学校中实现对文化背景不同的儿童的共同教育，成为圣路易斯市公立学校的难题。以德语教学在圣路易斯市公立学校中的兴衰为例，可以初步了解移民文化与公立学校互动过程的复杂性。

在圣路易斯市公立学校建立早期，德裔市民便向公立学校董事会请愿，要求将他们的母语引入学校，然而，在公立学校建立后的 30 年里，这一要求始终未能获得董事会的通过。作为替代性选择，一些德国移民在城中建起了使用德语进行教学的私立学校，德国移民纷纷将子女送入这些学校。在此期间，几任督学逐渐认识到，在公立学校中只教英语很可能将外来移民的后代排除在外。1864 年，公立学校董事会任命的一个特别委员会开始考虑将德语作为公立学校正规学科的提议，该委员会建议，在至少 4 所公立学校中将德语作为一门正规学科进行教学。董事会采纳了这一建议，并于同年 9 月开始，在 4 所公立学校中进行德语教学试验。在这些学校中，所有学生只要完成了一定的英语和地理学习并达到相应要求，便可选修德语。

1864—1865 学年，共有 450 名学生接受了德语阅读、写作和翻译的教学[①]。1866 年，董事会通过了针对圣路易斯市公立学校德语科目的相关规定，其中包括两条重要措施：第一，在说德语的学生超过 100 人的学校可以组成德语班级；第二，将德语教学延伸至低年级，但在低年级只进行实物教学，不使用书本[②]。从 1866—1867 学年开始，德语教学从一年级开始进行，与英语教学同步进行，同时，教授德语的公立学校增加到 9 所，公立学校董事会设专门的德语助理督学（assistant superintendent）一职，负责统筹和监督各学校的德语教学[③]。这一学年，选修德语的学生人数也从最初的 450 增加到了 1 446。

自此，德语教学在圣路易斯市的公立学校快速发展，同时，公立学校管

---

① Report of the Assistant Superintendent for the German department. Annual Report of 1866：38.

② Rules and Regulations Concerning the German Department of the Public Schools of St. Louis. Annual Report of 1867：76.

③ Annual Report of 1867：132.

理者们在论证德语教学必要性时，从最初吸引德裔学生入学这一实用取向上升到了维护美国社会民主特性的高度。1869 年，哈里斯在年度报告中表示，将德语作为地区学校中的一个学科，旨在“赋予我们的公立学校体系稳定性，使它们在更加广泛的意义上有益于城市。公立学校是为守护真正的民主原则而设的机构……建立在出生、财富和地位之上的特权统治绝无可能和一个给予所有人同等机会的学校体系并存。随移民而来的人口差异同样凸显了这一待解决的问题，而且解决这一问题比克服语言差异要困难得多”[①]。

通过论述德语教学对于公立学校接纳来自不同文化背景儿童的重要性，哈里斯将公立学校中不同语言的教学与维护民主的价值联系起来。同时，他认为德意志民族与盎格鲁-撒克逊民族的人民在个性上存在互补之处，其结合能带来极佳的效果：“德意志民族内心丰富，具有理论性，是方法的发明家，科学而精确；盎格鲁-撒克逊民族具有实干倾向，是法律规则的创造者、实用器物的发明家。通过两种对立性格所提供的如此广泛的基础，它们的结合将带来怎样的精神结构!”[②] 哈里斯对于共性的强调在以后论述德语教学的意义时屡次出现，但他明确表示，“共性应建立在受过教育的智慧而非无知之上”，因此，公立学校的教育在创造共性的过程中起到关键作用，公立学校的最重要功能在于“消除共同体中的阶级差异”[③]。

据统计，1870 年，圣路易斯市共有 252 792 位居民的父母或其中一位亲人出生于美国之外的其他国家，但只有不到 100 000 人的双亲皆出生于美国，城中 72%的人父母是外国移民，而德裔就占了 54%[④]。进入 19 世纪 70 年代，圣路易斯市公立学校系统中的德语班级稳步发展。1869—1870 学年，学习德语的学生共有6 213人，这其中，有 504 人属于盎格鲁-撒克逊血统，即他们的父母出生于美国本土或爱尔兰，母语是英语[⑤]。1873—1874 学年，公立学校中学习德语的盎格鲁-美国人与德裔美国人的比例为 1∶1，前者从

① German-English Instruction. Annual Report of 1869：83.

② Annual Report of 1869：30.

③ German-English Instruction. Annual Report of 1875：112.

④ Annual Report of 1874：170.

⑤ Annual Report of 1870：31.

三年前的504人增加到了5 128人[①]。据此，哈里斯不无骄傲地指出，“盎格鲁-美国人针对德裔美国人表现出本土主义（nativism）或排外情绪的趋势已经几乎被清除……在我们的学校中，不同阶层的人口实现了完美的结合而学习德语的学生中有1/3是盎格鲁-美国人这一事实，彰显了这种阶级情绪是多么彻底地被打破的。实际上，通过过去八年来在我们的公立学校中引入德语教学，人们已经发展出了共性”[②]。但是，圣路易斯市民在19世纪70年代后期对德语教学的诘难证明，哈里斯这一乐观估计为时过早。

自德语教学引入圣路易斯市公立学校以来，在学习德语的学生人数增长的同时，对德语教学具体实施状况的质疑从未停止过。德裔学生的家长们抱怨公立学校德语学习的程度远远不够，尤其在低年级，由于董事会规定低年级不得用书本进行德语教学，口头的练习无法使学生习得正确的拼写规则。此外，公立学校的教师和校长们反映，由于每天一个半小时的德语教学在固定的教室进行，学生在换教室时难免发生纪律混乱的情况，致使学校的秩序和管理存在一定问题。针对这些具体问题，公立学校董事会在督学和德语助理督学等人的建议下不断地调整德语教学的具体形式和范围，例如取消对低年级德语教学使用书本的限制。为缓解德语课和英语课之间的冲突，董事会还采纳了一项提议，要求“学习德语的学生应当在这一学科上和其英语学习处于同一等级”[③]，以避免处在不同英语等级的学生从不同教室进入共同的德语教室，打乱教学。

德语教学形式、范围等具体问题在董事会的不断调整下得到了一定的解决，学习德语的学生在最初的15年一直处于增长态势，显示出人们对于德语的学习热情。从学习德语学生人数的增幅来看，圣路易斯公立学校中的德语教学在1874年左右迎来了发展的最高峰，1873—1874学年学习德语学生较前一学年的增幅达31%。然而，从1874—1875学年开始，虽然学生人数仍在增长，增幅却低于10%（1874—1875学年为9%；1875—1876学年为5.6%；1876—1877学年为3%）。在1878—1879学年，由于开设德语教学的学校数增加，学习德语的学生也随之增加了11%，为1875年后增幅最大

① German-English Instruction. Annual Report of 1874：170.

② Annual Report of 1875：171.

③ 同②119.

的一年，但从1878—1879学年开始，大批盎格鲁-美国学生退出德语学习，公立学校中学习德语的总人数较上一学年减少了2%，德语教学在引入学校的第15个年头第一次迎来了负增长[①]。

19世纪70年代末，德语教学的发展放缓甚至倒退与公立学校外部反对德语教学的声音有关。1878年2月，一位爱尔兰裔人迈克尔·格林向公立学校课程委员会提交了一项提议，要求在课程中增加对盖尔语（gaelic）[②]的学习。委员会在3月份否决了这一提议，一部分人认为董事会资金不足，另一部分人则认为这一提议根本没有益处[③]。然而，有关这一问题的讨论却将公立学校中德语教学的存废问题推向了舆论的前端，引发了不同团体的激烈争论，也造成公立学校中学习德语的非德裔学生大幅减少。

由于德语教学最初被引入公立学校时，德裔市民在移民中又占大多数，而爱尔兰移民本就掌握英语，因此，德语教学自然被视为吸引移民子女进入公立学校的最重要手段，也成为圣路易斯市公立学校守护美国民主的象征。然而，如果依照这一逻辑，任何移民所属的民族语言都应当被引入公立学校，包括盖尔语、法语、希伯来语等。可是，当时公立学校的财政情况根本不可能满足这一要求。同时，由于圣路易斯市当时浓厚的德国文化氛围，盎格鲁-美国人对德语学习并不排斥。但随着时间的推移，德语教学受到多方面的攻击：一方面，来自其他民族的学生家长对公立学校中只照顾德国移民感到不满，如爱尔兰人；另一方面，德语教学本身也开始暴露出一定的问题，如支付专门德语教师的工资耗费了过多的公立学校资金，但升入中学的考试科目并不包括德语，使许多学生家长将德语学习视为无关紧要，甚至认为它会影响学生对英语的学习。

在19世纪70年代末，公立学校管理者仍然试图保留学校中的德语教学。为了缩减德语教学的支出，1878—1879学年，“德语-英语”教师计划开始实施，公立学校只聘用那些能够同时胜任英语教学的德语教师，以减少

① German-English Instruction. Annual Report of 1879：98 Table I.

② 盖尔语在当时的爱尔兰和苏格兰地区使用，为一部分爱尔兰人的母语。

③ TROEN S K. The Public and the Schools：Shaping the St. Louis System，1838－1920. Columbia，Mo.：University of Missouri Press，1975：69.

专门德语教师的薪酬①。同时，对于德语学习的价值，管理者的说法从以往偏重其融合不同文化群体的社会意义转向德语学习的实用功能，例如，1780年，负责监管德语教学的助理督学图特格克在其报告中论证了学习德语对于学生学习英语的助益②。然而，这些措施并未能成功保住德语教学，圣路易斯市公立学校最终在 1887 年取消了德语科目。

德语教学在圣路易斯市公立学校中的出现可谓一种折中的“熔炉策略”，既将德国移民的子女吸引到公立学校中，学习以英语为主的课程，又通过保留其母语使其不完全失去本族群的文化属性。正如威廉·哈里斯谈到这个问题时所阐述的那样，这“使得在国外出生的儿童美国化，但并不疏远他们与其血脉的关系”③。然而，从德语教学在公立学校的引入和退出，也似乎印证了哈里斯当初在年度报告中所言：“这一问题比语言差异要困难得多。”移民群体本身的多样化带来了对教育的不同需求，如何在公立学校内部既保存这种差异性，又提供创造共性的机会，实施切实有效的美国化教育，是挑战下一代公立学校领导者智慧的难题。

南北战争后的二三十年是美国公立学校发展的重要阶段。如果说此前的公立学校运动为在美国大规模建立公立学校打下基础，贺拉斯·曼等早期公立学校奠基人的伟大事业在于使公立学校这种形式在美国教育中扎根。那么，到 19 世纪后半叶，如何使公立学校体系更加正规、系统、优质与普及，则是第二代学校管理者与改革者面对的关键问题。哈里斯在圣路易斯市所推行的改革，进一步巩固了公立学校制度，为公立学校制度的重建做了重要的探索，为 19 世纪末 20 世纪初公立学校的进一步改革奠定了坚实的基础。

三、赫尔巴特运动

1841 年，赫尔巴特去世。在此后的 20 多年间，赫尔巴特的教育学说在

① German-English Instruction. Annual Report of 1879：96.

② Report of Assistant Superintendent. Annual Report of 1880：127.

③ LEIDECKER K F. Yankee Teacher：The Life of William Torrey Harris. New York：Philosophical Library，1946：274 - 277.

德国并没有产生实际的影响。从 19 世纪 60 年代起，由于其学生和信徒斯托伊、戚勒尔和威廉·赖因等人的大力宣传，赫尔巴特的教育学说才重新受到教育界的关注。1868 年，在莱比锡，威廉·赖因和斯托伊发起成立了科学教育学协会，致力于宣传和发展赫尔巴特的教育学说。此后，德国各州都先后成立了类似的组织，逐渐聚集了一大批赫尔巴特的信徒——赫尔巴特学派(Herbartian)。赫尔巴特的信徒们不仅在德国各级教育机构广泛地运用赫尔巴特学说，还出版了大量的研究文献。据赖因在其主编的《教育百科全书》(1895 年）中统计，从 19 世纪 60 年代到 90 年代，先后出版了 2 234 部研究赫尔巴特学说的德文著作。康帕亚指出，在 19 世纪后期，“赫尔巴特主义在德国已成为一种宗教”，而赫尔巴特本人“在他的同胞中成了一位英雄和现代教育的统治精神”[①]。

1886 年，赖因在耶拿大学开办教育研究班，招收来自各国的学者，研究赫尔巴特学说。到 1911 年，研究班先后举办了 15 期，共培养 2 000 多人。这些学者分别来自俄国、美国、芬兰、瑞典、罗马尼亚、匈牙利、英国、瑞士、日本、澳大利亚、智利、墨西哥等国。通过这个教育研究班，赫尔巴特学说逐步扩展到世界许多国家，由此形成了一个国际性的赫尔巴特运动。

1. 美国赫尔巴特运动的兴起

美国的赫尔巴特运动是国际性赫尔巴特运动的重要组成部分。美国赫尔巴特运动的兴起主要归功于四个人，他们是美国伊利诺伊师范学院的埃德蒙·简·詹姆斯[②]、查尔斯·德·加谟、麦克默里兄弟。关于这一点弗兰克·麦克默里曾有详细地记载，他写道，“出于某些原因，师范学院的埃德蒙·詹姆斯萌发了去德国留学的想法，之后他就被哈勒大学录取了。在他去德国之后，他又鼓励德·加谟去德国留学，而他们俩又带动了我的哥哥查尔

① COMPARYE G. Herbart and Education by Instruction. New York：Croweel，1907：114.

② 虽然詹姆斯是一个经济学家，后来他也没有成为全国赫尔巴特协会的一员，但是他对美国赫尔巴特运动的兴起有着不可磨灭的贡献。詹姆斯回国后，先在埃文斯顿高中任教，1879 年，他成了伊利诺伊师范学院附属高中校长。詹姆斯曾先后在《伊利诺伊学报》上发表了《论普及教育的国家资助》(National Aid to Popular Education)、《关于新教育的几点思考》(Some Thoughts Concerning the New Education)、《课程应该包含哪些方面》(What Branches of Study Should the Curriculum Embrace）以及《学习的相关》(The Correlation of Studies）等文章。

斯去那里留学。他们三个都在哈勒大学取得了博士学位。之后，我也追随查尔斯来到德国，并成了耶拿大学莱因博士的第一位美国籍学生”①。他们四人学成后，相继回到美国伊利诺伊师范学院任教。1881 年，詹姆斯与德·加谟共同创办了《伊利诺伊学报》（*Illinois School Journal*），成为最初宣传赫尔巴特及赫尔巴特学派教育观点的阵地②。1889 年，德·加谟出版了他的《方法论之基础》③，成为美国国内第一本系统介绍赫尔巴特及赫尔巴特学派教育观点的专著。1890 年，他翻译了林德纳的《经验心理学》④，成为美国国内第一部德国赫尔巴特学派的译著。1891 年，他又在《教育评论》（*Educational Review*）上发表了《赫尔巴特学派之教育学体系》（The Herbartian System of Pedagogics）。这三项成果的连续发表标志着美国赫尔巴特运动的兴起。由此，在美国形成了以德·加谟与麦克默里兄弟为旗手，以伊利诺伊师范学院为主要阵地的美国赫尔巴特运动。

1892 年，在全国教育协会会议期间，在德·加谟的呼吁下成立了赫尔巴特俱乐部（The Herbart Club）。俱乐部的成员除了德·加谟与麦克默里兄弟之外，还有莱维斯·西利、埃尔默·布朗、诺斯、尤多拉·海尔曼夫人、赫尔曼·卢肯斯、玛格丽特·史密斯、奥西恩·兰、弗洛伦斯·霍尔、乔治·詹姆斯、亨利·莱布兹格尔等等⑤。

---

① CHARLES H. The Development of the Teachers College in the United States. Bloomington. Ill.：McKnight and McKnight，1935：199.

② 德·加谟曾先后在《伊利诺伊学报》上发表了《德国纪事》（Notes from Germany）、《论国家资助教育的必要性及其方法》（The Need and Function of National Aid to Education）、《德国教育管窥》（Glimpse at German Pedagogy）等等。查尔斯·麦克默里也曾在《伊利诺伊学报》上发表了他译述的《齐勒之普通教育学》（Ziller's Allgemeine Padagogik）、《齐勒之普通教育学的理论与实践》（Theory and Practice of Ziller's Allgemeine Paedagogek）。1883 前后，詹姆斯与德·加谟先后离开美国回到德国进修，1883 年 6 月，德·加谟将《伊利诺伊学报》卖给了约翰·威理斯顿·库克，之后又给了伊利诺伊师范学院的一位数学教授。

③ DECARMO C. The Essentials of Method，A Discussion of the Right Methods of Teaching Observation，Generalization，Application. Boston：D. C. Heath & Co.，1890.

④ LINDNER C A. A Manual of Empirical Psychology. Boston：D. C. Heath & Co.，1890.

⑤ DUNKEL H B. Herbartianism Comes to America：Part I. History of Education Quarterly. Vol. 9，No. 2，Summer，1969：222. 之后，杜威等人也曾加入赫尔巴特俱乐部，参与他们的活动，但是从文献上来说，美国研究美国赫尔巴特运动的学者还是主张将赫尔巴特俱乐部创立之初的这些成员称为“美国赫尔巴特学派”。

赫尔巴特俱乐部成立后，其主要工作就是翻译出版了兰的《统觉论》(*Apperception*)、厄弗的《赫尔巴特教育学概论》(*Vorschule der Pädagogik Herbarts*)。之后，随着俱乐部成员的不断增加，1895 年，赫尔巴特俱乐部更名为全国赫尔巴特协会（National Herbart Society）[1]。该协会由对赫尔巴特教育思想有特殊研究的教师组成（其中包括约翰·杜威）。同年，协会出版了全国赫尔巴特协会第一份年鉴报告。在年鉴报告中，全国赫尔巴特协会的成员将自己称为"美国赫尔巴特学派"，并阐释了美国赫尔巴特运动的主要目的，即"我们的成员并不是要囿于赫尔巴特及赫尔巴特学派的信条，而是要通过平等、充分地研究与讨论来理解他们的教育信条"[2]。之后的三年是美国赫尔巴特运动发展的全盛时期。在这三年编辑的全国赫尔巴特协会年鉴及其补充报告中，美国赫尔巴特学派集中讨论了德国赫尔巴特学派的教育观点，例如："兴趣"（the doctrine of interest）、"统觉"（the law of appreciation）、"相关与集中"（correlation and concentration）、"文化纪元论"（the theory of the culture-epochs）、"五段法"（the five formal steps of instruction）、"教育的伦理目的"（the ethical aim of education）等等[3]。

哈里斯在 1894—1895 年度的《教育委员会报告书》中指出："今天，美国赫尔巴特学派的信徒比在德国本国的还多"。由于他们的努力，赫尔巴特的教育学说在美国教育界产生了广泛的影响。"在 19 世纪 90 年代，对（赫尔巴特）这个精心建立的体系的兴趣，像浪潮一样，席卷了美国的教育界。"[4]

---

① 全国赫尔巴特协会的全称是赫尔巴特教学科学研究协会（The Herbart Society for the Scientific Study of Teaching），后来更名为赫尔巴特科学教育学研究协会（The National Herbart Society for the Scietific Study of Education），但是为了称呼上的简便，人们更经常用全国赫尔巴特协会（The National Herbart Society），以后，全国赫尔巴特协会就成了前两者的代称。参见 MOULTON G L. The American Herbartian：A Portrait from His Yearbooks. History of Education Quarterly，1963，3（3）：137.

② Plan and Purpose of the National Herbart Society. First Yearbook of the National Herbart Society, First Supplement，1895：204. 但在实践过程中，美国赫尔巴特学派并没有完全做到这一点。

③ MOULTON G L. The American Herbartian：A Portrait from His Yearbooks. History of Education Quarterly，1963，3（3）：137.

④ EBY F A. The Development of Modern Education. New York：Prentice-Hall，Inc. 1952：786.

2. 美国赫尔巴特运动的流变

不同的教育需求决定了赫尔巴特运动在世界各国不同的发展轨迹。在英国，赫尔巴特思想传入时正值新教育运动兴起，因此，人们更加关注赫尔巴特理论中的“相关与集中”、如何培养儿童的想象力与创造力；在日本，赫尔巴特思想传入时正值明治政府改革，强调要以道德教育培养忠于国家的国民，因此，赫尔巴特理论中的“五种道德观念”得到了更多的关注；在中国，受日本和清末教育教学实践改革的影响，赫尔巴特学派的“五段论”几乎成为赫尔巴特教育思想的代名词。因此，为了了解赫尔巴特运动在美国的发展轨迹，我们就需要从了解当时美国社会的教育需求开始。

南北战争之后，随着经济的发展，工业化和城市化的进程加快，美国社会也开始面临严峻的挑战。首先，这些挑战来自多元文化的冲击。来自世界各地的移民，他们不同的肤色、不同的宗教信仰、不同的语言、不同的风俗习惯、不同的价值观念，都不同程度地冲击了美国社会的主流文化，使得美国社会面临着价值选择的危机[①]。其次，工业化大城市中生产与资本的集中，垄断的形成，这些满怀热情失业率的不断增加，不时爆发的小型经济危机，使得年轻人的“美国梦”不断受到冲击，最终导致 19 世纪末美国社会价值观念的迷茫。再次，美国农业生产与工业生产的“剪刀差”随着社会经济的进一步发展而加剧，大量农民入不敷出、纷纷负债破产。破产农民涌入大城市寻求就业，但是工业化的大城市并不能充分解决他们的问题，反而进一步加剧了城市的危机。19 世纪末 20 世纪初，美国城市生活中的社会不公正现象、经济生活中的两极分化、政治生活中的丑闻与腐败以及社会道德的腐化、家庭生活的分裂，使得美国社会正统价值观念受到严峻挑战。

在这种情形下，美国社会的中产阶级与知识分子开始寄希望于教育，他们希望通过学校教育来摆脱美国社会所遭遇的迷茫与危机，“他们像关注自己的财产一样，关注他们孩子的教育”[②]，正如史学家奥斯卡·汉德林提及

---

① MOULTON G L. The American Herbartian: A Portrait from His Yearbooks. History of Education Quarterly, 1963, 3 (3): 134.

② 同①135.

的那样，“重整国家的希望在于儿童的教育”①。但在这个时期，美国的教育状况并不乐观。内战之后，美国社会流行的教育观依然认为，在教学过程中，儿童仅仅是知识的接受者，他们在教学过程中处于被动的地位，应严格地服从与执行教师的教学安排；同时，美国学校依然坚持“3R”教育，依然奉行诺厄·韦伯斯特的教育观念，他的《拼音书》依然是学校的主要教材②。落后的教学组织、单一的教学方法，以及对背诵知识的片面强调都严重阻碍了美国学校的发展③。

面对美国学校教育的种种弊端，从19世纪中叶开始，美国教育家借鉴西欧教育家的学说和实践，不断致力于教育改革的探索。19世纪60—80年代，在纽约奥斯威戈师范学校兴起了一场旨在传播裴斯泰洛齐教学法的裴斯泰洛齐运动，实物教学（object-teaching，也被称为“奥斯威戈教学法”，Oswego Method）取代机械背诵，成为美国学校的重要教学方法，从而激发了教师与学生的自主性与能动性。与此同时，许多学校先后把自然研究（nature study）和社会研究（social study）引入课堂，改变了长期以来单调的“3R”教学，丰富了学校的教学内容。但是，面对社会的剧烈变革，仅仅改革学校的教学方法、拓展学校的教学内容，还不足以从根本上改变美国学校的面貌，建立现代美国学校教育制度，全面改革美国学校教育制度已势在必行。正如全国赫尔巴特协会在第一份年鉴中所写的那样，“在过去的半个世纪中，我们竭尽所能普及教育，尽力让所有的人都能享受到教育带来的福祉。现在普及教育的观念已经形成，同时也受到了法律的保护。目前我们的伟大任务就是要进一步促进和完善教育的外部机制。广建校舍、添置教学设备、明确教学目的、改革课程设置、进行教师培训、保障教师薪酬等等……因此，我们目前承担着史无前例的重责，它是我们的教育进一步发展与完善并能够获得有效执行的关键”④。

---

① HANDLIN O. John Dewey's Challenge to Education：Historical Perspective on the Cultural Content. New York：Harper & Brothers，1959：19.

② DUNKEL H B. Herbartianism Comes to America：Part II. History of Education Quarterly，Autumn，1969，9（3）：377.

③ 同①136.

④ DEGARMO C. Most Pressing Problems. First Yearbook of the National Herbart Society：1896：3.

19 世纪 90 年代美国学校教育的现实情况在很大程度上左右了这个时期美国赫尔巴特学派研究的重点。查尔斯·麦克默里认为，19 世纪 90 年代美国初等学校教育已经充满了危机，大部分学生已经开始排斥枯燥、乏味的“3R”基础教育，学校的课程设置不能满足美国工业化和城市化的进一步需求；学生课业负担过重、教师教学方法的陈旧落后、课程设置的不合理，都已经成为阻碍美国初等学校教育发展的瓶颈[①]。因此，如何进一步明确教学目的，改革课程设置，更新学校教材，成为美国赫尔巴特学派关注的焦点，这也使得美国赫尔巴特学派把研究的重点放在了赫尔巴特学派关于兴趣、教育性教学、文化纪元论等理论上。

在赫尔巴特及赫尔巴特学派的“教育性教学”原则以及美国初等教育现实困境的共同影响下，美国赫尔巴特学派形成了他们独特的教育目的观，认为教学不仅是传承知识的过程，更是塑造学生的性格和德行、培养他们的价值观与使命感的过程[②]。他们指出，促进学生个人身心的发展固然重要，但教育的最终目的是要培养学生的道德品格，即在新的社会秩序和经济条件下，培养满足工业化与城市化需求的新一代国家公民的道德感与使命感[③]。在这种教育目的观的指引下，结合“兴趣”“统觉”“相关与集中”“文化纪元论”“五段法”“教育的伦理目的”的基本观点，美国赫尔巴特学派认为：儿童的观念与儿童在不同阶段的经验与兴趣有着紧密的联系，儿童的个体发展应与种族的发展保持一致，“道德教育必须通过历史、文学与地理课程的合理设置，使之符合种族发展的历史才能实现”[④]。因此，他们在教育目的上要求注重培养学生的公民道德观；在课程设置方面要求重视历史、地理与文学的教学，要求学校应该遵循“相关与集中”和“文化纪元论”的原则，使这些课程融为一体，体现美利坚民族发展的历史[⑤]；在教学方法上，他们

---

① STRICKLAND C E. The Child, the Community, and Clio: The Uses of Cultural History in Elementary School Experiments of the Eighteen - Nineties. History of Education Quarterly, 1967, 4 (7): 474.

② SETH J. The Relation of Knowledge to Will and Conduct. Fourth Yearbook of the National Herbart Society, 1898: 7 - 9.

③ DECARMO C. Herbart and the Herbartians. New York: Charles Scribner's Sons, 1896: v-vi.

④ VAN L C. The Educational Theory of Cultural Epochs. Herbart Yearbook, 1895: 60, 70.

⑤ MCMURRY F. Concentration. Herbart Yearbook, 1895: 27.

要求教师遵循“统觉”律，将“五段法”作为课堂教学的基本方法[①]。同时，为了使教师能够更好地理解这些教育理论，他们要求对教师进行必要的职业培训。

美国赫尔巴特学派的这些观点为19世纪90年代美国的学校教育注入了活力。帕克与伯里斯认为，“我们有理由相信赫尔巴特学派的教学法是美国学校教育的幸福天使，它们消除了美国学校教育发展的阻碍。它们使我（们）第一次感受到学校课程给我们带来的希望，感受到学校课程给我们带来的价值”[②]。

3. 美国赫尔巴特运动的衰落

在美国赫尔巴特运动凯歌前进的同时，也隐藏着种种危机。一方面，美国赫尔巴特学派对他们所描述的道德品格概念并没有确切和详细的定义[③]，而且过分依赖德国赫尔巴特学派的教育理论；另一方面，随着“科学主义”在美国教育界的出现，对什么是“科学的教育学”的争论也导致了美国赫尔巴特运动出现最初的分裂。

从全国赫尔巴特协会第四份年鉴中可以看出，美国赫尔巴特学派讨论和研究的范围开始有所扩大；到第五份年鉴及其补充报告出版时，美国赫尔巴特学派研究和讨论的焦点已经不再局限于德国赫尔巴特学派的教育信条，而是越来越体现出“美国化”的倾向[④]。正是在这个过程中，美国赫尔巴特运动开始分裂为两大部分。以德·加谟为代表的一部分美国赫尔巴特学派认为，美国赫尔巴特运动在片面研究德国赫尔巴特学派的教育观念上陷入了偏执与僵化，因此，应系统地研究赫尔巴特本人的教育观念来纠正一些在教育

---

① BRAUNER J. American Educational Theory. Englewood Cliffs, New Jersey: Prentice-Hall, Inc., 1964: 62.

② PARKER C F. Discussion of Cultural Epoch Theory. Herbart Yearbook, 1895 (suppl.): 153－158; BURRIS W P. Discussion. Herbart Yearbook, 1895 (Suppl.): 158－160.

③ 堪萨斯州立大学研究美国赫尔巴特运动的雷·辛勒教授认为，美国赫尔巴特主义对“道德品格”的定义仅仅停留在描述层面，缺乏对概念准确的定义，因此，“道德品格”概念的模糊性也成为美国赫尔巴特主义教育观念的软肋，首当其冲地成为批判的重点［HINER N R. Herbartians History, and Moral Education. The School Review, 1971, 79 (4): 593.］

④ 部分研究美国赫尔巴特运动的美国学者指出，从全国赫尔巴特协会第四份年鉴开始，美国赫尔巴特学派开始更多地讨论美国学校教育存在的现实问题及其对策，他们总结归纳了赫尔巴特及赫尔巴特学派的主要观点，并结合实践经验，形成各自独特的理论。参见 MOULTON G L. The American Herbartian: A Portrait from His Yearbooks. History of Education Quarterly, 1963, Sep., 3 (3): 137.

实践中出现的偏差，实现真正的“科学教育学”。为此，德·加谟出版了《赫尔巴特与赫尔巴特学派》(*Herbart and the Herbartians*)。而以麦克默里兄弟为代表的另一部分美国赫尔巴特学派则认为，所谓“科学的教育学”就应该使用科学的方法来研究教育问题。在实验心理学引入美国之后，他们主张用心理学进一步武装赫尔巴特学派的教育理论，为此，查尔斯·麦克默里出版了《普通方法要素》(*Elements of General Method Based on the Principles of Herbart*)，弗兰克与查尔斯还共同出版了《背诵的方法》(*The Method of the Recitation*)。

以德·加谟为代表的部分美国赫尔巴特学派成员则认为，赫尔巴特的形而上学观、心理学观、伦理学观和教育学观是一个有机的整体，是密不可分的。德·加谟认为，美国赫尔巴特学派的大部分成员都片面强调了赫尔巴特的教育学理论，忽视了赫尔巴特教育学理论与他的哲学、心理学和伦理学理论之间的关系，因而需要修正。但不幸的是，德·加谟自己在诠释赫尔巴特思想的论著中也犯了与美国赫尔巴特学派其他成员同样的毛病。他在《赫尔巴特与赫尔巴特学派》一书中主要讨论了赫尔巴特的教育学说：在形而上学方面，他只是轻描淡写、一带而过；在心理学方面，德·加谟虽然进行了一定的描述，但是他却没有详细、清晰地解释赫尔巴特心理学的一些关键概念，例如“心灵的装备”(furniture of mind)、“观念”(ideas) 等等；在伦理学方面，德·加谟虽然列举了赫尔巴特的“五种道德观念”(five basic ethical ideas) 和审美判断的标准，但并没有将赫尔巴特的伦理学与他的教育学结合起来研究。总而言之，德·加谟忽视了对赫尔巴特形而上学的理解，将他的心理学仅仅局限在对“统觉”等基本概念的理解上，将他的伦理学简单地等同于“五种道德观念”。虽然他意识到美国赫尔巴特学派在研究和传播赫尔巴特教育思想中存在弊端，虽然他认识到赫尔巴特的观念不仅仅局限在“相关与集中”“文化纪元论”“五段法”中，但是他本人却也陷入了同样的困境[①]。同时，由于德·加谟过分注重理论研究，忽视了在师范学校和

① DUNKEL H B. Herbartianism Comes to America: Part II. History of Education Quarterly, 1969, 9 (3): 386, 387.

中小学课堂中的教育实践，因此以德·加谟为代表的美国赫尔巴特学派的一部分成员的观念很快就遭到了否定。

以麦克默里兄弟为代表的另一部分美国赫尔巴特学派的成员，最初也接受德国赫尔巴特学派的教育信条，强调培育道德品格的重要性，并由此对小学的课程设置进行分类。他们主张将小学的课程分为三大类：第一类是文学与历史，这类课程有利于为学生树立道德典范；第二类是自然科学，这类课程有利于学生了解自然的“活力与统一的原理”；第三类是“正式课程”，包括语法、写作、算术[①]。但是，他们的改革实践遭到了帕克的批评。帕克在他的著作《当代初等教育史》中写道，“当我们总结当代的初等教育改革实践时，我们发现无论是裴斯泰洛齐主义还是赫尔巴特主义，从他们的原理到他们的实践，都没有真正关注当代教育所应当关注的问题”[②]。帕克的批判引起了麦克默里兄弟的注意，也使他们了解到美国赫尔巴特运动所存在的局限，因此开始关注科学主义，特别是开始关注赫尔巴特及赫尔巴特学派的心理学理论，并将它们用以指导美国赫尔巴特运动的教育实践。此后，麦克默里兄弟开始从研究赫尔巴特及赫尔巴特学派的主要观点转向了教师培训。他们开始主张用赫尔巴特学派的教育信条培训教师。为此，弗兰克·麦克默里出版了《如何学习与如何指导他人学习》(*How to Study and Teaching How to Study*)，查尔斯·麦克默里也开始举办各类讲座，具体指导中小学教师的教学活动，帮助他们革新教学方法。麦克默里兄弟在 19 世纪末 20 世纪初美国中小学教师的培训中发挥了重要的作用，同时，也由于他们的工作，进一步加剧了美国赫尔巴特运动的分裂。

1900 年，全国赫尔巴特协会年鉴停刊。1901 年 2 月，全国赫尔巴特协会进行了机构重组与调整，被改组为全国科学教育研究协会（The National Society for the Scientific Study of Education)，由查尔斯·麦克默里担任协会

---

① DUNKEL H B. Herbartianism Comes to America：Part II. History of Education Quarterly，1969，9 (3)：386，387.

② FRANCIS P C. History of Modern Elementary Education//MCKENNY C. The McMurrys in American Education. Peabody Journal of Education，1928，Mar.，5 (5)：265.

的主席。这一事件标志着美国赫尔巴特运动正式分裂①。

在内部分裂进一步加深的同时，美国赫尔巴特学派也面临来自外部的挑战。与此同时，20 世纪初影响美国教育界的新的哲学观念和新的教育实践则进一步加剧了美国赫尔巴特运动的衰落。首先，受达尔文进化论影响的新知识观与赫尔巴特学派所宣扬的知识观产生了严重的对立。以威廉·詹姆斯与杜威为代表的实用主义哲学观的出现更进一步冲击了美国赫尔巴特学派的知识观。其次，儿童研究运动的兴起“摧毁”了美国赫尔巴特学派的儿童观②。最后，人类学关于文化理论的发展消解了作为美国赫尔巴特学派思想基础的“文化纪元论”的影响③。

对美国赫尔巴特运动的批判主要来自此前赫尔巴特运动的支持者。约翰·杜威曾经是美国赫尔巴特运动的积极参与者，他也曾为研究与传播赫尔巴特及赫尔巴特学派的教育思想而忙碌。随着时间的推移，杜威逐渐意识到，美国赫尔巴特学派在理论上对赫尔巴特与赫尔巴特学派观点的解释存在错误，在实践上又未能真正改变美国中小学的现状。杜威指出，美国赫尔巴特学派所谓的“兴趣”与赫尔巴特所谓的“兴趣”有着本质的区别，前者在实质上与传统的知识理论并没有区别④。杜威还认为，美国赫尔巴特学派滥用了赫尔巴特的“文化纪元论”，批判美国赫尔巴特学派以所谓的“文化纪元论”，滥设历史课程。杜威认为，美国赫尔巴特学派所谓的“历史”，仅指已经逝去的事实，他们没能建立历史与现实的联系，因而不能发挥历史应有的重塑社会道德与价值观的作用⑤。杜威指出，当前中小学的历史课程急需改革，儿童真正需要的“并不是这些互相割裂的德育课程，不是一些大道理的灌输。他们真正需要的，是符合社会发展变化的社会观……目前工业化社

---

① MOULTON G L. The American Herbartian: A Portrait from His Yearbooks. History of Education Quarterly，1963，Sep.，3（3）：137.

② BRAUNER C J. American Educational Theory，Englewood Cliffs，New Jersey：Prentice-Hall，Inc.，1964：92－99.

③ STOCKING Jr. G W. Franz Boas and the Culture Concept in Historical Perspective. American Anthropologist 68，August，1966：870－871；Fred W V. Man and Culture：An Essay in Changing Anthropological Interpretation. American Anthropologist，1960（62），Del.：946.

④ 同②94－101.

⑤ DEWEY J. Ethical Principles Underlying Education. Herbart Yearbook，1897：21－23，23，22.

会与丑恶的政治环境对社会道德的负面影响，不在于它们滋生了个人主义的倾向，也不在于它们忽视了我们所一直推崇的社会道德（如诚实、勤奋、纯洁等等），而在于它们模糊了我们的视线，使我们不能正视我们所处的社会环境”①。因此，杜威指出，历史应是一门科学，应是一门实用性的课程。他要求历史课程内容必须与社会现实紧密相关，必须使学生们能够鉴古知今，这样才能帮助儿童更好地认识自己、了解社会②。特纳也指出，学校设置历史课程就应使历史课程发挥应有的价值，使它成为推动社会进步的科学研究③。哈维·鲁宾逊也指出，美国赫尔巴特学派在所谓的“文化纪元论”指引下设置的历史课程与传统的历史课程并无二致，都仅仅是史实的记忆，这种对史实的简单记忆与背诵并不能使学生了解到“每个不同历史阶段的独特目的与观念”。因此，美国历史课程应该关注中小学历史课程改革急需改革什么，学校应该了解什么样的历史，应选择什么样的历史教材，哪些史实最具有教育价值等问题。芝加哥师范学校的埃米莉·赖斯也指出，“思想是不能脱离实践的。美国赫尔巴特学派的理论过分拘泥于遣词造句而忽视了实践的意义。历史课程的价值在于能使我们了解过去、正视现在、预知未来，因此，我们需要改变传统历史课程的局限，赋予历史课程现实的意义。但仅仅有变革课程的理论是无用的，关键应切实地改变学校历史课程的现实，而美国赫尔巴特学派在这一点上是远远没有做到的”④。

在这种情况下，1905 年，全国科学教育研究协会（The National Society for the Scientific Study of Education）再次更名，协会的名称中删除了“科学”一词，即更名为“全国教育研究协会”（The National Society for the Study of Education），这标志着美国教育界最终放弃了对赫尔巴特特别是赫尔巴特的德国门生和信徒所谓“科学教育学”的追求，也标志着美国赫尔巴特运动的终结。德·加谟后来回忆道：“几乎是在一夜之间，赫尔巴特及赫

①② DEWEY J. Ethical Principles Underlying Education. Herbart Yearbook，1897：21－23，23，22.

③ KRUG E A. The Shaping of the American High School. New York：Harper & Row，1964：279.

④ RICE E J. History in the Common Schools. Educational Review 12，Sept.，1896：169－171，174.

尔巴特学派的教育理论销声匿迹，成为进步主义教育理论的对立面”。[1]

4. 赫尔巴特运动的历史贡献

美国的赫尔巴特运动虽然昙花一现，但是它却对美国的学校教育产生了不可估量的影响。它唤醒了人们对美国学校教育现实的关注，促进了美国学校教育目的、教学方法、师资建设等一系列重要方面的改进和发展。美国赫尔巴特学派所宣扬的“相关”的原则，虽然并没有在实践中得到充分运用，但是它毕竟唤醒了教育者对课程设置的关注，使他们意识到学校课程并不是一个个独立的、割裂的个体，而应该是一个有机的整体。美国赫尔巴特学派宣扬的“统觉”“兴趣”的概念虽然随着心理学发展而遭到否定，但是它毕竟使得美国的教育者第一次以一种全新的视角来审视教师的教学方法和学生的认知、成长过程。“文化纪元论”虽然在赫尔巴特运动后期遭到了猛烈的批判，但是它毕竟使得人们认识到学校课程中的历史、文学、地理课程的实用价值，了解到它们的重要性。无论如何评价美国赫尔巴特运动，无论它的教育理念是“科学的”还是“非科学的”[2]，不能否认的是，正是由于美国赫尔巴特学派与美国赫尔巴特运动，“教育学”才真正开始进入美国学校[3]，它为美国现代学校教育的发展奠定了基础。正如帕克所评价的那样，“在美国，没有任何一场教育运动能像赫尔巴特运动那样给美国的学校、美国的教育带来如此巨大的变化”[4]。

首先，美国赫尔巴特运动是一场有着美国特色的教育运动。虽然几乎所有的美国赫尔巴特学派的主要成员都曾经在德国学习，虽然美国赫尔巴特运动主要研究和宣传的是赫尔巴特及德国赫尔巴特学派的一些主要教育观点，但是，美国赫尔巴特学派的成员始终认为，他们并不是要引进国外的教育思想。相反，他们认为，美国学校教育存在的问题与德国是不一样的，因此，他们的使命是根据美国学校教育的状况和需求，改造赫尔巴特及赫尔巴特学

---

① KNOX H M. The Progressive Development of J. F. Herbart's Educational Thought. British Journal of Educational Studies，1975，Oct.，23（3）：273.

②③ MOULTON G L. The American Herbartian：A Portrait from His Yearbooks：Part II. History of Education Quarterly，1963，Dec.，3（4）：196.

④ PARKER F. Discussion. First Yearbook of the National Herbart Society. First Supplement，1895：153.

派的教育信条，使之符合美国学校教育的现实，促进美国学校教育的发展。这也许是赫尔巴特运动的一个特点。无论是在德国、美国，还是在英国、法国、日本、加拿大、中国，赫尔巴特运动在各个国家都有着不同的发展特点：在美国，“文化纪元论”“统觉”“关联”这些概念成为赫尔巴特运动思想的主要代表；在日本，“五种道德观念”则成为赫尔巴特的代名词[①]；在英国，“相关与集中”“培养儿童的创造性”则成为赫尔巴特运动的主要追求[②]；在中国，赫尔巴特实际上就是指“五段法”。各个国家的赫尔巴特运动都根据本国的特色对赫尔巴特及赫尔巴特学派的教育信条进行了改造，这也许就是赫尔巴特运动能成为一场国际性运动的关键。

其次，美国赫尔巴特运动是一场适时的教育运动。它出现在美国社会与美国学校教育充满危机和变革的时代，它出现在美国教育特别是美国师范学校对教师培训的内容和方式充满困惑的时代[③]。虽然当时美国的教育家们都认识到美国中小学教师的教学水平、教学方法亟须改进，教师不仅要进行专业培训，更要进行职业培训，但是对如何培训教师、培训的内容、培训的方式仍处于认识不清的阶段。美国赫尔巴特运动后期将“科学主义”与心理学的方法引入教育学，塑造了科学教育学的基础，为教师培训的方法、原则提供了指导思想，而大部分美国赫尔巴特学派的成员都积极参与教育培训的实践，虽然他们也曾受到埃利奥特与赖斯的批判[④]，但是他们在美国中小学合理的课程设置与良好的师资培训方面所做的贡献是不可磨灭的。

再次，美国赫尔巴特学派与美国赫尔巴特运动得到了许多非赫尔巴特主义者的支持，这些人包括威廉·哈里斯、弗朗西斯·帕克、尼古拉斯·巴特勒、爱德华·谢尔登、乔治·布朗等。他们也曾积极地支持、宣传赫尔巴特主义，出版美国赫尔巴特学派的论文，聘请赫尔巴特学派学员开办讲

① 李文英．赫尔巴特教育理论在日本的影响．河北师范大学学报（教育科学版），2001（3）．

② MATHIESON M. English Progressive Educators and the Creative Child. British Journal of Educational Studies，1990，Nov.，38（4）：370.

③④ DUNKEL HAROLD B. Herbartianism Comes to America：Part I. History of Education Quarterly，1969，Summer，9（2）：227.

座、担任教师，有时也参加全国赫尔巴特协会组织的活动。史密斯曾写道，“如果没有他们，我们很难想象情况会是什么样”[①]。从某种意义上可以说，在 19 世纪末 20 世纪初的美国，赫尔巴特运动并不是一个完全排外、孤立的思潮，而是当时美国教育运动的有机组成部分，是教育界积极探索改革美国学校教育、建立美国现代学校教育制度的总体努力的重要组成部分。

最后，美国赫尔巴特学派翻译出版了大量赫尔巴特与德国赫尔巴特学派的著作与论文，同时也撰写了大量的文章以帮助美国教师理解赫尔巴特与德国赫尔巴特学派的教育思想，这对美国当时的教育改革有重要意义。不论美国赫尔巴特学派对赫尔巴特与德国赫尔巴特学派的教育观念的理解是否正确，但毕竟是他们传播了当时非常先进的教育学说，由此丰富了美国的教育思想[②]。时至今日，美国教育界研究美国赫尔巴特运动的文献仍层出不穷[③]。

---

① KLIEDBARD H M. Education at the Turn of the Century：A Crucible for Curriculum Change. Educational Researcher，1982，Jan.，11（1）：17.

② MCKENNY C. The McMurrys in American Education. Peabody Journal of Education，1928，5（5）：262－264.

③ 国外特别是美国研究美国赫尔巴特运动的文献可谓“汗牛充栋”，其中比较著名的该研究领域的学者包括：霍兰德·邓肯、吉拉德·穆尔顿、查尔斯·麦肯尼、弗兰克·哈沃德等，他们都出版和发表了一系列专著与论文来回顾和反思美国赫尔巴特运动，此处不再一一列举。国内研究美国赫尔巴特运动的文献有限，主要集中于研究赫尔巴特与德国赫尔巴特学派的教育思想。

第二章 现代儿童观念的形成

成年人对儿童的一系列看法及其演变历程是探索相关教育思想与实践变迁的关键线索。不同人在“什么是儿童”、“儿童如何成长”以及“怎样对待儿童”等问题上的观点，将深刻影响其对教育的基本设想与实际安排。19世纪末20世纪初，美国教育界儿童观念的更新与现代儿童观的形成对于教育思想与改革活动产生了深刻的影响。同时，儿童观念并非凭空产生，它本身是一种社会与文化建构的产物，特定时期、特定群体所持的儿童观无不与更广泛的时代境况紧密相连，与人们对自身和世界的认识相互交缠。因此，本章在考察不同儿童观念的来源、传播与流变过程中，尤其强调儿童观念、社会变迁与教育改革三者之间的互动关系。

一、浪漫主义的儿童观念

19世纪末兴起的许多美国社会和教育改革活动与浪漫主义的儿童观念密不可分。浪漫主义儿童观念意味着对于儿童善良的天性、内在力量与自由活动，以及个体独特性等的信奉。人们对于儿童的这种新认识也渗透到美国的中产阶级家庭与社会文化领域。随着福禄培尔思想及其幼儿园实践的传播，美国教育界兴起的幼儿园运动，以及在此过程中人们对于儿童主动性的推崇，皆反映了浪漫主义儿童观念的影响。

1. 19世纪美国社会儿童观念的变迁

在美国社会，儿童观念的演变经历了缓慢而复杂的过程。在17世纪的英属北美殖民地，较为典型的儿童观是“福音派的加尔文主义”（Evange lical Calvinism）观点，由于原罪论的影响，儿童被视为生来有罪，应当在充满敬畏与纪律的氛围中成长，以实现救赎。由此，儿童的自发冲动通常被认为是不健康的，应当通过训斥与惩罚来加以压制。同时，童年期也并未被视为一个玩乐与闲适的阶段，许多清教徒认为儿童需要尽早准备好应对成人世界的挑战，因而更多强调严苛训诫。到了18世纪，一种对待儿童要更加温和的观念逐渐占据上风，人们在家庭中强调“爱与责任”胜过“爱与敬畏”。与加尔文式的将儿童视为生来堕落的存在的观点不同，后者将幼儿视为天真无邪却容易堕落的个体，对于儿童的养育注重“理性、节制与人类意志的自由”①。

19世纪是现代儿童观念形成的关键时期，在这一阶段的美国，成人对儿童的态度发生了深刻的变化。这种变化首先与社会和家庭结构的变化有关。在家庭结构中，美国中产阶级及以上家庭的平均子女数量逐渐减少，同时，由于当时社会对于母亲形象的推崇，女性在每个孩子身上投入的时间与精力都有所增加。根据国外学者的研究，在19世纪以前，人们通常将夭折的孩子的名字作为下一个孩子的名字，19世纪之后，这种做法大大减少，且中间名的使用在1850年之后变得十分普遍②，这种趋势反映了美国家庭关于儿童独特性的意识逐步增强。到19世纪50年代，大部分中产阶级的美国人相信儿童是独特、宝贵的财富，婴儿期与儿童期是人生中极为重要的阶段③。此外，劳动力结构的变化也改变了儿童在家庭经济事务中的地位，儿童不再被视为家庭中的劳动力和经济来源之一。例如，著名的历史社会学研究著作《给无价的孩子定价》（*Pricing the Priceless Child*）聚焦19世纪末到20世纪初美国社会关于儿童的价值态度的演变，作者指出，在这一时期，儿童逐渐被视为“经济上无用但情感上极其贵重”（economically worthless but emotionally priceless）的存在，这也说明了人们估量儿童及儿童期价值的观念正在转变④。

此外，浪漫主义思潮在美国哲学、艺术与宗教中的兴起也为新儿童观的形成提供了丰富的思想资源。浪漫主义思潮本身有着复杂的发展脉络，它可追溯至18世纪末到19世纪中叶德国与法国思想家对于启蒙理性的反思、对于情感经验的看重、对于宗教预定论的冲击、对于自然的崇拜，以及对于个体可完善性（perfectibility）的信仰，等等⑤。这些元素相互交织，共同促成

---

① SCHULZ C B. Children and Childhood in the Eighteenth Century//HAWES J M，HINER N R. American Childhood：A Research Guide and Historical Handbook. Greenwood Press，1986：62－63.

② 同①169.

③ CLEMENT P F. Growing Pains：Children in the Industrial Age，1850－1890. New York：Twayne Publishers，1997：38.

④ ZELIZER VA. Pricing the Priceless Child：The Changing Social Value of Children. New York：Basic Books，1985.

⑤ THOMAS J L. Romantic Reform in America，1815－1865. American Quarterly，1965（4）.

了宗教与文化中人们有关儿童天性看法的变化——由早先的原罪论逐渐转变为对儿童神圣性的认识，儿童被认为是纯洁、自发的存在，且具有最丰富的情感表现力。此外，浪漫主义儿童观念的形成还得益于一些直接涉及儿童的作品在美国的传播，譬如约翰·洛克在《教育漫话》中强调了儿童的可塑性（malleability），否认原罪论的儿童天性说；让-雅克·卢梭在《爱弥尔》等著作中指出儿童尚未被社会风气腐坏，应当保护儿童的天性，鼓励儿童表达其内在自我；等等。

由此，儿童开始以一种浪漫的形象出现于诗歌、小说等文学作品中，儿童期也成为人生中纯真美好时光的象征。19 世纪上半叶，浪漫主义的儿童观念在新英格兰地区超验主义者（transcendentalists）的文字中得到了最为充分的表达。例如，在超验主义哲学家布朗森·奥尔科特看来，由于自我有着神圣的自然起源，儿童更趋向善，他甚至认为应当教导大人们像小孩一样来发现他们自身逐渐失落的神圣本性[①]。拉尔夫·埃默森也在其书中写道，“太阳只能照亮成年人的眼睛，但却会照进孩子们的眼睛进而通达其心灵”，幼儿是“永远的弥赛亚”[②]。这样一来，在儿童身上，此前人们试图压制的自发冲动转而被视为其美好本性的自然流露，是充满潜能与创造力的“自我活动”，也是通往教育和自我实现的关键力量。在一些养育儿童的指导手册中，作者开始将儿童的成长描述为“神性逐渐展开的过程”[③]。在 19 世纪的儿童文学作品中，理想的儿童的形象经历了从守规矩的“小大人”到天真活泼的小朋友的变迁，童年期不再仅仅被视为人类的不成熟阶段，而是具有其本身的价值。在童年期里“孩子们纯真、丰富的感情以及想象力成为应当保护而非应当克服的品质”[④]。这些看法与 17、18 世纪美国社会流行的加尔文式的儿童观念形成了鲜明的对比，儿童在成人眼里越来越被浪漫化和情感

---

① THOMAS J L. Romantic Reform in America，1815－1865. American Quarterly，1965（4）.

② REESE W J. The Origins of Progressive Education. History of Education Quarterly，2001（1）.

③ CLEMENT P F. Growing Pains：Children in the Industrial Age，1850－1890. New York：Twayne Publishers，1997：40.

④ MACLEOD A S. From Rational to Romantic：The Children of Children's Literature in the Nineteenth Century. Poetics Today，1992（1）.

化，它们代表着一种现代的“儿童崇拜”（cult of child）[①]。

浪漫主义的儿童观念也促成了美国社会儿童养育模式的部分变化。人们意识到儿童本身是天真、脆弱且易受腐化的，要求将他们与成人世界的残酷现实隔离开来，以保护儿童的纯真。由此，一系列专门为儿童设立的机构也在 19 世纪出现，如公共学校、孤儿所、儿童医院等。在有条件的家庭中，儿童期得到了延长，对儿童的教养得到强化，学校教育的时间也大大增加，这些变化都与这种守护儿童期的意识相关[②]。但需要注意的是，由于经济条件、家庭结构、种族与宗教等的不同，美国社会中浪漫主义的儿童观念和新的养育模式的兴起与美国儿童生活的实际变化并不完全适应。浪漫主义的儿童观念主要寓于中产与上层阶级的文化中，同时也存在于相关的儿童教养手册以及其他出版物中，并在社会改革者与教育者中间广泛传播。而在更为贫困的家庭中，在尚未被解放的非裔美国人中间，孩子们的童年期远非是浪漫和受到庇护的时光。因此，由于阶层、种族、宗教、地区的不同，美国儿童的真实童年经历具有极大的差异性。

2. 福禄培尔的影响

在美国社会对儿童态度的转变过程中，卢梭、裴斯泰洛齐、福禄培尔等欧洲教育家思想的传播进一步促进了新儿童观的确立，并为儿童教育带来了新的原则与方法。福禄培尔的幼儿教育思想与实践尤其深刻地影响了美国教育领域对于儿童的新认识以及相应的改革活动，他所持的儿童观念本身也体现了浪漫主义的精神。

福禄培尔出生于 18 世纪末的德国，早年曾广泛学习过数学、矿物学、自然哲学等。1805 年，他来到裴斯泰洛齐学派主持的法兰克福示范学校（Frankfurt Model School）任教，因而接触到了裴斯泰洛齐的思想，并很快拜访了裴氏在伊韦尔东（Yverdon）的学校，深受其感染。福禄培尔在法兰克福示范学校任教了两年，后来成为 3 个孩子的家庭教师，1808 年，他又

① HINER N R. Children in American History//REESE W J. RURY J L. Rethinking the History of American Education. New York：Palgrave Macmillan，2008：161－185.

② MINTZ S. Huck's Raft：A History of American Childhood. Cambridge：Harvard University Press，2004：77.

回到伊韦尔东工作两年。在这段时间，裴斯泰洛齐的实物教学与遵循自然等思想深深吸引了福禄培尔，也使他对幼儿教育事业的兴趣日益加深。在此之后，福禄培尔来到哥廷根大学学习自然哲学，后来参加了普鲁士与法国的战争，还曾在柏林的博物馆从事研究工作[①]。但他最终未选择在大学任教，而是创办了自己的学校（招收 7 岁及以上的学生），并在 1820 年以后陆续推出了一系列关于教育的著作，包括他的代表作之一《人的教育》（*The Education of Man*），其在欧洲教育界的影响力也随之逐渐扩大。1837 年，福禄培尔在勃兰根堡创办了专门针对幼儿的教育机构，3 年后，他正式将这个机构命名为“幼儿园”（kindergarten）。此后，经过福禄培尔及其同事的推广，幼儿园逐渐在德国扩散开来，同时还出现了专门培训幼儿园教师的师范学校。然而，普鲁士当局认为福禄培尔推广幼儿园活动涉嫌政治倾覆活动，于 1851 年禁止办学，福禄培尔本人也在此后不久逝世，这项禁令一直到 1860 年才解除[②]。但在此期间，一些热心幼儿教育事业的家长、教师、社会改革者等依然坚持践行福禄培尔生前的理念，进一步促成其思想与实践在英美等国家的传播。

福禄培尔的思想既受到裴斯泰洛齐的直接影响，又反映了 18 至 19 世纪德国的哲学与宗教传统。福禄培尔的儿童观念基于其对人类心灵、自然与上帝之间统一性的认识，即一切事物都来自上帝的精神，事物的本质是“在每一事物中发生作用的上帝的精神”[③]，上帝精神本身“要求并决定被塑造为自由和上帝形象的生物，即人”，具有“自我活动”（self-activity）和“自我决定”（self-determination）的属性[④]。因此，在福禄培尔看来，“自我活动”意味着由上帝精神决定的人所具有的自由、能动的本质。正是由于这种能动的本质，在福禄培尔那里，儿童的心灵不是一块蜡版或黏土，儿童作为一个具备自我活动的个体，自出生起就有着自发的、神圣的内在动力，这种内在

---

① BROSTERMAN N. Inventing Kindergarten. New York：Harry N. Abrams，2002：17 - 20.

② 同①27 - 29.

③ 福禄培尔．人的教育．北京：人民教育出版社，2011：6.

④ 同③. 这里的“self-activity”和“self-determination”在中译本中译为“自由的独立性”和“自决性”。

的动力能够通过各种合适的手段得到激发，从而促使个体的发展。福禄培尔认为在儿童期激发个体自我活动的最佳方式是游戏，因为游戏是个体“内在本质的自发表现”[①]，能够唤醒儿童的内在动力。游戏给人带来的欢乐、自由和满足能够最充分地调动儿童的自我活动。

福禄培尔在他创办的幼儿园中设计了一系列的教具，以辅助教学活动，激发儿童的主动性，这些教具被称为“恩物”（gift）。这些恩物一方面是他对裴斯泰洛齐实物教学理念的借鉴，另一方面也融入了他独特的哲学与宗教观念。例如，在福禄培尔设计的最初两种恩物中，第一个是圆球，象征着无所不包的宇宙，也是一切的肇始之基——上帝，是万事万物的统一性；第二种恩物由一个球体、一个圆柱体和一个立方体组成，如果用绳子吊着它们，旋转圆柱体，会形成球的形象，也即第一个恩物——象征着多与一的关系，而若旋转立方体，则能够显现出圆柱体的形象，这些都体现出万物之间变化与生成，相互联系、辩证统一的关系[②]。福禄培尔希望通过向孩子们展示这种实物的变化与组合，传授更为深刻的抽象理念。同时，不同的恩物与作业内容、材质、色彩各异，也能够激发儿童的各种官能。

19 世纪下半叶，在德国遭到禁止的幼儿园办学模式开始经由一些热心人士的推广传到英美等国，福禄培尔本人的著作也陆续被翻译为英文，在西方英语世界传播。在美国，福禄培尔思想与实践的传播促成了幼儿园运动的兴起。19 世纪 50 年代起，一些德国移民在美国建起了使用德语教学的幼儿园，1860 年，伊丽莎白·皮博迪女士创建了美国第一个使用英语教学的幼儿园，1873 年，圣路易斯市设立了美国第一个公立幼儿园，到 1885 年，全美已经有 565 所幼儿园[③]。同时，1887 年《人的教育》英译本在美国出版后，福禄培尔其他几部重要著作的英译本也陆续面世，包括福禄培尔的《自传》（*Autobiography*）、《慈母曲及唱歌游戏集》（*The Songs and Music of Friedrich Froebel's Mother Play*）、《幼儿园教育学》（*Pedagogics of the Kindergarten*），以及《福禄培尔书信集》（*Froebel's Letters*）、

---

① 福禄培尔．人的教育．北京：人民教育出版社，2011：38.

② NORMAN B. Inventing Kindergarten. New York：Harry N. Abrams，2002：42 - 48.

③ 同②93.

《福禄培尔幼儿园书信集》(*Froebel's Letters on the Kindergarten*) 等等。幼儿园在美国的广泛建立不仅为一部分美国儿童提供了早期教育的专门场所，幼儿园运动的开展与福禄培尔思想的传播更是促进了教育领域儿童观念的转变。

福禄培尔的思想对美国教育的影响并不局限于幼儿园阶段，在整个美国教育中，一种“幼儿园精神”激发了人们对“儿童自身与儿童个体神圣性的新认识”[①]，这种新认识实际上也是浪漫主义儿童观念的表现，它奠定了日后许多教育改革的观念基础。美国教育界人士尤其推崇福禄培尔的“自我活动”(self-activity) 概念，从 19 世纪中叶到 20 世纪初，儿童的“自我活动”或“自我能动的 (self-active)”儿童反复在教育文本中出现，成为这一时期教育领域讨论儿童及其教育问题时广泛使用的关键概念。例如，被称为“进步主义教育之父”的弗朗西斯·帕克在其著作《关于教育学的谈话》中就反复提及儿童的“自我活动”。他认为，个体的发展由不变的法则决定，这其中最为根本的法则便是自我活动，所有心理和道德发展都依靠这种自我活动，而教育只不过是“对朝着所有方面发展的自我努力 (self-effort) 的有效利用 (economize)”[②]。

从根本上讲，人们对于“自我活动”概念的广泛接受代表着当时人们对于儿童某种内在力量的重视，代表着一种内部生长 (develop from within) 的观念，也正因为儿童具有自我活动，而教育是一种内在力量展开的过程。教育应当遵从儿童本身的冲动与能力，尊重儿童在学习中的主动性，这是由福禄培尔的思想激发的“幼儿园精神”的主要内涵，也是浪漫主义儿童观念在教育中的具体表现。不过，关于儿童究竟具有怎样的内在冲动与能力，如何认识儿童的主动性，当时的人们并未达成共识。福禄培尔的看法更多的根植于他独特的宗教与哲学观念，也体现着广泛意义上的浪漫主义观念的影

---

① HUGHES J L. The Influence of the Kindergarten Spirit on Higher Education. Journal of Proceedings and Addresses of the National Education Association，1896：381.

② PARKER F. Talks on Pedagogics：An Outline of the Theory of Concentration. New York & Chicago：E. L. Kellogg & Co.，1894：25. 据统计，在帕克的《关于教育学的谈话》中至少有 27 处提到了“自我活动”。

响。但在美国，随着科学研究的进展以及教育话语的流变，人们对儿童内在力量的解释不再局限于浪漫主义的认识，同时也吸纳了更多实证化的科学知识。即便如此，在此之后教育改革中对于儿童的认识始终没有脱离浪漫主义观念的人性假设，始终将儿童的天性、儿童自身的主动性视为教育教学展开的重要基础。

二、儿童观念的科学化

1893 年，全国教育协会举办了两个心理学会议：一个是理性心理学会议（Congress of Rational Psychology），讨论较为形而上的概念，其中也包括对自我活动原则的讨论[①]；另一个是实验心理学会议（Congress of Experimental Psychology in Education）。1894 年，理性心理学会议不复存在，儿童研究部门（department of child study）的会议取代了实验心理学会议。这一安排从一个侧面反映了当时人们对于儿童看法的理论基础的变化——偏重抽象思辨的理性心理学逐渐衰落，从新兴的心理学、生理学等角度来探寻儿童本质的科学主义潮流兴起。这种科学化的潮流代表着当时存在的另一种思考儿童问题的方式。儿童知识的专业化和儿童研究运动的兴起为人们从科学的角度认识儿童提供了基础。

1. 科学主义潮流的兴起

教育领域这种认知模式的转变实际上是美国在 19 世纪末时代精神变化的缩影。达尔文的《物种起源》出版后，物种进化观念在美国思想界传播，自然选择和物种变化等原则对既有的真理观与认识论产生了强烈的冲击。“达尔文的著作所展示的变化、适应、发展、生存等思想，减少了对于固定而可知的真理的信仰”，而且，这种真理观的变化也“颠覆了原先通过直觉洞察事物深层逻辑而获取知识的手段，转而朝向一种对于科学观察的笃

① SCHURMAN J G. Self-Activity in Education. NEA Journal of Proceedings and Addresses，1893：703－705.

信"[①]。正如杜威在1909年的一次讲座中说道，"起源"与"物种"这两个词的结合蕴含着一场思想革命，形成了一种新的思维风气。以前，人们"视变化、生成等为缺陷、非现实的象征，这种观念统治了自然哲学和认识论两千余年，已然成为人们心中的思想装备。《物种起源》把手伸向了那绝对永恒的神圣方舟，将已被规定为恒定的、完美的形式视作生成性的、可消逝的事物，由此引入了一种思维模式，最终它注定使知识的逻辑发生变革，随后则是思考道德、政治和宗教方式的变革"[②]。

具体到人们对于儿童乃至整个人类群体的认识，在原先浪漫主义以及观念论（idealism）的语境中，人与动物之间存在着极大的差别，人类内在的神圣性、人类精神世界的丰富性与动植物界不可相提并论，人的自由意志正是更高设计——上帝旨意的明证。而从19世纪以来的科学发现尤其从进化论的观点来看，人与动物的区别实际上是偶然的，人身上的精神成分依赖于其生理现实而存在，人那可贵的精神世界——用科学的术语来说则是心理活动，同样要遵循物质世界的运行法则，同样要牵动人类身体内的一根根神经。于是，以往观念中人类的抽象本质也不禁受到了经验证据的拷问，人类这一种群的诸多特性与其说是上帝赋予的，不如说是在进化的过程中逐渐生成的。在这种观念的冲突与转变过程中，人们对于儿童的认识也在发生转变，一些走在科学知识发展前沿的人开始强调对于儿童身心发展规律的探究，并主张以此作为展开幼儿教育的依据。

此外，南北战争之后，各个领域的专业化潮流已逐渐兴起，这一时期，赴德国等地留学的新一代美国知识分子归来，加之美国研究型大学的兴起与本土研究生教育的开启，为科学研究和专业知识的发展提供了条件。其中，儿科医生是较早涉足儿童研究的群体，1860年，德裔医生亚伯拉罕·雅各比在纽约开办了全美第一个诊治儿童疾病的诊所，他被认为是美国儿科的创始人。儿童医护行业在南北战争之后的20年间迅速迈向专业化，到1880

---

① WEBER E. Ideas Influencing Early Childhood Education：A Theoretical Analysis. New York：Teachers College Press，1984：47.

② DEWEY J. The Influence of Darwin on Philosophy，and Other Essays in Contemporary Thought. New York：Peter Smith，1951：1-2.

年，全美约有 700 名专门的儿科医生[①]。同年，雅各比医生在美国医学协会（American Medical Association）中组建了儿科分部（Pediatric Section）。4 年之后，第一份用英语出版的、专门针对儿童医护问题的期刊《儿科档案》（*Archives of Pediatrics*）问世，新的美国儿科学会（American Pediatric Society）也在这一年成立，由雅各比医生出任首届主席[②]。

由于细菌学和化学等学科的发展，儿童病理知识和治疗办法等得到了更新，逐渐专业化的儿科医生们成为"科学育儿"（scientific child-rearing）方面的专家，他们通过期刊、小册子等提供了大量的"科学"建议。19 世纪末 20 世纪初，最受家长们欢迎的儿科问题专家莫过于卢瑟·霍尔特，他是哥伦比亚大学内外科医学院（College of Physicians and Surgeons of Columbia University）的教授，与雅各比医生也有密切的合作。1894 年，霍尔特出版了《儿童养护：供母亲、保育员使用的问答手册》（*The Care and Feeding of Children：A Catechism for the Use of Mothers and Children's Nurses*），该手册以问答的形式提供了大量有关儿童的科学和实用知识，到 1915 年，这本手册经过不断修改、扩充，已经出了第 7 版，同时还带动了一系列相关作品的出版[③]。

杜威在 19 世纪末考察儿童研究风潮时指出，历来对儿童兴趣的发展有三大来源，分别是政治的、审美的和科学的。在柏拉图和亚里士多德时代，对于儿童的兴趣主要是政治性的或实践性的，源于人们将儿童视为社会组织中的一个因素，因此人们关注的不是儿童本身，而是一种工具，一种成分[④]。到了文艺复兴时期，儿童被视为一种"没有实现的社会秩序的理想命运的预言类型，由此具有宗教和审美的价值"。这虽然是一种进步，但儿童"是成人的象征，而不是他本人的现实。他是成人没有实现的自我本性的希

① MINTZ S. Huck's Raft：A History of American Childhood. Cambridge：Harvard University Press，2004：188.

② BREMNER R. Children and Youth in America：A Documentary History（Vol. 2）. Cambridge：Harvard University Press，1971：811.

③ HAWES J M. American Childhood：A Research Guide and Historical Handbook. Westport，Connecticut：Greenwood Press，1986：417.

④ DEWEY J. The Interpretation Side of Child-Study. Transactions of the Illinois Society for Child Study，1897，2（2）：18－20.

望的象征”。而19世纪的科学运动，呈现出的是“一种对万物原初生长的普遍的兴趣状态”。这种兴趣已经“从群体发展到个体，从整体发展到包含在整体中的部分，从族类发展到个人，从人类的童年发展到个体的童年”①。在19世纪末的美国，儿童研究运动集中体现了杜威所说的这种科学的兴趣。通过揭示不同年龄段、种族、性别的儿童的不同特性，儿童研究运动将人们对于儿童的讨论由抽象引向了具体，由一般引向了特殊。

2. 儿童研究运动的影响

对于儿童的科学研究与调查兴起于欧洲。1869年10月，柏林教育学协会（the Pedagogical Society of Berlin）对84所学校的校长进行调查，希望了解当年9月进入一年级的儿童见过并能够说出多少种动植物②。这是较早开设的儿童研究。1880年9月，刚从德国留学归来的霍尔对波士顿的公立学校进行了类似的调查，并于1883年发表了调查的结果——《儿童心理的内容》（*The Contents of Children's Minds*）③，霍尔的调查被视为美国儿童研究运动的开端。

通过向几百位即将进入小学的儿童提问，霍尔发现，对于那些人们假定入学儿童应当知晓的事物，很大一部分孩子展现出令人震惊的无知。在这种情况下，小学本要教给儿童的学科知识对于他们而言很大程度上只是一种死记硬背的内容④。因此，通过展现儿童对于自然界一些动物、植物、天气现象等的无知、错误认识和幻想，霍尔实际上揭示了以往教师和其他成年人对于儿童心理状态的无知，以及在教育领域对儿童进行科学研究的必要性。

由此，在19世纪末期，人们试图从不同侧面了解儿童身心活动的状态与原则，通过各种会议讨论、专门期刊、协会等的宣传，儿童研究成为美国教育界乃至学术界的一大潮流。在这一时期，除了全国性的专业协会、刊物等，全美各地还建立了各种进行儿童研究的民间组织，在教师协会、母亲俱乐部

---

① DEWEY J. The Interpretation Side of Child-Study. Transactions of the Illinois Society for Child Study，1897，2（2）：22－23.

② HALL G S. The Contents of the Children's Minds. The Princeton Review，1883（11）：17.

③ 同②. 霍尔在1893年又将10年前的这篇文章扩充，出版了《学龄儿童的心理内容》（The Contents of Children's Minds on Entering School）一书。

④ 同②26.

(Mothers' Club) 中，人们以极大的热情汇报与交流各自的科学发现。

除了通过问卷进行儿童生长状态调查，其他一些专门研究的进展也为这种科学化的认识提供了理论基础。19 世纪末恰逢心理学、生理学等学科专业化的重要时期，一些研究者运用这些新兴学科的方法对儿童的生理机制、心理现象等进行探究，发表了一系列被视为儿童身心发展科学规律的成果。霍尔和他在克拉克大学的同事将这些有助于揭示儿童本质的科学研究称为“儿童学”（paidology），人类学、病理学、神经学、心理学等都被视为“儿童学”所参考的学科[①]。通过各种期刊与儿童研究者的讲演，上述领域的研究成果进入教育界，构成了这一时期推崇儿童研究的教育者们乐于参考的科学依据，他们也以此为基础开始重新审视以往人们认识儿童的方式。

在福禄培尔及浪漫主义的观念中，儿童是具有“自我活动”的存在，具有神圣的内在力量。但对于从事新兴的儿童研究与调查的人士来说，这类形容过于抽象，无法精确地抓住儿童发展的特征，也无法为教育提供具有参考价值的建议，甚至可能起到反作用。比如，儿童研究运动的其中一位领军人物柯克帕特里克便认为，虽然福禄培尔对于儿童本质有着了不起的洞察，也意识到儿童有着不同的发展阶段，但“现代科学研究与调查阐明了他思想中模糊的、未充分定义的因素，并揭示了他完全不知晓的有关儿童身心本性和发展次序的许多重要真理”[②]。于是，在科学化的潮流下，人们用于形容儿童本质的语汇也悄然发生变化。例如，一些专业人士试图进一步将“自我活动”这种抽象的内在活力解释为儿童的肌肉活动或神经活动所产生的作用力，等等。又如，19 世纪 90 年代流行的一个神经学理论指出，各种功能不同的神经中枢并不是同时发展的，比如在运动神经中枢（motor nerve centers）中，“控制躯干、肩膀、四肢肌肉的中枢先行发展，而调节手指、发声

① CHRISMAN O. Child-Study，A New Department of Education. The Forum，1894（16）：728－736.

② KIRKPATRICK E A. The Psychologic Basis of the Kindergarten//The Sixth Yearbook of the National Society for the Scientific Study of Education. Chicago：The University of Chicago Press，1907：20－21.

器官等精细肌肉的中枢较晚发展”[①]。这一原理对福禄培尔主义者的幼儿园实践造成了冲击，因为根据这种说法，在幼儿园从事精细的作业（如手工）是违背儿童神经中枢发展法则的。这些活动在福禄培尔那里是儿童“自我活动”的表现方式，儿童在幼儿园进行这些作业有利于启发与引导其自我表达，然而，它们与神经发展原则的冲突却引发了这一时期教育界对于福禄培尔主义的批判。

因此，以霍尔为代表的儿童研究者口中的“儿童”与前述浪漫主义观念中的“神圣的儿童”存在一定的区别。虽然双方都承认儿童和童年期的宝贵与特殊，但儿童研究专家们强调从生理学、心理学、人类学等不同角度来探索儿童身体和心灵的奥秘，并以此为依据指导教育工作，他们眼中的儿童更多是生理-心理学意义上的可被分析的生命体。霍尔甚至曾经直接将教育学与生理学等同起来，他说：“儿童研究向我们表明了教育是应用生理学，除了处于生长中的儿童的天性与需要，并没有其他价值标准和教育哲学。”[②]可见，霍尔所指涉的儿童的天性与需求，更多的是受到达尔文进化论的影响，即将儿童视为有着自发的生理本能的有机体。

相比于此前从哲学角度抽象地理解儿童的本质，儿童研究运动更推崇的是运用调查与实验方法来搜集、分析儿童成长的各种数据，从而认识其身心特征与生长规律。这一时期的儿童研究使人们意识到，童年期并不是一个整体，而是包含了一系列发展次序，儿童的成长要经历不同的阶段，在各个时期儿童具有非常不同的生理和心理特征，教育也应该根据这些特征来不断调整。比如，霍尔曾详细描述儿童在不同生长阶段的身心特点和教育要点，他指出，在幼儿园时期（两三岁到六七岁），儿童处在各种肢体与器官初步发展的阶段，在这一阶段身体而非心灵更应受到关注，应当给孩子们提供卫生的、健康的生长环境，应当将儿童从各种象征符号[③]中解救出来；到了七八

① BURNHAM W H. Child study as the Basis of Pedagogy. NEA Journal of Address and Proceedings, 1893: 719.

② HALL G S. Letter from Dr. Hall//PARKER F. Results of Child-Study Applied to Education: Letters from Eminent Scientists. Chicago & New York: Werner School Book Company, 1894: 13.

③ 指福禄培尔创造的“恩物”等这类带有人类生活与宗教事务诸主题之隐喻的事物。

岁时，儿童面临一个转折期，心脏面临着更多危险，呼吸更加短促，儿童很容易疲劳，必须减轻课业压力；到八九岁时，少年期开始了，它将持续四年，直到青春期，在此期间儿童的精力增长，不易疲劳，这一阶段的儿童天性要求他们主要投入训练性、习惯性和机械性的活动中，比如练字、口头记忆等，在这个阶段，理想的教师应当作为儿童心灵的“统帅”（captain of the child's soul），能够和儿童一起做他们不会做的事，能够回答他们学习领域的大部分问题。到了十三四岁（女孩十三岁，男孩十四岁），青春期开始了，这一时期，各种感情和情绪迅猛发展，童年期即将结束，为未来职业的筹划就要开始，在这一阶段，先前的训练和机械作业应当逐渐放松，而倾向于自由和兴趣①。从这段描述中，我们也能够看到现代发展心理学的雏形。

需要注意的是，在早期儿童研究运动中，“科学”主要意味着使用经验主义的方法，最为典型的是通过问卷向儿童、家长、教师等收集基于相关主题的信息，从而总结儿童发展的相应特征。这些问卷在今天看来极为粗糙，得出结论的代表性也值得质疑。在后期，这种方式也受到了来自心理学界和其他学术界的批评。同时，以后世的科学标准来看，这一时期人们津津乐道的一些心理学、生理学原则本身同样带有很强的推断色彩，比如霍尔本人信奉当时流行的“复演说”（recapitulation theory），认为个体身心发展的每一个阶段是在重演人类种族的发展历程，这种学说很快被日后的科学界推翻。

不过，我们在考察儿童研究运动在儿童观念的科学化进程中起到的作用时，不能局限于其呈现的具体科学事实的价值，而是要更多地看它在当时的科学界与教育界如何激发人们探究儿童个体的新兴趣，鼓励运用科学研究来认识儿童的身心规律。早期儿童研究运动热潮消退之后，包括智力测验、精神分析等在内的其他心理学理论与研究手段的出现，不断改变着人们对于儿童本身及其不同发展阶段的认识。此后，越来越细化的科学门类也使得人们研究的选择面越来越广，不同群体受不同科学潮流的影响，也可能形成对儿童本性的截然不同的理解。总之，从某种意义上说，儿童研究运动的影响主

① HALL G S. The Ideal School as Based on Child Study. Journal of Proceedings and Addresses of the National Education Association，1901：488. 该文后来转载于《论坛》杂志，传播很广。参见 HALL G S. The Ideal School as Based on Child Study. The Forum，1901（32）.

要在于它对于以往人们认识儿童的思维方式的挑战。在科学化的考察成为人们理解儿童所必备的思维方式之后，不断更新的学术研究为日后进一步解析儿童身心发展特点提供了丰富的资源。

此外，在19世纪末20世纪初的美国教育界，浪漫主义儿童观的影响远未消退。有研究者甚至认为，霍尔的儿童观念本身就是“对浪漫主义儿童观的一种科学化的改造”[①]。霍尔一方面认为，“刚刚从上帝那里来的儿童是尚未腐化的”，“童年期昭示着世界上最完美事物的存在”，因而养育儿童的目标即是尽可能地保存儿童的神圣性，这些都与浪漫主义者的观念相契合；另一方面，他的儿童研究又主张对儿童本质的重新审视，“他引入了这样一种观点，童年期并不是一个整体，而是包含了一系列的发展次序，每一阶段都有其独特的道德、心理、社会特性”，而且，由于霍尔信奉“复演说”，他又将每一阶段的特性与人类种族的发展历程联系起来[②]。因此，我们在考察儿童观念的变迁时，也应注意理解，观念的转变与更迭并不是简单的线性过程。

虽然本章从思想来源与观念主张的角度将浪漫主义与科学主义的儿童观念区分开来论述，但从当时人们有关儿童与教育问题的讨论来看，教育领域中相当一部分人无论是对于不同观念来源的区别，还是对于观念之间的冲突，并没有十分明确的意识。在很多人那里，实证化的科学知识与浪漫化的儿童认知还是交融在一起的，在很多时候，科学研究所揭示的身心运行机制被用来作为他们既往所认为的儿童本质的注脚。尤其是在普通的教育管理者以及教师那里，他们对儿童的认识常常表现为各种元素的混杂，不同思想元素的冲突大多数时候并无碍于他们引述时下流行的说法来证明自己主张和实践的正确性。在接下来考察的进步时代教育改革的两套话语中，我们就能看到不同观念元素的混杂。

---

① SMUTS A B. Science in the Service of Children，1893－1935. New Haven：Yale University Press，2006：50.

② 同①50－51.

三、“整个儿童”理念的出现

如果说浪漫主义思潮、幼儿园运动与儿童研究运动等共同激发了进步时代人们对于儿童本身及其教育的兴趣，深化了教育界对于儿童个体的认识，那么19世纪末20世纪初美国社会与教育弊病的揭露则从另一个角度激起了当时人们对于儿童生活环境的警觉，也激发了人们关注、保护儿童的社会意识。在“整个儿童”（the whole child）理念的感召下，教育与社会改革者们将儿童生活的改善与学校的革新乃至整个社会的进步关联起来，要求重视儿童多方面的协调发展，并在家庭、学校与社会中为其成长提供有益的整体环境。

1. 进步主义时代的儿童问题

与人们对待儿童越来越富于情感与人道关怀的态度相比，19世纪末20世纪初美国儿童的真实处境却不容乐观。正如前文所述，浪漫化与情感化的现代儿童观念并未进入大部分美国儿童的真实生活，城市化、工业化与大量移民的涌入给美国人的生活带来了巨大挑战，处在剧烈的社会变迁中的儿童与他们的父母一道面临着生活的种种未知。

在进步主义时代，急速发展的城市集中了处于世纪之交的美国人对于现代生活的恐惧与希望。大批移民的涌入，资本的无序增长，贫困的蔓延，以及城市犯罪的大量出现等，使得城市在繁华之余成为滋生疾病、腐败与堕落的温床。在这种境况下，很大一部分工人阶级、移民与少数族裔的子女艰难地成长着。据统计，在1900年前后，纽约市的儿童死亡率比全国平均水平高出24%，有1/5的儿童在5岁之前夭折[①]。同时，城市中贫苦儿童的生活环境令人担忧。“黑幕揭发者”（muckraker）雅各布·里斯在《另一半人如何生活》（*How the Other Half Lives*）中揭露纽约贫民区租户的生活时谈道，“有如此多的儿童生活在这些拥挤不堪的地方，这一问题令人震惊”，他

① GUARNERI J. Changing Strategies for Child Welfare，Enduring Beliefs about Childhood：The Fresh Air Fund，1877—1926. The Journal of the Gilded Age and Progressive Era，2012（1）：27－70.

表示，“如今人们已经深刻认识到，拯救儿童是解决城市穷困问题的关键”[①]。游戏场运动（Playground Movement）的发起人之一亨利·柯蒂斯也指出，在城市中，孩子们只能在街上玩耍，而城市街道上存在巨大的卫生问题：“狭窄的街道在太阳酷热的照射下就像火炉一样。由于交通堵塞，清洁工人打扫起来也有困难，这些街道不可能保持洁净，于是，每吹起一阵风就扬起一大片沙尘，据分析这些沙尘 95%都是马粪，它们就这样跑进了孩子们的眼睛和肺里”，除了对身体健康的影响，在街上游荡对孩子们的智力和道德都十分不利，还可能阻碍城市交通[②]。社会变迁对家庭生活本身造成的影响也危害着儿童的成长，这种影响尤其在社会中下阶层的家庭中凸显。在移民和工人阶级中间，包括低工资、妇女外出工作、工业安全标准缺位、公共医护短缺、租房过度拥挤等一系列因素造成了“遗弃家庭”（family desertion）的现象，生在这些家庭的孩子们缺少必要的关爱，在某种程度上形同被父母抛弃[③]。

工业社会的无序扩张对美国儿童的生活带来的另一个挑战在于童工问题。许多生在贫困家庭的孩子早早便辍学打工，艰苦的劳动给儿童的身心健康都带来了损害。在 1905 年的《希望》杂志上，全美童工委员会（National Child Labor Committee）副秘书长欧文·洛夫乔伊撰文详细描述了宾夕法尼亚州的一个煤矿城市中的童工情况。在这里，“8 个大型的煤矿和一个丝织厂正在与 7 所学校争抢儿童”。这些孩子们每天在碎煤机前工作 9 个小时，暴露在充斥着煤屑与粉尘的环境中。虽然宾夕法尼亚州的《童工法》禁止煤矿主雇用 14 岁以下的男孩，但洛夫乔伊在查看煤矿工厂的雇佣许可证时发现，证件显示几乎所有雇来的孩子都在 5 月 1 日至 15 日之间出生（5 月正好是每年大批孩子离开学校来到碎煤作坊打工的时节），且每年所有刚刚开始工作的孩子都正好是 14 岁，也就是说，这种巧合极有可能是因为工厂主谎

① RIIS J. How the Other Half Lives：Studies Among the Tenements of New York. New York：Scribner，1901：197.

② CURTIS H. Vacation Schools，Playgrounds，and Settlements//Report of the Commissioner of Education for the Year 1903. Washington，D. C.：Government Printing Office，1905：2.

③ MARY M. The “Problem of Duty”：Family Desertion in the Progressive Era. Social Service Review，1988（1）：40－60.

报童工出生日期。随后，他走访了这些童工的家庭，并查阅当地学校的相关记录，发现实际上大部分受雇儿童的年龄都不超过 11 岁[①]，这种现象在当时并不少见。摄影家刘易斯·海因自 1908 年起专门拍摄童工，他走访农田、罐头工厂、煤矿、磨坊等，摄下了 5 000 多张反映童工悲惨境况的照片，并发表于众多全国性的杂志上，这些摄影作品在当时引起了公众的强烈反响[②]。

此外，儿童在学校中的不幸遭遇也在这一时期受到了前所未有的关注。1891 年，以教育中的“黑幕揭发者”著称的赖斯在《论坛》杂志发表《学校有必要成为儿童生活的阴影吗?》（*Need School be a Blight to Child-Life?*）一文，呼吁教育者应当保证学生的童年是快乐的，而不是用机械的方法强迫儿童每天从事数小时的苦工，在应当快乐的年岁里经受辛劳与不幸[③]。赖斯的批判直指当时学校教育的现状。在传统的美国初等教育课程中，“3R”是最为基本的教学内容，随着时代的发展，地理、历史、音乐、绘图、手工等内容也进入初等学校中。由于当时的中等教育只有 4 年时间，学生在此期间需要掌握数门古典语言以及一些现代学科，这些负担自然而然地向下一级的初等学校转移，由此造成各地初等教育的内容名目繁多，在教学上诵读、强制记忆等方法仍然占据主流，学生们往往很早便要开始学习拉丁语、希腊语等，加之体罚的普遍存在，学校生活十分艰辛，这种现实无疑与当时新兴的儿童观念相冲突。

从 19 世纪末开始，美国的报纸、杂志等出版物中刊登的文字与照片，以及政府和民间组织发布的调查报告，共同揭示了围绕着儿童生活的种种社会弊病，也给整个社会带来了一种危机感，激发了各类群体对于儿童命运的关注，也强化了人们拯救、保护儿童的社会意识。因此，在这一时期，各种慈善团体、宗教组织以及妇女组织等参与到儿童福利事业中，积极通过公共卫生措施降低婴儿死亡率，为城市儿童建立游戏场，为母亲要外出工作的孩

---

① LOVEJOY O R. School-House or Coal-Breaker. The Outlook，1905（8）：1012.

② MINTZ S. Huck's Raft：A History of American Childhood. Cambridge：Harvard University Press，2004：181.

③ RICE J M. Need school be a blight to child-life?. The Forum，1891（12）：529－535.

子们提供日间托儿所与幼儿园，以及在立法方面加强强制入学法规的有效性，规定童工的工作时长和工作环境，等等。在轰轰烈烈的儿童福利运动中，“整个儿童”成为当时流行的话语，它集中反映了进步主义时期人们在有关儿童本身、学校与社会生活、儿童与社会进步等众多议题上的看法，反映了当时人们将儿童与社会紧密相连，通过消除社会弊病落实儿童福利，通过改善儿童生活推动社会进步的意识。

2. “整个儿童”作为一种改革理念

这一时期“整个儿童”的理念主要基于两个方面相互联系的认识：首先，儿童作为一种生命有机体，其成长过程中身体、智力、道德等方面是协同发展的，不可偏废；其次，儿童在家庭、学校与社会的生活也是有机统一的，它们构成其成长的整体环境。从这两方面认识出发，改革者们重新审视教育与社会中儿童所面临的不利因素，诸如学校课程的机械划分、学校生活与社会现实的隔绝、不利的社会背景对儿童的影响等，从而呼吁实施相应的改革。也就是说，“整个儿童”理念更多的是人们针对儿童生活的种种境况所提出的变革的理想，对它的考察应当从不同的群体使用这一概念时所针对的具体问题与相关建议入手。

“整个儿童”理念针对的第一个重要问题是传统学校中的唯智倾向以及对书本知识的过度依赖，针对这一问题，“整个儿童”理念提倡在教育中儿童各方面的协调发展。儿童身体、心智与精神（或道德）等各方面的共同发展在现代早期的教育思想家中间早已有过论述，如在夸美纽斯、洛克、裴斯泰洛齐等人那里都有相关说法。但正如前文赖斯所批评的，美国的教育实践对智力训练的强调依然远远大于其他方面，这与长期以来哲学与教育观念中强调身心二元对立的传统有关。在 19 世纪末期，威廉·詹姆斯和杜威等人的机能主义心理学对于二元对立的身心观提出批评，并进一步阐释个体在对环境的主动反应中各部分机能协同运作的整体机制①。这种对于儿童有机体的认识为教育中的“整个儿童”理念奠定了基础。正如哈罗德·鲁格在评价

① JAMES W. Talks to Teachers on Psychology, and to Students on Some of Life's Ideals. Longmans, Green and Company, 1902: 15-18.

詹姆斯时所说，“在詹姆斯心理学中有着‘行为’‘生长’‘活动’等关键词，正是这些词汇被当时的教育革新者们抓住了。人们以生长的观点看待教育——生理的、智力的、道德的全面（all-round）生长。由此，整体的儿童（the total child）被构想出来”[①]。在 20 世纪的第一个 10 年里，美国教育界人士有关“儿童是各方面统一的有机体”这种说法在教育类出版物中开始大量出现。人们在划分“整个儿童”所包含的各方面要素时存在一些词汇/概念上的区别，比如身体（body）、心智（mind）、精神（spirit），或身体、智力（intellectual）、道德等等，但总体而言，人们强调儿童在这些方面的协调发展和有机统一。

依据儿童生长过程的整体性原则，教育不应仅仅关注身体、心智或道德中的某一个方面，而应该考虑“整个儿童”的发展，把儿童的经验视为一个连续的整体。因此，这一时期人们关于“整个儿童”的呼吁必然伴随着对传统学校强调书本知识以及单纯智力训练的批判，因为这些做法都人为地割裂了“整个儿童”的不同侧面。杜威在这一阶段发表的著作中也十分关注这些问题，他认为“儿童的生活是一个整体，一个总体。他敏捷地从一个主题到另一个主题，正如他从一个场所到另一个场所一样，但是他没意识到转变和中断，既没有意识到什么割裂，也没有意识到什么区分”[②]。与之相反，学校中人为的划分与断裂不仅与儿童的经验不相符，还会造成“教育中的浪费”。为杜绝浪费现象，就必须打破“学科之间的彼此隔离和学制各部分之间的彼此隔离”，使学校成为一个有机的整体，同时，使“学校作为一个整体和生活作为一个整体结合起来”[③]。

进步教育运动中的许多改革思想与举措都体现出这种对于儿童经验整体性与连续性的追求。例如，在约翰逊的“有机教育”（organic education）思想与实验中，她提倡将每一个学生视为一个完整的个体，反对传统学校侧重书本的学究作风，让孩子们更多地在户外活动，学习自然界，同时通过舞

① RUGG H，Shumaker A. The Child-Centered School：An Appraisal of the New Education. New York & Chicago：World Book Company，1928：37.

② 杜威．学校与社会·明日之学校．北京：人民教育出版社，2004：112.

③ 同②65－66.

蹈、手工等培养身心俱健的儿童[①]。一战后，克伯屈等人发展出的“设计教学法”（project method）也有意克服以往分科课程中对于学生经验的人为割裂。克伯屈指出，“传统的学校将注意力集中在少数事情上，忽略了其他方面，这些被忽略的事情包括品德的形成、个性的形成、情感的调节等。与之相反，进步教育意味着学校基于这所有的因素，它试图关怀‘整个儿童’。这并不是说学校不关心阅读、写作这类事情，它将比传统学校更能实现这些目标，但它首要的目标是‘整个儿童’”[②]。

“整个儿童”理念针对的另一个重要问题是家庭、学校与社区在儿童成长中的整体性影响，提倡通过各种手段掌握有关这些影响的信息，同时通过学校的作用来矫正或规避社会背景对儿童的不良影响。这种主张与现代社会变迁给儿童生活带来的不确定性密切相关。正如前文所述，19 世纪末 20 世纪初美国社会的剧烈变化给许多家庭造成了冲击，人们逐渐意识到，学生的学业失败、辍学等问题不仅与其在学校的学习行为相关，还可能受到来自家庭与社区的种种影响，比如，有些移民家庭的孩子存在语言上的困难，有些生活在贫困社区的孩子因为长期缺乏家长的照料而出现各种恶习等等。当学校中汇聚了来自多个种族、多种阶层的子女时，了解学生的家庭与社会背景成为更好地对待学生个体的前提。从 1906 年开始，许多城市的公共学校新添了专门的“家访教师”（visiting teacher）一职，通常由受过社会工作专业训练的人士担任。人们认为家访教师可以了解学生生活与玩乐的环境，更加熟悉儿童个体，并发现家庭与学校关系中的不和谐因素，从而进一步调整学校工作[③]。

同时，由于人们认为当时的美国家庭与社会存在各种各样不利于儿童发展的因素，学校进一步被推到了为儿童营造整体成长环境的核心位置，改革者们要求学校在与家庭、社会的联结中承担起“整个儿童”成长方方面面的

① NEWMAN J W. Experimental School, Experimental Community: The Marietta Johnson School of Organic Education in Fairhope, Alabama//SEMEL S F, SADOVNIK A R. Schools of Tomorrow, Schools of Today: What Happened to Progressive Education? . New York: Peter Lang, 1999: 67 - 83.

② WILLIM K. What do We Mean by Progressive Education. Progressive Education, 1930 (7): 385.

③ CULBERT J F. The Visiting Teacher. Annals of the American Academy of Political and Social Science, 1921: 81 - 89.

责任。人们开始强调学校对家庭教育的补充作用，即通过各种手段培训家长，试图向家长传播科学的养育行为，同时通过学校中的相应课程实现对家庭教育失误的纠正作用。比如，当时学校普遍设立的家政学（home economics）课程反映了学校在这方面功能上的扩展。艾丽斯·诺顿是芝加哥大学教育学院的家政学讲师，她在 1903 年有关学校与家庭关系的文章中提到，正因为学校承担了新的责任，将其目标扩大到了对“整个儿童”的教育，它就必须充分考虑儿童所生活的家庭环境，必须尽最大努力使得家庭生活更加有效。而学校能够为家庭提供的最有效的服务便是在其课程中介绍与家庭和家务相关的内容，比如在美术课中容纳纺织活计，在科学课上通过讲授物理、化学知识来讲解房屋通风、取暖、照明知识，等等。这些课程让家庭对每个孩子来说成为更有兴趣的地方①。

可见，这一时期，学校被推到了“整个儿童”所处的整体环境的核心位置，学校功能的扩展也使其在社会变革中扮演着全新的角色：“学校的目的远远超出此前正规的、智性的培养旨趣，学校活跃在儿童福利与社会改革进程中几乎所有的领域，社会形成了以学校为儿童福利中心、为社会或社区中心、为工业训练机构的观念”②。从这个角度看，对“整个儿童”的强调恰恰发生在剧烈的社会变迁之际，时人试图将儿童从更加混乱无序的社会中隔离出来，创造一种整体的但也是被筛选过的社会生活环境。

总之，这一时期社会与教育改革者们的“整个儿童”理念蕴含着极其重要而独特的社会维度，它直指当时美国现实生活中能够影响到儿童成长的社会与教育危机，是人们用以回应这些危机的概念载体，也是人们提出改革举措时所参照的理想状态。

四、“儿童中心”观念的嬗变

1899 年，约翰·杜威在一场名为“学校与儿童生活”（“The School and

---

① NORTON A P. The School and Home. The Elementary School Teacher，1903（9）：657－659.

② COHEN S. Education in the United States：A Documentary History. Westport，Connecticut：Greenwood Press，Inc.，1974（4）：“Introduction” 5.

the Life of the Child”）的讲座中提出了一个著名的观点：“现在我们的教育正在发生的一种变革是重心的转移。这是一种变革，一场革命，一场和哥白尼提出应把天体的中心从地球转到太阳那样的革命。在这种情况下，儿童变成了太阳，教育的各种措施围绕着这个中心旋转，儿童是中心，教育的各种措施围绕着他们而组织起来。[①]”杜威的比喻概括了19世纪末20世纪初在美国教育领域兴起的诸多改革的特征。这一时期，包括弗朗西斯·帕克、杜威、约翰逊、威廉·克伯屈、普拉特、帕克赫斯特等在内的众多教育界富有革新精神的人士参与到学校变革当中，围绕着儿童的成长与教育提出各自的改革主张，进行各种新教育实验，形成了蔚为壮观的进步主义教育运动。

一般认为，“儿童中心”（child-centeredness）是19世纪末20世纪初诸多教育实验与改革所遵循的核心原则，是美国进步主义教育运动前期的主旨。然而，这一时期美国的教育革新活动不仅本身集合了多种思潮、多样群体和多方面的改革诉求，又随着美国社会的变迁在不同时期经历了主题与潮流的更迭，这一切决定了当时美国教育改革具有极大的复杂性。从这个角度看，所谓的“儿童中心”论实际上是多种思潮交织的产物，也从不同侧面反映了前面所述的浪漫主义的、科学化的儿童观念以及“整个儿童”的改革诉求，在不同时期、不同的人那里，侧重点也各不相同。通过梳理“儿童中心”所涵盖的主要思潮与实践的流变，我们也能够窥见多元的儿童观念与进步教育改革运动之间的动态关系。

1.“儿童中心”观念的早期表现

实际上，早在福禄培尔的著作中，便已经出现了与“儿童中心”相关的表述。他在《人的教育》中论述幼年期的儿童时说道：“儿童通过游戏而被置于一切事物的中心，一切事物被看作仅仅同他自己、同他的生活发生的关系。”[②] 但福禄培尔在这里主要是描述儿童在幼年期的认识特点，即在游戏中，一切事物都被视为是以儿童自我为中心的，儿童与外界事物建立的联系是偶然的、暂时的，而非普遍的、本质的，与后来所说的教育上的“儿童中

① DEWEY J. The School and Society. Chicago: The University of Chicago Press, 1900: 51. 中文译文引自杜威．学校与社会·明日之学校．北京：人民教育出版社，2004：41.

② 福禄培尔．人的教育．北京：人民教育出版社，2011：6.

心”主张并不是一回事。但福禄培尔对于儿童主动性的强调，无疑为教育领域“儿童中心”观念的兴起提供了重要的思想资源。

19 世纪末 20 世纪初，包括帕克、霍尔等在内的美国教育界人士出于不同的理由，都提出过“儿童中心”的主张①。帕克本人的思想受到浪漫主义儿童观念与福禄培尔思想的重要影响，他同样将儿童视为上帝最为神圣的造物，认为儿童具有内在的神性，因而其自发的活动能够被引向对事物的认知与领悟。他在《关于教育学的谈话》中将儿童比作“上帝所有造物中的高潮与顶点”②，并且宣称“所有教育活动的中心是儿童”③。在帕克这里，以儿童为中心意味着要观察并判断儿童“自我活动”的内容与表达方式，教师围绕儿童本身的兴趣与倾向提供适当的材料与条件，促使儿童建立起外部世界与心灵的统一性，并在相应的方面获得发展。因此，他提出以儿童为中心的落脚点在于教学活动的组织问题。

儿童研究的代表人物霍尔也曾提出，理想的学校应当是“儿童中心的”（pedocentric）而非“学校中心的”（scholiocentric）④，他认为，这种以“儿童中心的”学校应当给予个体最充分的关注，根据处于不同成长阶段的儿童的特性来安排学校活动。例如，霍尔曾指出儿童教育应当遵循的一些时序：“教绘画永远不应从摹画直线开始，因为自然的儿童从来不画直线或角。还有书写，我相信对于书写的强调应该推迟两到三年。……对于现代语言的学习，当然要通过听来学，因为听的方法（ear-method）更早一些发展。”⑤ 在他看来，学校应当以这类规律为基础来安排教育。同时，从霍尔对基于儿童研究的学校的想象来看，他对于传统学校中一些固有元素并非一味排斥，而是强调应当根据儿童身体与心灵成长的科学规律来重新组合不同的元素。比如针对拉丁语、希腊语的学习，霍尔提出，在少年时期儿童可以开始学习拉丁语和希腊语，如果要教这些语言，拉丁语不迟于 10 岁或 12 岁，希腊语不

---

① 张斌贤，王慧敏．“儿童中心”论在美国的兴起．北京大学教育评论，2014（1）.

②③ PARKER F. Talks on Pedagogics：An Outline of the Theory of Concentration. New York & Chicago：E. L. Kellogg & Co.，1894.

④ “pedocentric”与“scholiocentric”两词是霍尔的自创词汇，并未被广泛使用。

⑤ HALL G S. Some of the Methods and Results of Child Study Work at Clark University. NEA Journal of Proceedings and Addresses，1896：863.

迟于12或13岁①。因此，霍尔创造“儿童中心的”（pedocentric）这一形容词，意在确立理想的学校教育的标准。

除此之外，一些社会改革者也引用了《圣经》中有关儿童的句子——“处于中间的儿童”（the child in the midst），呼吁人们重视儿童福利，通过改善儿童生活来推动社会进步。“处于中间的儿童”这一句式直接引自《圣经》中提到儿童的段落②，用以表达儿童在社会进步中所处的关键地位。例如，时人在讨论新教育中重视儿童的精神时，认为这是“依据耶稣的指示，坚持将儿童置于中间（set the child in the midst），使其成为兴趣中心”③。即使不带有明确的宗教指涉，该句式也成为描述对待儿童新方式的惯用表达，如美国赫尔巴特学派的查尔斯·麦克默里在评价卢梭与帕克时认为他们“将儿童置于中心，要求世界不多插手”④。

可见，在当时，这些提出“以儿童为中心”的人们对于儿童本身的认识各异，对于教育与社会的基本看法也各不相同，由于这些差异的存在，虽然同样是主张“以儿童为中心”，其具体目标与行动方式却各有不同。当然，这些倡导者的观点之间并不是毫无联系的，他们的共同之处在于都是受到新的儿童观念的影响而形成的一种对待儿童的价值取向。在早期，“儿童中心”论与其说是一种确定的理论，倒不如说是一种宣言，这是一种反抗的宣言、革命的宣言。正是这样的宣言，宣告了美国教育变革新时代的到来。

2. 一战后的“儿童中心”主义

无论是为了更好地确定教育活动各部分的相互关系，还是教育中应当遵循的个体成长原则，早期从不同视角提出的“以儿童为中心”的观念，并不

---

① HALL G S. Some of the Methods and Results of Child Study Work at Clark University. NEA Journal of Proceedings and Addresses，1896：863.

② 该表述出自《马可福音》第九章：“于是领过一个小孩子来，叫他站在门徒中间（set him in the midst of them），又抱起他来，对他们说：‘凡为我名接待一个像这小孩子的，就是接待我；凡接待我的，不是接待我，乃是接待那差我来的’。”在这一时期许多谈论儿童地位的话语中可以见到人们用了“处于中间的儿童”这一句式。

③ PATTERSON. The Need of an Educational Consciousness. The Biblical World，1903（3）：210－215.

④ MCMURRY C A. My Philosophy of Education. Peabody Journal of Education，1927（5）：261－271.

意味着要树立起一个孤立存在的中心，与之相伴随的是有关教育活动应当如何展开的具体论述，学科、教师等因素在这些论述中依然起着重要作用。而到了一战以后，尤其在 19 世纪 20 年代一些进步主义的教育实验中，儿童这个中心逐渐与外界其他部分形成了一种对立的关系，“儿童中心”的取向更为极端化。正如索尔·科恩所说，“一战在美国教育史中标志着巨大的分野。战争带来的残暴与失落的和平，被视为一种堕落而破产的文明的显现。在 20 世纪 20 年代，年青一代尤其丧失了对于战前政治、社会有机体的信心，他们从社会救赎退回到个人救赎。清教主义（puritanism）和维多利亚时代的风气（victorianism）的束缚行将瓦解，美国将被艺术与弗洛伊德，被创造性的自我表现与精神分析所解放”[①]。这一时期，艺术领域的表现主义与心理学中的弗洛伊德学说，加之 20 世纪 20 年代美国极端个人主义的思想氛围，共同促成了当时一些实验学校中极端化的“儿童中心”潮流，这群儿童中心主义者所持有的儿童观念与以往也有所不同。

首先，在现代艺术潮流的影响下，一种有关儿童创造力与表现力的新认识逐渐形成，童年期被视为人类创造性冲动的黄金时段，这种观念深刻地影响了当时的许多进步教育实验。现代艺术从一开始便是对 17、18 世纪高度理论化的正统学院派艺术的反抗。尽管现代艺术主张各异、流派众多，但总体而言，现代艺术家们更加强调对于现实的个体化把握。例如，印象派乐于在画作中展示事物在一瞬间所呈现在观者面前的样子，而不经过感官或理智的解析；表现主义者（expressionist）则试图传递一份独特的体验与讯息，而不是某种对其他事物的映射或复制[②]。同时，为了反抗学院派经典的、崇高的、理想化的艺术标准，通称为“现代艺术”的各种先锋派乐于转向异域的、原始的自然去寻找灵感，因此，原始部落人、农民、儿童等是艺术先锋派最常使用的意象[③]。先锋艺术家们不仅用儿童这一意象来表达与学院派截

① COHEN S. Education in the United States：A Documentary History（Vol. 4）. Westport，Connecticut：Greenwood Press，Inc.，1974，“Introduction” 16.

② BECK R H. American Progressive Education，1875 - 1930，Doctoral Dissertation. Yale University，1942：159.

③ LEEDS J A. The History of Attitudes toward Children's Art. Studies in Art Education，1989（2）：93 - 103.

然相反的审美趣味，更重要的是，许多画家通过观看儿童的绘画作品汲取灵感。在他们看来，儿童笔下稚嫩的、比例失调的图画更接近内心真实情感的原生性表达，儿童绘画所表现出来的对于美的直觉和把握，被认为比那些成人所绘制的精湛的、高度仿真的画作高出许多。例如，毕加索在参观儿童绘画展览时就曾经感慨："当我像这些孩子这么大的时候我能画得像拉斐尔一样，我花了很多年的时间来学习怎么才能画得与这些孩子一样。"① 俄国表现主义艺术家瓦西里·康定斯基在发表于1912年的文章中写道："在每一幅儿童画作中，毫无例外地，物体的内在声音自发地暴露出来……在孩子身上有着一种无意识的、巨大的力量，使得他们的作品与成人的处于同一水平，并且常常水平更高!"② 总之，人们把这种孩子似的艺术表现力视为创造性的极度体现，并且认为，每个孩子都能够创造艺术品，对他们施加越少的标准或干预，所得到的结果就越有创造性。

20世纪20年代，受现代艺术的启发，人们对"创造性的自我表现"(creative self-expression) 的推崇在所谓的"儿童中心学校"达到了高潮，在这些学校中，通过艺术来鼓励儿童自我表现以及释放其创造力成为主要目标之一。在此之前，虽然福禄培尔、帕克等人也时常提到儿童"创造性的自我活动"(creative self-activity)，以表达一种儿童由内心世界生发出来的能量，但对他们而言，这些自然倾向的来源是上帝，并且它并不是完整的，自我活动只是一个起点，需要在外界的引导下不断通过知识的获取来完善自我。正如有学者指出的，福禄培尔的创造性更多的指"在通过不断的操作来获取知识的过程中，个体通过观察和感官参与而达到自我发现、自我教育的目的"。因此，对他而言，创造性即意味着"儿童的思想在起作用"(the child's intellect in action)，意味着"儿童借此来理解其自身与物质世界的联系，以及这种联系的抽象意义"③。但对于20年代推崇"创造性的自我表现"的教育者们而言，这种自我表现是自恰的、完满的，它蕴含着个体无限的生

①② LEEDS J A. The History of Attitudes toward Children's Art. Studies in Art Education，1989 (2)：93 - 103.

③ OGATA A. Designing the Creative Child：Playthings and Places in Midcentury America. Mineapolis：University of Minnesota Press，2013，"Introduction" 13.

命力。他们如此强调儿童自己的意愿及其原生性的表达，以至于不愿对儿童的任何行为多加干涉。由于将即兴的自我表达放在首位，他们也更激烈地反对系统的、固定的、形式化的教学，甚至对所有用文字语言表达的逻辑化知识传授产生抵触，而倡导使用艺术形式来组织学校活动。例如，在纽约格林威治村的游戏学校（Play School）中，普拉特“试图将儿童置于一种环境中，通过与环境的相互作用使他们能够实现自我教育”[①]。在这个过程中，教师无须多加干预，“儿童游戏的冲动便足够维持他们在学校一整天或自发或有意的活动”[②]。

其次，弗洛伊德的心理学说以及一战后人们对于心理卫生的关注，提供了另一个认识儿童内在自我与精神状况的维度。1909 年秋，担任克拉克大学校长的霍尔在建校 20 周年之际邀请弗洛伊德到美国讲演，弗洛伊德在弟子荣格的陪伴下踏上了美国的土地，他在克拉克大学做的 5 次讲座勾勒出其精神分析理论的概貌。然而，当时弗洛伊德的讲演并未造成很大影响。此后 10 年间，主要在亚伯拉罕·布里尔等人的译介与组织活动中，弗洛伊德与荣格的学说开始为美国公众所熟悉。布里尔从 1909 年起陆续将弗洛伊德的重要著作翻译为英文在美国出版，他于 1911 年创建了纽约精神分析学会(New York Psychoanalytic Society)，后来还协助创建了美国心理分析协会(American Psychoanalytic Association)。在一战期间，不仅智力测验的价值通过在军队中的运用获得了进一步的认可，心理医师们通过诊治部队中大范围出现的“炮弹休克”（shell shock）症状，推广了“精神失调”的观念。同时，从柏林或维也纳受过精神病学训练的人在战争爆发后回到美国，他们的病人包括来自文学、媒体、社会科学等领域重要的“文化掌舵者”（cultural arbiters)，这进一步促成了精神分析在一战后的流行[③]。一战后兴起的心理卫生运动（mental hygiene movement）融合了弗洛伊德心理学与行为主

① PRATT C. The Play School. New York：Bureau of Educational Experiments，1917：7.

② 同①18.

③ BURNHAM J C. After Freud Left：A Century of Psychoanalysis in America. Chicago：The University of Chicago Press，2012：27.

义的学说，也逐步推广了“人格”（personality）、“心理调节”（mental adjustment）等概念。

从精神分析与心理卫生的角度看，儿童的本能与情感是教育中最为重要的元素。人们认为，“情感而非智力是个体的本质，是整个精神生活中最具决定性的方面；儿童期是个性形成的时期，精神疾病并不是突然发生的，在它爆发之前很长一段时间，都有可能发现精神失调的前兆”①。由此，儿童的辍学、学业落后等问题也开始被视为一种心灵失序、一种需要治疗的精神疾病。这与“整个儿童”理念中蕴含的个人与社会有机协作、相互成就的观点不同，因为从精神分析与心理卫生的角度看，人的存在从根本上还是内在情感与冲动在面对外界刺激时的调适，个性的健全发展而非社会的结构性变革才是最关键的因素。同时，解决学生各种问题的手段也不再需要调动整个家庭、学校与社会，而更多地强调对心理的调节与治疗，这样一来，激进的社会变革就并不是个体生长的必要条件了。这种将个人从更为广大的社会中抽离出来的个人主义倾向也是一战后“儿童中心”主义的一个特点。

杜威在考察进步教育中儿童与学科的关系时曾指出，进步教育自帕克时代起就存在一组对立：“一方面是学生、儿童和青少年所代表的人性的、个体的因素；另一方面则是非个人的、外在的因素，即学习的科目、知识主体以及系统性和技能性的学习成果”②。一战后的“儿童中心”主义体现了人们对于个体这一端的片面强调。当时，现代艺术所推崇的创造的自我表现，精神分析学说影响下对个体内心情感的关注，以及战后一种反集体主义色彩的自由观，共同塑造了这群“儿童中心”主义者对于儿童的本质、儿童与社会关系问题的独特看法，促成了他们对于个体的极度看重，从而将天平向儿童个体这一端倾斜。用克雷明的话来说，在这一时段中，“标新立异的教师把进步教育以前含义的一部分扩大成了它总的含义”③。

后来包括杜威、克伯屈在内的诸多教育界人士都对进步教育中越走越远

---

① COHEN S. The Mental Hygiene Movement, the Development of Personality and the School: The Medicalization of American Education. History of Education Quarterly, 1983 (2): 123-149.

② DEWEY J. How Much Freedom in New Schools? . The New Republic, 1930 (9): 204-206.

③ 克雷明．学校的变革．上海：上海教育出版社，1994.

的“儿童中心”倾向提出了批评，他们认为这些实验学校过于放纵儿童，缺乏成人指导。例如，杜威指出，在许多实验学校，人们可能受到“即兴(spontaneity)决定学习内容”的诱惑。然而，“如果在教育进程中让即兴活动占了主导，那么结果只会是得到仓促的、断断续续的活动，而不可能为提供具有教育性的学习内容做出任何贡献”。他同时强调，虽然进步学校尊重个性，但“个性是正在发展并将持续获得的东西，而不是现成的、一下子就能获得的东西”。一个孩子的个性也不可能在某个时刻，在他的所作所为与喜好中被发现，而是存在于“连贯的行动进程中”①。

总之，在不同的时期，倡导“儿童中心”的人在出发点、理论来源与具体主张上都存在着显著的差异。通过对“儿童中心”观念之演变的梳理，我们也能看到，从帕克到一战后的儿童中心学校，同样主张以儿童为中心，他们所持的儿童观念——对儿童的主动性，儿童与社会的关系，儿童与课程的关系等——有很大的不同。在很大程度上，这种差异也导致他们各自所主持的“新教育”最终呈现出极为不同的面貌。但从另一个角度看，在这纷繁复杂的“儿童中心”脉络中，也存在人们关于儿童所达成的某些共识，这些共识正是现代儿童观念的关键组成部分，它们也共同构成了 20 世纪围绕儿童所进行的多种教育与社会改革活动的思想基础。

儿童观念本身是一种社会与文化建构的产物，进步时代的美国人关于儿童的一系列看法实际上也是人们在思索儿童本身、社会现实乃至更为宏大的人类存在等命题时种种观念的一个缩影。不同群体对多元的思想资源的吸收，对相应社会与教育问题的看法，构成了人们谈论儿童、勾勒儿童生活理想图景时隐含的前提，由此也造成了人们的儿童观念和教育主张的差异与分化。我们很难说进步教育运动是由某一种或几种儿童观念引发的，但是，儿童观念的变迁的确为人们考虑教育问题提供了不一样的思维方式、意义结构。

在现代儿童观形成的过程中，人们逐渐意识到儿童在成长与学习过程中

---

① DEWEY J. Progressive Education and the Science of Education. Progressive Education，1928（3）：197 - 204.

是积极主动的而非消极被动的存在（在不同的人那里这种主动性的来源可能是更高的、神圣的存在，也可能是儿童的生理与心理本能）；意识到童年期既是脆弱和需要保护的，又是人类创造力与感情的黄金时段；意识到以往所说的童年期可以被进一步细分为婴儿期、幼儿期以及青春期，在教育中应当根据个体不同成长阶段的特性来区别对待；意识到儿童是整个社会的无价财富，一个社会对待儿童的方式是衡量社会进步的准绳；等等。这些态度与认识也在进步教育运动中通过各式各样的学校改革主张显现出来。正是在这个意义上，我们说19世纪末20世纪初，人们对“儿童”的不断发现是进步教育运动的题中之义。

第三章
拯救童工：为强制入学立法

一、童工问题及早期抵制运动

二、各州童工法的出台与联邦立法的有限成果

三、强制入学作为“最好的童工法”

四、各州强制入学法的出台

五、强制入学法的执行与保障机制

六、强制入学立法运动的影响及评价

19 世纪后期，工业社会的无序扩张、城市化的大幅推进及移民浪潮的不断涌入使美国在跻身世界强国的同时，也面临犯罪频发、道德败坏、贫困蔓延、腐败成性等社会问题，尤其在大城市，此类社会问题更为严重。许多贫困家庭的儿童离开家庭或走出学校，以童工的身份加入劳工阶层，为拮据的家庭贡献微薄之力。恶劣的工作环境给儿童的身体、心智和精神带来极大伤害。在社会各界的关注与积极努力下，一场旨在拯救童工的社会运动就此展开，为童工立法、保障童工基本权利成为当时的普遍诉求。作为童工法的重要补充，强制入学（compulsory attendance）被认为是解决童工问题、缓解社会危机的最佳途径。自 19 世纪末开始，美国各州纷纷通过了强制儿童入学的法令，全美掀起了一场强制入学运动。

一、童工问题及早期抵制运动

工业革命之前，美国的家庭手工业作坊、棉花种植场等已经雇用了童工。待到 19 世纪末工业化、城市化之后，更多儿童加入童工队伍。童工的身份发生转变，从作坊学徒变为工厂劳工。逐渐庞大的童工群体开始引起社会关注，早期的一些进步人士和社会团体率先为保护儿童做出努力，雅各布·里斯通过写作揭示工厂制的黑暗与雇主的贪婪，刘易斯·海因通过摄影揭示童工的悲惨境遇，与此同时，旨在改善童工生存状况的美国童工委员会做了大量社会调查，联合各州童工组织为童工立法。20 世纪初，公众的儿童观已经发生改变，儿童作为特殊社会群体应该得到特殊保护的观念已经深入人心。

1. 童工问题的社会表征

19 世纪下半叶之后，美国工业革命的高速发展在将美国带向工业化和城市化的同时，也从根本上改变了家庭作为道德、文化、教育中心的地位。在家庭手工业或作坊中长大的儿童，随着父母外出工作而必须得到另外的安置。一些父母选择将儿童留在家中，但因儿童年纪尚幼，若无人照顾极易发生危险。一些父母选择将儿童暂时放在学校，使其在免于无人照料的同时，还能学习一些简单的知识。但对于极少接受过正规教育的中下层劳工父母而言，学校所能提供的“前途未卜”的教育相比于拮据家庭对儿童往返学校所付出的时间和金钱成本而言，并不是最明智的选择。因而，多数父母会带着儿童一起进入工厂。在工厂，儿童不仅可以处于成人的看管之下，远离无所事事和犯罪行为，还可以学习工业知识和技能，为成为成年劳工做准备①。这样，儿童这一群体就在工业化和城市化的冲击下发生了身份和意义上的转换，即儿童开始作为劳工（童工）进入自由市场，提前为工人身份做准备。加上工业化带来的大量移民子弟、贫困家庭子弟，到 19 世纪末 20 世纪初，雇用童工已经成为一种普遍的社会现象。

据统计，1880 年，美国已有童工 1 118 356 人，20 年后，这一数量增至 1 750 178。到 1910 年，这一数量又增至 1 990 225，约占全国儿童总数的 18.4%（见表 3-1）。

表 3-1　　1880—1930 年美国 10～15 岁童工数量②

年份	儿童总数（人）	童工数量（人）	比例（%）
1880	6 649 483	1 118 356	16.8
1890	8 332 373	1 503 771	18.1
1900	9 613 252	1 750 178	18.2
1910	10 828 365	1 990 225	18.4
1920	12 502 582	1 060 858	8.5
1930	14 300 576	667 118	4.7

资料来源：US Bureau of the Census，*Census of Population*：*Occupations*，Vol. IV，Table 39，1930：84.

童工的工作领域以农业、机械制造业为主，其次为商业贸易、家政服务等。农业主要以南方各州的棉花种植业为主，所雇童工数占童工总数的 60%，机械制造业所雇童工数占童工总数的 16%～18%，商业贸易领域占 6%～7%。总体来看，这一时期的童工群体有以下几个特点：第一，年龄普遍偏小。大多数儿童低于 15 岁，有些甚至还不满 10 岁。在亚拉巴马州、佐

① HINDMAN H D. Child Labor：An American History. M. E. Sharpe，2002：42-43.

② 这里统计的童工，是指 10～15 岁之间通过工作获取酬劳的儿童。US Bureau of the Census. Census of Population：Occupations. 1930（Ⅳ）：84（Table 39）. 事实上，10 岁以下童工数量也很多，当时美国 15 岁以下的童工数量远比统计通报出来的多。

治亚洲、南卡罗来纳州被雇用的 83 000 名劳工中，近 30%在10～15岁之间，另外还有很多 6～9 岁的童工①。第二，分布广泛。从北部的机械制造厂到南部的棉纺织厂，从煤矿区到雪茄加工厂，从报童、擦鞋童、小商贩到塑料花、装饰性蕾丝等手工业者，随处可见衣衫褴褛的儿童，他们几乎覆盖了美国生产和制造业的各个领域。第三，儿童所从事的多是工时最长、作业环境最差、技术水平最低，因而也是报酬最低的工作②。一天工作 10 个小时属于正常现象，上夜班也是一种常态，但工资却比普通劳工低很多。在亚拉巴马州，一般劳工平均一天赚 85 美分，而童工一天只赚 30 美分，甚至还有些童工只赚 1.25～15 美分③。造成这种局面的原因，一方面在于儿童的知识水平和工作能力有限，只能从事薪资最低、技术要求最低的工作；另一方面在于工厂主的唯利是图，他们认为相比于成人，儿童更听话，抱怨更少，能以最低的成本获得最高的利润。因而，经常可以在矿区最深处、污染最严重、操作最机械的工段看到大批没有任何安全防护措施，随时面临伤病和死亡的童工。正如罗伯特·欧文所描述的那样，“在大多数情况下，那是活着的人类骨架的收容所，这些人几乎被剥夺了智力”④。第四，童工家庭多较为贫困，主要来源于移民和中下层劳工。虽薪资微薄，童工依旧成为家庭的重要经济来源之一。

即使生存状态较为恶劣，童工及其父母却“安之若素”。这主要源于他们在恶劣的生存和成长环境的熏染之下，对他们所属的群体身份（主要指阶层身份、社会地位）的认同，以及由此引发的对个人应归属并服从于群体，服从于工业秩序、公共纪律观念的敬畏。工业秩序和纪律观念在很大程度上是 19 世纪下半叶以来工业化、城市化及移民浪潮冲击之下公民与国家、个人与社会关系被重新定义的产物。劳工对雇主的言听计从就是遵守工业秩序与纪律观念的延伸。在这一过程中，儿童身兼国家公民、社会人、工厂劳工等多重身份，如果说他们对自己的国家公民身份、社会中的道德人身份，以

---

① COOPER W J. The American South. Volume II，Rowman & Littlefield Publishers，1991：591.
② HINDMAN H D. Child Labor：An American History. M. E. Sharpe，2002：97.
③ 同①497.
④ 斯帕戈．论童工//美国史译丛．中国美国史研究会，1985（1）：23.

及这两种身份所应承担的责任和义务还知之甚少，但对于劳工身份及所应遵守的秩序和纪律原则却熟稔于心。这种秩序和纪律虽被儿童简单地理解为“乱跑或不听话就要受罚”“不按规则操作就会扣工资”“完不成工作就没有酬劳”“破坏机器就会被辞退”等，但他们同时也意识到一个群体（劳工）与另一个群体（工厂主）之间存在着难以逾越的鸿沟，而他们应该且只能属于前者。

2. 抵制童工活动的开始及公众意识的“觉醒”

事实上，从 19 世纪中后期开始，就有一些组织和个人意识到了童工的处境，并试图进行揭露和抵制。劳工骑士团（Knights of Labor）自 1869 年成立起就将解决童工问题作为重要工作之一。劳工骑士团的开创者曾带领童工到达罗斯福的夏宫，虽被拒绝接见，却让国家意识到了雇用童工的罪恶，不久之后费城就通过了一部童工法，规定所雇用童工的最低年龄不得小于 14 岁。贸易与劳工联盟（Federation of Organized Trades and Labor）[①] 创办之初就旨在改善劳工工作环境，提升劳工的生活水平，童工也被列在保护范围内。成立于 1890 年的妇女俱乐部（General Federation of Women's Club）一开始也关注童工并为童工提供各种帮助，他们为贫民窟儿童建立幼儿园，发放生活补助，建议通过联邦立法解决童工问题。

同时，还有一些宗教团体也走出教堂，筹办各种慈善机构，为儿童开办神学讨论班，教授伦理学知识。当时最著名的宗教团体“救世军”还曾深入贫民窟创办医院和救济所，组织儿童俱乐部，对儿童进行道德和精神指导。一些民间团体也曾在安置童工和贫民儿童方面积极作为，如简·亚当斯于 1889 年在芝加哥创办的“赫尔之家”（Hull House）、莉莲·沃尔德于 1895 年在纽约创办的“亨利街安置所”（Henry Street Settlement）、罗伯特·伍兹在波士顿创办的“南端之家”（South End House）等。在安置所内通常会教授读、写、算，组织儿童参加社会救助运动，帮助更多的贫民儿童走出困境。从“赫尔之家”走出的社会活动家朱莉娅·莱思罗普还领导库克县建立了少年法庭，促使伊利诺伊州于 1903 年颁布了《童工法》，后来莱思罗普于

① 1886 年更名为美国劳工联合会（American Federation of Labor）。

1912年担任了联邦儿童局（US Children's Bureau）第一任局长，专门致力于儿童福利事业。另一位社会活动家弗洛伦斯·凯利也来自“赫尔之家”，她在担任全国消费者联盟（National Consumers League）秘书长时，通过限制血汗工厂和发放家庭津贴改善妇女、儿童的工作条件和生活状态，并最终促成了1911年伊利诺伊州的“父母基金”法案。凯利还曾担任过童工状况调查专员，加入了美国童工委员会（National Child Labor Committee），为童工立法做出了重要贡献。

除了社会组织的童工救助活动，还有一些进步人士通过揭露童工的生活状态引起全社会对童工的关注。1872年查尔斯·布雷斯的《纽约的危险阶层及其二十年辛劳史》（*The Dangerous Classes of New York and Twenty Years Work Among Them*）[①] 问世，旨在揭露美国工厂体制的真面目及童工的悲惨境遇。随后，雅各布·里斯的《另一半人如何生存》[②]、《穷人的孩子》（*The Children of the Poor*）[③]，约翰·斯帕戈的《儿童的痛苦呼喊》（*The Bitter Cry of the Children*）[④] 等相继出版，揭露了纽约童工立法中刻意回避相关问题的情况，以及穷人子弟恶劣的生存环境，试图引起社会舆论的关注。

刘易斯·海因自1901年起开始以摄影的方式揭示和诊断美国在工业化进程中出现的各种弊病。海因最先关注的是移民群体在工业城市的住房、工作、卫生、安全等问题。1908年他加入美国童工委员会后，开始深入全美各州的工厂、农场、矿区中，拍摄童工的生活状态。他看到数以千计的妇女带着孩子每天清晨在海边捡牡蛎、洗虾。在罐头厂，他“惊讶惶恐地观察这些小孩在恶劣环境中工作了很久……他们每天的酬劳往往不足5美分”，“手指已肿胀渗血的儿童仍旧坚持工作已是一种常态”，且儿童“长期在昏暗的

① LORING B C. The Dangerous Classes of New York and Twenty Years' Work Among Them. New York：Wynkoop & Hallenbeck，1872.

② RIIS J. How the Other Half Lives：Studies among the Tenements of New York. New York：Charles Scribner's Sons，1890.

③ RIIS J. The Children of the Poor. New York：Charles Scribner's Sons，1892.

④ SPARGO J. The Bitter Cry of the Children. New York：The MacMillan Company，1906.

灯光下、脏乱的环境中工作，不利于儿童的身心健康和道德修养”[①]。最终，海因拍摄的数千张记录童工真实生活的照片[②]一经发表，便在全国引发了轩然大波。

公众被这些直观的照片震撼，他们逐渐意识到，一个群体正在被忽视和践踏，应该行动起来拯救这些可怜的生命。一时间，美国社会形成了抵制雇用童工的热潮：雇用童工是一种罪恶，将破坏儿童的身心健康，导致儿童发育不良；儿童长期的工作易引发工伤事故甚至死亡，将使童工家庭雪上加霜；廉价童工使成人劳工大量失业，将导致严重的积弱积贫。而且，雇用童工未必可以降低成本，相反，童工身体承受力更差，更容易引发事故，比起成人更容易弄坏机器，因而依靠廉价童工实现利益最大化根本就是一种错误的取向。随后，对工厂主的讨伐之声便铺天盖地地袭来，公众谴责通过雇用童工获取利润的工厂“从国家掠夺走了一些他们不可能偿还的东西”[③]，雇用童工就是一种“嗜食同类”的行为，“靠着毁灭他人而生存”[④]，这些雇用童工的人是社会的“寄生虫”[⑤]。

一开始，公众对雇用童工的抵制和谴责更多地源于对儿童悲惨境遇的同情以及由此引发的对工厂主的愤怒，还没有上升到要将儿童作为未来公民进行特殊保护和权利伸张的层面。随着 19 世纪末 20 世纪初期对与儿童福利相关的其他问题的持续关注，以及由此展开的儿童和青少年研究，公众才逐渐意识到雇用工厂的罪恶已经威胁到了在身体、心智和精神方面有其特殊性的“国家最宝贵的财富”——儿童[⑥]，新的儿童观念逐渐清晰起来，要求保护童工基本权利与福利才成为儿童福利运动的中心主题。

3. 美国童工委员会的社会调查与立法努力

在探讨各种早期社会团体对童工的抵制时，不得不提到 20 世纪初期成

---

① ROSENBERG C M. Child Labor in America：A History. McFarland & Company，Inc.，Publishers，2013：179.

② 海因在每张照片上都做了记录，注明这些照片的拍摄日期、儿童姓名、年龄、职业及儿童的生活状态。

③ HUNTER R. Poverty. Macmillan，1904：248.

④ 同③253.

⑤ WEBB S. The Case for the Factory Acts. London：Grant Richard，1902：22.

⑥ 维特．事故共和国：残疾的工人、贫穷的寡妇与美国法的重构．上海：上海三联书店，2013：3.

立的全国性的童工调查组织——美国童工委员会，海因正是在为这个组织工作时拍摄了大量珍贵的照片而引发了公众的同情。该组织于 1904 年 4 月 15 日成立，是一个试图在全国范围内联合各州童工组织、改善童工生存状态的非营利性组织，由埃德加·墨菲、费利克斯·阿德勒等策划创立。墨菲曾作为南部童工运动的领导者，于 1901 年组织成立亚拉巴马州童工委员会，为该州的童工立法做出突出贡献。在这一过程中，他意识到童工问题不仅是某个州或地方的问题，而且是整个国家的问题，之后便转向成立全国性组织来解决童工问题。当遇到费利克斯·阿德勒后，二人一拍即合，后者是哥伦比亚大学的教授、纽约童工委员会的发起者之一，他在纽约的童工运动中声名卓著，曾领导了著名的美国伦理文化运动（American Ethical Culture Movement）。委员会秘书长是宾夕法尼亚大学社会学教授塞缪尔·林赛，两位助理秘书分别是欧文·洛夫乔伊和亚历山大·麦克尔韦。除此之外，早期参与童工抵制活动的简·亚当斯、纽约慈善组织协会主席罗伯特·福里斯特、全国消费者联盟秘书长弗洛伦斯·凯利也加入委员会的前期工作中，同时委员会也吸引了投资银行家保罗·沃伯格、艾萨克·塞利格曼等。

作为一个专门致力于解决童工问题的全国性组织，美国童工委员会在继承早期抵制活动志向的同时，对童工问题进行了更为深刻的分析。在委员会看来，抵制童工不仅仅出于对儿童的同情，更基于一种对未来的担忧："对儿童而言，劳工是一种欺骗；对工业而言，雇用童工是一种谬论；对社会而言，雇用童工是一种威胁。童工意味着无知和文盲群体的扩大，意味着薪资等级的降低和由此引发的生活水平的下降、永无止境的贫困、成人失业率和犯罪率的提升、家庭的瓦解，并最终导致种族的堕落。"① 由此，美国童工委员会已经将童工问题与国家存续联系起来，比起普通公众出于同情和怜悯的诉求更为深刻和严肃，正如阿德勒主席所言，委员会进行的是"一场'圣战'，一场旨在为儿童福利和文明存续的战争"②。

---

①② TRATTNER W I. Crusade for the Children：A History of the National Child Labor Committee and Child Labor Reform in America. Quadrangle Books，1970：12.

美国童工委员会负责调查童工的本质和发展程度，帮助联邦、州和地方机构立法，以禁止儿童进入某些不适合他们的工作领域，扩大儿童接受初等教育和充分发育身体的机会，满足儿童作为未来公民和有效率劳工的需求①。委员会在进行全国大调查之前，先基于马萨诸塞州、纽约州、伊利诺伊州等一些已通过童工法的州的经验草拟了一份纲要，对童工的一些基本权利做出规定：儿童的最低工作年龄和工作领域相挂钩，如在制造业不得低于14 岁，在采矿业不得低于 16 岁；儿童每天工作不得超过 8 小时；禁止 16 岁以下的儿童上夜班；雇主要出示儿童的年龄档案和工作凭证等。需指出的是，在此之前，还没有哪个州的童工法能够同时满足所有这些标准②。之后，委员会便开始对童工问题最突出的地方——宾夕法尼亚州的无烟煤矿井、玻璃制造厂和南部的棉纺织厂进行调查。

在调查的过程中，委员会意识到，仅仅引起社会公众对童工问题的关注与谴责是不够的，这无法改变儿童的现状。只有针对童工问题进行立法才能奏效，甚至需要将立法权从州和地方层面扩展至联邦层面。但在帮助各州制定、修订或执行童工法的过程中，委员会始终受到来自童工家庭及工厂主的抵制和反抗。前者的抵抗主要基于对家庭经济的考量，一旦儿童被禁止工作，童工家庭就无以为继。对童工家庭而言，童工法就意味着将儿童从父母的手中“夺走”，这从根本上动摇了“儿童属于父母”的观念，干涉了父母对儿童的拥有权和控制权；后者的抵抗则主要基于利益考量，担心童工法会使工厂失去大量廉价劳动力，增加雇佣成本，减少利润。以南部的棉纺厂为例，他们比矿井和玻璃厂更需要童工。对工厂主而言，为童工立法就等于切断了他们的经济命脉。在这里，工厂主雇用童工，且控制着他们的生活起居。而且，南部各州的政治局势在一定程度上也由大工厂主把控，他们作为民主党的喉舌控制了多数选民。在这种意义上，南方各州的法律就是这些大工厂主的法律，这事实上加大了南方各州通过童工法的难度。在南方，棉纺织业最发达的州基本上也是童工问题最突出、立法最薄弱的州。亚拉巴马

① The National Child Labor Committee. The Proceedings of the Annual Meeting of the National Child Labor Committee. 1905：565－566.

② The National Child Labor Committee. NCLC Minutes. 1904（12）.

州、佐治亚州、北卡罗来纳州和南卡罗来纳州就是如此。佐治亚州根本没有任何针对童工年龄的限制性规定，其他三州虽将童工最低年龄限制在12岁，但它们实际上默许12岁以下的儿童进入工厂。另外，除了南卡罗来纳州，其他三州并没有对儿童夜间作业做出任何限制①，也没有任何州有强制入学的要求。总体而言，工厂主认为雇用童工是理所应当的，因为正是他们养活了童工及整个家庭，使无数无以为继的家庭能够继续生存②。

1905年，麦克尔韦在为北卡罗来纳州起草童工法时，就因南方工厂主策划的一系列抗议活动功亏一篑。南方棉纺厂主认为该州75%的纺织工年龄都在14岁以下，童工法要求儿童进入工厂最低年龄为14岁的规定将给工厂带来极大损失，且佐治亚州都没有童工法，为什么要求北卡来罗纳州为童工立法呢？他们控诉美国童工委员会拿着新英格兰地区的资金③代表北方来破坏南方的市场。这一诉求很快就得到了响应，南方很多纺织厂联合起来抵制童工法，它们否认大量雇用童工，否认儿童工作环境的恶劣，认定是北方企图破坏南方市场，童工法企图从寡妇、赤贫者家中夺走唯一的家庭支柱。为了争取更多的支持，南方工厂主频繁地聚会请愿，甚至还让劳工签署请愿书来抵制童工法。南卡罗来纳州的一封请愿书上写着“我们没有过度劳作，我们对现状很满意，请勿扰我们的清净”，上面有3 000名劳工的署名。近看之下，其实其中数以百计的签名者根本不会写自己的名字，仅仅画了个“×”形的标志④。

虽步履维艰，美国童工委员会还是达成了部分目标，引起了公众对童工

---

① TRATTNER W I. Crusade for the Children: A History of the National Child Labor Committee and Child Labor Reform in America. Quadrangle Books, 1970: 80.

② HAUNOLD J L. Idle Hands Are the Devil's Workshop: A History of American Child Labor and Compulsory Education, Emancipation or Reconstituted Oppression?. Counterpoints, Vol. 209, The Freirean Legacy: Educating for Social Justice, 2002: 99.

③ 在整个美国童工委员会的工作中，南方各州一直采取抵制或抗议态度的部分原因在于南方一些州认为，美国童工委员会代表的是北部各州的利益，他们试图通过取缔童工来限制南方工业，打击南方经济发展。事实上，美国童工委员会确实吸纳了较多北方的成员，且委员会的开支多来自成员缴纳的会费和捐赠所得，至于美国童工委员会是否如南方所言，代表了北方各州的利益，试图打压南方经济，本文不做详细讨论。

④ 同①82－83.

问题的关注。越来越多的人意识到雇用童工的罪恶，开始对儿童的身心健康、文化程度予以重视，同时开始反思雇用童工与人道主义的背离，以及可能造成的“种族堕落”问题。而这在很大程度上引起了各州州政府的注意，他们感受到了一种公共情感——集体愤怒感——的升温，这将是他们未来工作的重点。

二、各州童工法的出台与联邦立法的有限成果

19世纪末20世纪初，一场旨在维护儿童福利和权益的社会运动进入了新阶段。儿童作为一个特殊群体，以及童年作为人生的一个特殊阶段的重要性已逐渐被一系列的儿童与青少年研究证实。公众意识到，儿童与成人有着根本的不同，应得到特殊的关注与保护。童工作为提前进入成年社会的劳工，更应该得到加倍的保护。之后，各州意识到自己的责任，开始与各种组织和团体合作，在19世纪末20世纪初形成了为童工立法的“潮流”，而与此同时，联邦层面的立法工作却步履维艰。

1. 各州童工法的出台

其实在内战之前，美国各州已零星地有一些保护童工的规定。如1848年宾夕法尼亚州规定纺织厂雇用童工的最低年龄为12岁，1851年新泽西州规定10岁以下儿童不得进入工厂做工，1855年康涅狄格州规定9岁以下儿童不能进入机器制造业。关于童工的工作时长，内战之前一些州也有相关规定，如1842年马萨诸塞州规定12岁以下儿童每日工作不得超过10个小时，同年康涅狄格州也规定14岁以下儿童每日工作不得超过10个小时，1847年新罕布什尔州规定15岁以下儿童每日工作不得超过10个小时，1853年罗得岛州规定12～15岁儿童每天工作最多不能超过11小时等等。但由于没有相关材料对儿童的年龄及身份进行证明，加上监管制度的缺乏，以上规定几乎没有产生任何影响[①]。

---

① KOCH C. A Historical Review of Compulsory School Attendance Laws and Child Labor Laws. University of Wyoming，1972：56－57.

直到 1886 年，纽约州通过了《纽约州童工法》(New York State Child Labor Law of 1886)，成为第一个强制执行童工法令的州[①]。1896 年，纽约州对该法进行了一次修订。1900 年，又增加了“要求 12～14 岁儿童在被雇用前必须接受 80 天的学校教育”的规定。1905 年，又将进入工厂的童工最低工作年龄限定为 16 岁。1906 年，新的童工法又要求 16 岁以下童工每天工作不得超过 8 小时。

1872 年，伊利诺伊州通过法律规定 14 岁以下儿童、妇女不允许进入任何矿井工作。1877 年，该州又通过一项专门针对童工的法律，禁止 14 岁以下儿童从事某些高危工作。1893 年又通过《工厂监督法案》(State Factory Inspection Bill of 1893) 加强童工法的执行效力。1903 年，伊利诺伊州又规定 16 岁以下儿童每天工作不得超过 8 小时，每周不得超过 48 小时，且要求 14 岁以下儿童必须在学校接受至少 110 天的教育。

1900 年，马萨诸塞州、康涅狄格州规定，童工的最低雇用年龄为 14 岁。马萨诸塞州要求 18 岁以下儿童每天工作不得超过 10 小时，每周不得超过 58 小时。1904 年，马萨诸塞州设立工厂监督员，负责监督工厂的卫生状况及童工雇用情况。之后，马萨诸塞州于 1906 年、1908 年明令禁止雇用精神不健全或患有气管炎、心脏病的 14～16 岁儿童，规定工厂在雇用劳工时应要求儿童出示身体健康证明。

缅因州和罗得岛州在 20 世纪初的童工法中将 12 岁作为童工的最低工作年龄限制，1910 年提升到 14 岁。1900 年，缅因州、罗得岛州和康涅狄格州做出了 16 岁以下童工每天工作不得超过 10 小时，每周不超过 60 小时的规定。新罕布什尔州于 1901 年通过了禁止雇用 14 岁以下儿童的童工法，同时要求 16 岁以下儿童出示工作证明、教育凭证。

1907 年前后，弗吉尼亚州、肯塔基州、田纳西州、路易斯安那州、阿肯色州、俄克拉何马州等将儿童的最低雇用年龄调整为 14 岁。之后，其他各州也相继通过了类似法律或更高标准的童工法。

---

① PERERA F. Child Labor Reform in the Early Progressive Era，1870－1900. American Journal and Public Health，2014，104（10）：1863.

需要指出的是，虽然一些州在 19 世纪 90 年代之前就通过了各种童工法，但这些法令的强制性和执行力是很有限的：首先，它们设定的目标或标准太低。如 1898 年之前，除了纽约州、宾夕法尼亚州、密歇根州、伊利诺伊州和印第安纳州将儿童最低工作年龄定为 14 岁之外，其他许多州允许雇用 12 岁及以下儿童，这其实降低了童工法的有效性。其次，多数州的童工法只对该做什么和不该做什么做出一般性要求，并没有设立专门的监督机构落实法律的执行。再次，法令较少考虑到取缔童工对童工家庭的影响。对多数拮据的家庭而言，为童工立法带来的不是解脱，而是忧虑和怨恨。因而，1860—1893 年，各州的童工数量不降反升。进入 20 世纪，童工问题受到更多关注，通过立法解决童工问题进入一个新阶段，各州纷纷提高童工准入标准，加强对法律的监督和执行力度，同时为童工家庭提供一定的补助和津贴。总体来看，20 世纪初期是各州童工法颁布的高峰期，1905—1910 年更是形成了为童工立法的“高潮期”。这段时期，有 38 个州及哥伦比亚特区通过了童工法，其中仅 1906—1907 年，就有 18 个州执行了新的童工法或重新修订了之前的童工法①，1908—1909 年又有 17 个州重新颁布或修订了童工法。1910 年后，肯塔基州、弗吉尼亚州、马里兰州、新泽西州、罗得岛州及马萨诸塞州等相继对各自的童工法进行修订和完善，纽约州、俄亥俄州也紧随其后②。一般情况下，各州的童工委员会或童工组织③先调查各州的童工雇用情况，之后发布调查报告，提出政策与立法建议。在此基础上，各州进行修订和完善，最终出台童工法。另外，从以上也可以看出，各州的立法并非一劳永逸，而是不断经过修订和完善的，且总体而言，雇用童工的标准呈现出越来越高的特点。

一般而言，各州的童工法集中关注以下几点：第一，限制儿童的最低工

① NCLC. Child labor and Social Progress：Proceedings of the Fourth Annual Meeting. New York：1908：82.

② LOVEJOY O R. Will Trade Training Solve the Child-Labor Problem? . The North American Review，1910，191（655）：775.

③ 同①. 当时多数州都有自己的童工委员会或类似组织，如哥伦比亚地区童工委员会（Citizen's Child Labor Committee of the District of Columbia）、肯塔基童工协会（Kentucky Child Labor Association）、马里兰州童工委员会（Maryland Child Labor Committee）等就是以这种方式开展工作的。

作年龄。多数州将 14 岁作为分界线，14 岁以下儿童不得进入任何工作领域；也有少数州规定 12 岁或 16 岁为分界线。第二，限制工时。一些州要求儿童每天工作不超过 8 小时，一周工作不超过 48 小时；还有些州为禁止儿童上夜班而斗争。第三，提升儿童进入工厂的标准。随着对童工的限制越来越严格，一些州开始要求儿童在求职时出示雇用凭证、年龄或出生凭证、教育凭证，以及身体健康凭证等。第四，要求强制入学。在保护童工的过程中，强制入学成为各州童工法的重要条款，且各州要求的学习时限越来越长。第五，限制儿童的工作领域。多数州会就童工的工作领域进行限制，禁止儿童进入一些高危领域或不适合儿童从事的职业。如康涅狄格州 1886 年规定 13 岁以下儿童不得从事任何制造业、商业、机械类的工作，1913 年又将 13 岁提升至 16 岁。到 1920 年多数州都限制 16 岁以下儿童进入煤矿、制造领域工作。第六，限制街头童工和在剧院、公共展览中雇用童工。1915 年之后，各州开始对街头童工及公共场所的童工进行限制。多数州禁止 12 岁以下儿童在街头工作，一些州还对允许雇用街头童工的城市标准进行限制，如特拉华州 1915 年的童工法规定，只有人口超过 20 000 人的城市才允许雇用街头童工，男童 14 岁以下，女童 16 岁以下不得在街头工作[①]。亚拉巴马州则规定，人口达到 25 000 及以上的城市方可雇用街头童工，但年龄必须在 12 岁以上（女童 18 岁以上）[②]。第七，规定儿童的最低工资。1912 年马萨诸塞州第一个通过了最低工资法，1913 年又有 8 个州效仿，到 1919 年有 13 个州及哥伦比亚特区规定了童工的最低工资标准[③]。

2. 联邦立法的有限成果

在各州纷纷为童工立法的同时，通过联邦立法解决童工问题的决议被一再提出。支持联邦介入童工问题的改革者们主要考虑到以下问题：第一，他们希望通过联邦政府的呼吁，激起全国范围内对儿童福利包括童工问题的关注。第二，希望通过联邦立法来统一各州的立法行为，一方面敦促还未颁布

① SUMNER H L，MERRITT. E A. Child Labor Legislation in the United States. Washington，D. C.：Government Printing Office，1915：386.

② 同①382.

③ 杨明玉．美国童工法发展述论．法治与社会，2015（3）：279.

童工法的各州尽快着手立法，避免不合理的竞争优势[①]，另一方面为已颁布童工法的各州统一标准，尽快贯彻实施。第三，希望在联邦的统一规定下彻底解决童工问题，以避免在一些州出现无视法令、包藏隐匿童工流动的现象。虽然多数州颁布了自己的童工法，但执行力并不强。即使面临被处罚的危险，一些制造商依旧大量雇用童工，且各州之间存在大量的童工流动问题，如当田纳西州明令禁止雇用童工后，大批童工向南卡罗来纳州流动[②]，1913 年俄亥俄州禁止雇用 15 岁（女童 16 岁）以下儿童后，他们跑到西弗吉尼亚州的惠灵谋求新职业[③]。从根本上来讲，这种流动无益于全美范围内童工问题的解决。因而必须有一种国家层面的努力来确保既得的成果不被淹没，保障各州的立法得到切实执行。

1909 年，第一次白宫儿童会议（White House Conference on Children）召开，就儿童福利及童工问题进行讨论。之后每 10 年都例行召开一次白宫会议，在联邦层面探讨有关儿童的所有事宜[④]。但事实证明，通过联邦立法来解决童工问题比召开白宫会议要困难得多，关于是否需要联邦政府介入童工问题，并没有在美国童工委员会内部达成一致意见，并最终导致了委员会的分裂和衰落。1906 年，艾伯特·贝弗里奇提出禁止将那些雇用童工的工厂生产的产品用于州际贸易，这是通过联邦立法解决童工问题的第一次尝试，却导致了美国童工委员会内部一些温和南部派的辞职，其中包括委员会的创立者之一——墨菲[⑤]。最终，罗斯福总统考虑到该法案的合宪性，并没

---

① 因为各州童工法标准不一、执行力度不同，且有些州根本没有童工法，因而在某种程度上导致标准较高的州的工厂生产成本相对较高，大量投资者转移到没有为童工立法的州，或对童工限制不高、保护不严的州。这就在一定程度上形成了不合理的竞争优势。如果不及时解决，那些已制定高标准严要求的州不免会为了竞争优势放弃相关标准和要求。

② BEVERIDGE A J. Child Labor Laws. The Journal of Education，1908，68（12）：330 - 331.

③ ABBOTT G. Federal Regulation of Child Labor，1906 - 1938. Social Service Review，1939，13（3）：418.

④ 1909 年第一次白宫会议主要探讨未独立儿童（dependent children）的照料问题，1919 年第二次白宫会议集中探讨儿童福利标准问题，1930 年白宫儿童会议主要关注儿童健康和儿童保护问题，1940 年关注儿童与民主问题。

⑤ 以墨菲为代表的部分美国童工委员会成员代表了温和的进步主义者一派，他们认为联邦的介入将使问题变得更为复杂，因为当时南北方之间的经济竞争正激烈地上演，各种矛盾已激烈化，联邦的介入会让童工问题更为棘手的南方认为北方插手了南方事务，遏制了南方工业发展，这样会违背改革的初衷，削弱改革的动力。参见 HINDMAN H D. Child Labor：An American History. M. E. Sharpe，2002.

有签字同意，但总统对另外两个提议给予了支持：第一，联邦政府对童工问题进行大规模调查；第二，成立联邦儿童局（U. S. Children's Bureau）。虽《贝弗里奇法案》没有获得通过，但全国性的儿童福利改革却取得了进展。1910—1913 年，联邦劳工局（U. S. Bureau of Labor）共发布了 9 卷本的调查报告，公布了童工的相关数据和问题。同时，联邦儿童局也于 1912 年成立，其宗旨在于“调查并报告与儿童福利和生活相关的所有事宜”①。

1914 年，一部与《贝弗里奇法案》类似的《帕尔默·欧文法》（The Palmer-Owen Bill，1914）被提上议程。在这部法案中，除了禁止雇用童工的工厂进行州际贸易之外，还提出了儿童进入工厂的最低年龄限制为 14 岁，对 14～16 岁童工实行 8 小时工作制的要求。该法案虽在参议院中获得多数支持，但最终还是未能通过。1916 年，又一部童工法案《基廷-欧文法》（Owen-Keating Act，1916）出台。与之前不同，这部堪称“美国 1933 年之前最重要的、意义最深远的经济社会法”② 最终通过国会于 1916 年 9 月 1 日由伍德罗·威尔逊总统签字同意，成为第一部联邦童工法律。该法禁止任何工厂雇用 14 岁以下童工，禁止矿区雇用 16 岁以下童工，禁止14～16 岁童工晚 7 点至早 6 点工作，禁止儿童日间工作 8 小时以上，禁止每周童工工作 6 天以上的工厂生产的产品用于州际贸易。但 1918 年 6 月 3 日，最高法院以国会无权干预各州生产领域的事务为由，宣布《基廷-欧文法》违宪，还未开始全面实施的联邦童工法就此夭折。但其中一些条款，如儿童进入工厂最低年龄为 14 岁、8 小时工作制等已经被一些州纳入童工法修订案中，这是该法案的最大收获。在某种程度上，可以说《贝弗里奇法案》首次以联邦政府的名义为雇用童工树立了标准，而《基廷-欧文法》则固定了这些标准。

在此之后，另辟蹊径的国会以宪法第十六修正案为依据，于 1919 年通过了一部《童工税法》(Child Labor Tax Law of 1919)，规定对雇用 14 岁以下或 14～16 岁童工每日工作超过 8 小时，以及每周工作 6 天，晚 7 点至早 6

---

① LINDENMEYER K. A Right to Childhood：The U. S. Children's Bureau and Child Welfare 1912－1946. University of Illinois Press，1997：23.

② LINK A S，CATTON W B. American Epoch：A History of the United States Since the 1890s. New York：Alfred A. Knopf，1963：71.

点工作的工厂，除正常依法纳税外，每年加收 10%的收益税。1922 年，该法也被判违宪，但该法案的基本精神如 14～16 岁儿童 8 小时工作制也已渗透进各州的立法之中。1924 年，基于前两次童工立法违宪的教训，联邦政府转而支持另一项限制童工的宪法修正案，授权国会限制、管理、禁止对 18 岁以下劳工的雇用，但最终也没有获得多数州的支持。反对者们给出的论据是，童工问题已经没有 20 世纪初期那么突出，通过联邦立法完全消灭童工是不现实的，且各州已经在童工立法中取得明显成效，立法权应继续留在各州。

直到大萧条时期，通过联邦立法干预童工问题才再次提上议程。1933 年的《全国工业复兴法》（National Industrial Recovery Act）专门提出了滥用童工问题，并对全行业的最低入职年龄做出规定。两年之后该法案再次被最高法院宣布无效。之后，联邦政府又致力于另一份法案《公平劳工标准法》(Fair Labor Standards Act of 1938）的出台由罗斯福总统签署通过。该法除沿袭《全国工业复兴法》的基本内容之外，又增加了最低工资标准、最高工时限制等，因而也被称为《联邦工资和工时法》（Federal Wage and Hour Law)，同时该法第一次对童工进行了法律上的界定，禁止在州际贸易中雇用 16 岁以下童工①。

由以上可以发现，联邦立法限制童工其实受到诸多阻挠，因为它僭越了各州在雇用劳工和管理生产中的权利。只有在大萧条的特殊时期，联邦政府干预经济成为共识时，包括童工在内的劳工权利才能越过各州被统一规定和管理。至此，美国终于有了第一部真正意义上的童工法。但该法对于解决童工问题到底发挥了多大作用，值得商榷。虽然它标志着雇用童工的相关规定终于纳入了联邦法律，美国拥有了全国统一的童工法标准。但是，该法案对棉纺厂、玻璃厂、煤矿厂的一些限制其实已经过时，这些领域的问题已基本解决。此时，童工问题的重点已经转移到了农业、街头童工，而该法并未有

① RODRIGUEZ A A. Federal Child Labor Policies in America，1912 - 2002. Howard University，2002：68 - 69.

所涉及。从这种意义上讲，联邦法的颁布对童工问题的解决其实贡献甚微[①]。因而，也有人称这部法律是一次“无功的、空虚的胜利”[②]。

三、强制入学作为“最好的童工法”

在通过立法解决童工的不合理雇用问题的同时，公众的注意力逐渐从如何保护儿童身心免受伤害转移到如何使儿童更好地生存和发展。而后一问题又激发公众更加审慎地思考儿童的自然权利问题，儿童的成长与养育问题，儿童与社会进步、国家存续的关系问题。这一系列问题的提出使公众意识到：强制入学，让儿童接受教育是发展儿童身心、维护儿童权利、解决童工问题的重要手段，更是缓和社会矛盾、增强国家经济实力的最佳途径。它不仅要求父母为儿童提供教育，更要求父母将儿童送至学校接受教育，正是在这种意义上，强制入学成为“最好的童工法”。

1. 强制入学与童工法

各州童工法的颁布和执行的确可以在一定程度上限制童工的发展，未达到规定年龄的儿童或被工厂解雇，或很难像以前一样轻松地进入工厂。但童工法也会导致越来越多的儿童无所事事。与进入工厂相比，儿童的无所事事所引发的社会问题更令人担忧。在这种情况下，强制儿童进入学校成为多数人的共识，“在工厂将儿童排斥在外时，学校的大门应该为他们敞开。如果儿童从工厂中出来后只是闲散游荡或为非作歹，那将没什么好处。各州除禁止父母将儿童作为劳动力去获取利润，同时应强制父母给予儿童获得教育的权利……如果我们仅强迫儿童从工厂中走出来，而没有继续强制他们进入学校，那我们仅成功了一半”[③]。

之所以选择以强制性的方式让儿童入学，原因在于对那些没有受过教育

---

① SANDERSON A R. Child Labor Legislation and Labor Force Participation of Children. Journal of Economic History，1974，34（1）：297－299.

② MCAHREN R W. Making the Nation Safe for Childhood：A History of the Movement for Federal Regulation of Child Labor，1900－1938. University of Texas，1967.

③ NCLC. Child labor and Social Progress：Proceedings of the Fourth Annual Meeting. New York：1908：65，79.

的父母而言，教育的价值不值一提，如不强制性地将他们的孩子送至学校，他们就认为可以逃脱法律规定的义务，继续控制和决定儿童的命运。在一些地方，父母隐瞒、虚报儿童年龄，开具孤儿证明或贫困证明是很容易的事，儿童拿着证明就可以进入工厂工作。而且，对一开始就反对童工法的工厂主而言，除非有强制性的法令和规定，否则对一般性要求和建议，他们总是置若罔闻。

强制入学往往作为童工法的必要补充而出现，各州或单独制定强制入学法，或在童工法中对强制入学做出具体规定①。事实上，强制入学与童工法总是交织在一起，“它们一直齐头并进，一项事业的成功往往伴随或跟随着另一项事业的成功”②。在一些州，强制入学法与童工法常常同时进行，或者强制入学法先行，紧跟着出台童工法。又或者相反，先出台童工法，紧跟着出台强制入学法。另外，几乎每部童工法都规定了童工的工作时间，目的不仅在于保护童工，更在于为童工接受一定程度的教育规划出时间。因而有一种观点认为，除非童工法伴随着强制入学法，否则童工法就是一个“笑话”，“当下的关键议题在于使儿童进入学校，而非将他们排斥于工厂之外”③。威斯康星州童工委员会甚至明确地指出，“我们不仅在寻找一部实用的、现代的童工法，同时也在寻找一种州的教育体系，包括强制教育法和逃学法”④。在他们看来，强制儿童接受教育就意味着儿童远离工厂，远离无所事事。一部强制教育法在本质上就是一部童工法，在很大程度上，“强制教育法本身就是最好的童工法”⑤。而且，如果儿童在学校能够有所收获，将来便可以更好地进入社会，成为更有效率的劳工。致力于儿童福利的改革者们还希望强制儿童入学政策能在一定程度上启发和激励儿童重新思考自身

① 20 世纪之前，一些州仅在童工法中对强制入学做出规定。但到 1918 年，全美各州几乎都通过了自己的强制入学法。

② DAVIDSON E H. Child Labor Legislation in Southern Textile States. University of North Carolina Press，1939：preface.

③ TRATTNER W I. Crusade for the children：A History of the National Child Labor Committee and Child Labor Reform in America. Quadrangle Books，1970：84.

④ PARKER F. Compulsory Education：the Solution of Child Labor Problem. The Annals of the American Academy，1908：46.

⑤ FULLER R G. Child Labor and the Constitution. New York：Thomas Y. Crowell Company，1923：28.

的价值，避免北卡罗来纳州的悲剧，“对教育的遗忘使该州付出了沉痛的代价”，“1890年，北卡罗来纳州26%的白人没有读写能力，这意味着1/4的人完全被遗忘……而被遗忘的人满足于这种状态”①。

在解决童工问题时，童工法更多的是从消极层面禁止儿童进入工厂或从事相关职业，但并不能使儿童不再顽皮，也不能提升和改善儿童的处境，因而在拯救童工方面的效果是有限的，而强制入学则从积极方面着手，不仅使儿童远离工业领域造成的身心伤害，更将儿童投入一种新的环境，给予儿童一种肯定性信念，为成就另一种人生奠定基础。

2. 强制入学与儿童的自然权利

在考虑将强制入学作为解决童工问题的主要手段的同时，公众对于儿童的认识也在深化。过去主要基于对儿童境遇的怜悯与同情，此时已经转移到对儿童尤其是儿童权利的重新认识上。儿童和青少年研究的深入开展使人们意识到，童年期是人生的一个特殊阶段，与成人不同，处于童年期的儿童在生理、心智和精神方面尤其独特。他们的身体在发育，心智在逐渐成熟，具有了一定的精神意志和自我定位。作为一个人，儿童拥有正常出生（normal birth）、身体保护（physical protection）的权利；作为一个儿童，他拥有接受有用的教育（useful education）、度过快乐的童年（joyous childhood）、继承文明遗产（inheritance of the accumulated riches of civilization）的权利。过去将儿童送至工厂的做法表明，国家过于关注物质财富的增长，而忘记了合众国的宗旨和人类自身的福祉，儿童的公民身份（citizenship）被忽视了，“我们不该被误导，我们追求的是为儿童的公民身份做准备，这并不能通过所谓的‘禁止法令’（童工法）来达成，这些法令只是在一定程度上使达成目标成为可能”②。在保护儿童的身体不被随意侵害的同时，儿童还有发展心智和精神意志、成为合众国良善公民的权利。因而必须将教育权还给儿童，让儿童接受知识文化和道德，为合众国的未来做好准备。

① COOPER W J. The American South：Vol. Ⅱ. New York：McGraw-Hill，1990：582.

② LOVEJOY O R. The Function of Education in Abolishing Child Labor//NCLC. Child labor and Social Progress：Proceedings of the Fourth Annual Meeting. New York：1908：82.

归还儿童的教育权也必须以强制的方式进行，因为那些不爱学习、不喜欢学校而更喜欢自由的儿童往往因心智不成熟而在学校与工厂之间做出欠妥的决定——进入工厂，这对他们的未来而言并非是最理性的选择。因而就需要某种强制性的指令暂时帮助儿童做出相对理性的决定，待他们学习了一定的知识，有了一定的理性能力时，再对自己的未来职业做出自由规划。

需要指出的是，通过接受教育成为社会公民的自然权利并非只针对童工，这是每一个适龄儿童的权利。因而强制入学的对象不仅包括那些被工厂解雇后无所事事的儿童，也包括从未接受过教育的适龄儿童、辍学者以及虽满足雇用条件取得雇用凭证但按照规定需通过夜校、工厂学校等在工作之余继续接受教育的儿童。提供教育的学校类型也不一而足，全日制的公立学校、夜校、贸易培训学校、继续教育学校、工厂学校、教区学校、业余学校等都成为强制入学的执行机构，且童工越多、移民越多的城市创办的学校类型就越多。以夜校为例，截至 1900 年，在美国的 145 个大城市中，仅夜校就开办了 845 所，招收学生 203 000 人①，有效降低了劳工接受教育的成本，使劳工可以在不放弃工作的前提下接受教育，同时工厂主也不会为此而失去劳动力，受到雇主、儿童和劳工家庭的大力支持。

3. 强制入学与社会矛盾

公众能够就强制入学问题达成共识，还有一个重要的原因，就是儿童的无知带来的社会问题。大量童工在被工厂解雇之后便无所事事、四处游荡，酗酒、打架、聚众闹事是常有的事，早婚、早育、违法犯罪更是猖狂，这对社会而言无疑是沉重的负担。而那些能够继续待在工厂的童工，成长环境更是恶劣，不良玩伴、煤烟灰尘、道德败坏、恶语相向等在工厂里盛行，再加上紧张的工作任务，儿童所受的罪绝对比在街上晃荡更严重②，且由于不识书认字，无法读懂说明书操作机器，无法领会工厂的规章制度，往往出现效

---

① CARTER L K. Evening Schools and Child Labor in the United States，1870－1910. The Journal of Economic History，2010，70（2）：458.

② NCLC. Child labor and Social Progress：Proceedings of the Fourth Annual Meeting. New York：1908：69.

率低下、调皮捣蛋、破坏机器的行为。有数据证明，愚昧无知的人比受过教育的人更容易犯罪，更容易成为社会的寄生虫，而愚昧孩童的恶习和闲散会更加削弱社会进步的动力。有观点认为，父母允许孩子在愚昧无知中长大就是在对儿童犯罪，也就是在对州犯罪。如果因为对儿童的忽视而使儿童堕落成为罪犯，就该去责备父母、责备社会及每一个允许这种事情发生的公民①。19 世纪末 20 世纪初，少年法庭、惩戒所、教养院逐渐多起来，起诉罪犯、维系监狱和救济院已成为各州的负担。公众逐渐意识到，各州虽一直在关心儿童、保护儿童，却始终忽视和延误了一项重要职责——发展和教育儿童，在这种意义上，“多办一所学校，就可以关闭一所监狱”。

因此，强制入学也成为预防儿童犯罪的重要途径。一方面，各州试图通过强制入学来抑制儿童犯罪，提升儿童的道德水平，防止道德败坏引发更为严重的社会问题；另一方面，工厂主也意识到让儿童学习知识有利于他们读懂说明书，学会正确地操作机器，理解规章制度和纪律规范，提升工作效率。对儿童自身而言，进入学校有利于“规训他们的心灵，使他们适应那些超过当前欲望所能满足的预期的状态”②。正如纽约州教育委员会的贝德塞·诺思拉普所言，“你愿意让警察把你的孩子拽到学校吗？我的回答是，是的。如果它能防止几年后将我的孩子拖进监狱”③。

4. 强制入学与国内外形势

强制入学政策的出台除解决童工问题、缓和社会矛盾之外，还在一定程度上满足了 19 世纪后期以来国内外形势的需要。重建期间，各州虽不同程度地吸纳了移民，也意识到移民群体为各州经济恢复和发展做出了巨大贡献，但在 1880—1890 年，美国的本土主义者对国外移民的反对之声依旧此起彼伏。据统计，从 1860 年到 1900 年的 40 年间，有近 1 400 万移民进入美国，而从 1900—1915 年，仅 15 年就新增移民 1 450 多万④。他们大都到纽

---

① NCLC. Child labor and Social Progress：Proceedings of the Fourth Annual Meeting. New York：1908：64 - 65.

② JOHNS D R. Child Labor：Foe to the School，Feeder to the Penitentiary. Journal of Education. 1907，66 (10)：259.

③ NORTHRUP B B. Annual Report of 1889. Bureau of Education，1889：493.

④ 林克，卡顿．一九〇〇年以来的美国史．北京：中国社会科学出版社，1983：11.

约、波士顿、芝加哥、匹兹堡、圣路易斯等工业化大城市谋生，在那里他们常常想方设法与同胞取得社会与文化联系，形成封闭的居住圈。来自世界各地的移民各占一隅，保留着自己独特的风俗习惯与文化传统，美国逐渐变成了一个由各种宗教、文化、风俗拼凑起来的“熔炉”。到 20 世纪，置身于美国下城[①]的街道，随处可见各种肤色的“新美国人”步履匆匆，各种语言不绝于耳。这使美国本土的公众感到焦虑，移民扰乱了他们原本清静的生活，他们要“寻求新秩序”，建立起美国文化的标准，对移民进行同化。在这种情况下，“学校对任何民族的重要性都旗鼓相当。在美国，公立学校另有一种特殊功能就是使每一名孩子美国化”[②]，强制入学作为同化移民的重要手段得到多数州的支持。

另外，强制入学也迎合了美国参与国际竞争的需要。19 世纪末 20 世纪初，美国已经成为世界强国，完成了从农业化国家向工业化国家的转变。与德国、俄国、法国等欧洲国家相比，美国在经济上已经能够与它们并驾齐驱，甚至在一些指标上超越老牌欧洲强国，稳居世界第一。但在文化教育方面，美国学校的招生人数、入学人数、人均知识水平和学历水平却远远地落后于别国，这让美国意识到，必须通过强制入学的方式，从基础教育开始，提升公众的知识水平，以在未来的国际竞争中取得优势。德国成为美国效仿和赶超的对象，在美国人看来，正是德国完善的教育体制使其在经济上远远领先于自然资源丰富得多的其他欧洲国家，“拥有最高教育水平的国家目前正在取得重大进步，尽管我们的财富增长的也很快，但却不能与之比肩”[③]。美国也必须把教育作为后盾，用教育来推进社会的福祉、政府的善行、文明的进步。

---

① 下城（downtown），美国老牌的工业和商业大都市或市中心，在经历了最初的繁盛之后逐渐被上层人士抛弃，他们选择在远离市中心的郊区居住，从郊区开车到市中心工作，然后再回到郊区的家里。取而代之的是一些中下层积聚在下城生活、工作。关于下城的具体内容，可参见福格尔森．下城：1880—1950 年间的兴衰．上海：上海人民出版社，2010.

② EISENBERG M J. Compulsory Attendance Legislation in America，1870 - 1915. University of Pennsylvania，1988：25.

③ NCLC. Child labor and Social Progress：Proceedings of the Fourth Annual Meeting. New York：1908：64.

四、各州强制入学法的出台

基于各种考量，强制入学最终成为各州解决童工与社会问题的最重要手段。各州基于自身的具体情况，对强制入学的对象、年龄、学习期限、学习方式、学习内容等做了不同的规定，或单独制定强制入学法，或在童工法中对强制入学做出具体要求。强制教育法通常会限定一个年龄段，要求此年龄段内的儿童必须进入学校接受教育。法令也对违反者提出惩罚措施，同时提出某些可以免于入学的条件。截至 20 世纪 20 年代，几乎每个州都通过了某种形式的强制入学法，在全美掀起了一场因拯救童工而引起的“强制入学运动”。

1. 早期的强制入学传统

美国其实很早就有强制教育的传统，1642 年、1647 年马萨诸塞州分别通过《马萨诸塞湾法案》(Massachusetts Bay School Law) 和《老骗子撒旦法》(The Old Deluder Satan Act)。前者鼓励父母在学习和劳作上对儿童加以教育，使儿童能够阅读并理解“宗教原则与资本主义法则，理解自己在促进社会公共福祉方面所担任的角色”[①]，同时任命市镇管理委员会监督父母、监护人及儿童本人，对不遵守法令者施以惩戒。后者则规定，凡拥有 50 户以上居民的市镇需配备至少 1 名教师，拥有 100 户以上居民的市镇需建立 1 所文法学校，费用由当地居民、儿童的父母及监护人共同承担，对不遵守该法令的市镇处以罚款，直到其履行职责。虽然这两部法令有强制教育的意味，但与强制入学法不同，它们并没有强制儿童必须入学接受教育，也并没有对儿童接受教育的方式加以说明。虽有惩戒措施的威慑，但事实上，市镇委员会在发现某些家庭的经济状况捉襟见肘时，常常网开一面，加上早期公众法律观念的淡薄，强制执行又需要额外的成本支出，因而早期强制教育的执行力是极低的。

---

① SIDWELL B A. The Changes and Trends in Child Labor Legislation in the United States Since 1900. University of Southern California，1927：53.

早期通过强制入学限制童工的做法也不胜枚举。早在 1836 年，马萨诸塞州就通过法律，禁止 15 岁以下儿童在制造业工作，除非他们在过去一年中接受过至少 3 个月的教育。但直到 1852 年，马萨诸塞州才通过第一部真正意义上的“强制入学法”。该法要求 8～14 岁儿童每年必须进入学校学习 12 周，其中必须有 6 周是连续性的，违反该法令者将被处以 20 美元以下的罚款，同时将面临被起诉的可能[①]。1862 年，面对逃学和犯罪的青少年日益增加的情况，马萨诸塞州对该法令进行了修订，1866 年又针对童工日盛的情况，要求 10～14 岁童工必须每年接受不少于 6 个月的教育。

康涅狄格州也早在 1842 年就有了类似于马萨诸塞州的强制教育要求，该州于 1872 年通过第一部《强制入学法》，要求 8～14 岁儿童每年至少接受 3 个月的教育，否则处以 100 美元以下罚款，且对纵容儿童缺勤逃学的父母处以相应的罚金。同时，法令要求学校为接受过规定时限教育的儿童授予相应的教育凭证，并在找工作时向雇主出示[②]。

纽约州曾于 1853 年通过《逃学法》限制儿童四处游荡，后又经过多次修订，到 1874 年，纽约州通过了第一部《强制入学法》，要求 8～14 岁儿童每年至少接受 14 周的公立或私立学校的教育，14 岁以下儿童不得进入工厂做工[③]。但与之前的强制教育法类似，自通过之日起，多数强制入学法“都只是一纸失败的文书”[④]，对入学标准的要求很低，一般只要求儿童在学校或类似教育机构学习一段时间（3～6月）即可，约束力和强制力有限，监督和执行机制也不成熟。19 世纪末之前，大部分强制教育法对两种处境的儿童予以豁免：贫穷和距离学校太远。据统计，19 世纪末之前，有 55%的强制教育法给予贫困学生以豁免权，82%的强制教育法对距离学校太远的儿童不做强制性要求，同时对以上两种情况豁免的法律占 37%[⑤]。另外，如果学

---

① ENSIGN F C. Compulsory School Attendance and Child Labor：A Study of the Historical Development of Regulations compelling Attendance and Limiting the Labor of Children in a Selected Group of States. Iowa City：The Athens Press，1921：52.

② 同①98.

③ 同①120.

④ 同①.

⑤ EISENBERG M J. Compulsory Attendance Legislation in America，1870 - 1915. University of Pennsylvania，1988：13.

区没有足够的校舍与座位可容纳所有学生，儿童也可暂时免于入学，如亚利桑那州、科罗拉多州、路易斯安那州、新泽西州、俄亥俄州的强制教育法都有对豁免权的相关规定。这也从侧面解释了为什么19世纪末之前各州不断修订和完善相关法律却收效甚微、屡屡受挫。

2. 19世纪末20世纪初各州强制入学运动进入新阶段

到19世纪末20世纪初，当童工数量已经超过预期，公众意识到工厂环境已经对儿童身心造成严重伤害，需要重新思考儿童的处境，妥善安置儿童时，强制入学再次成为公众的选择。加上此时美国的民主实验确实需要公众接受一定程度的教育，消除移民及其后代身上的“不民主特质”，使其成为真正的美国公民。作为取缔童工的“最好途径”，强制入学或被纳入童工法，或单独立法，与此相关的诉求出现于各州的抵制童工运动中。从19世纪70年代起，强制入学法在各州普遍建立起来（见表3-2）。

表3-2　美国各州通过强制入学法的时间及相关规定（1870—1915）

州名	首部强制入学法通过日期（年）	最初强制入学年龄限制（岁）	最初强制入学学习时限	1915年强制入学年龄限制（岁）	1915年强制入学学习时限	通过或修订强制入学法的数量（1870—1914）（部）
亚拉巴马州	1915	8～16	80天	8～16	80天	1
亚利桑那州	1875	8～14	16周	8～16	1学期	4
阿肯色州	1909	8～16	1/2学期	8～16	1/2学期	2
加利福尼亚州	1874	8～14	2/3学期	8～15	1学期	6
科罗拉多州	1889	8～14	12周	8～16	1学期	4
康涅狄格州	1872	8～14	3个月	7～14	1学期	10
特拉华州	1907	7～14	5个月	7～14	5个月	2
佛罗里达州	1915	8～14	80天	8～14	80天	1
佐治亚州	……	……	……	……	……	……
爱达荷州	1887	8～14	12周	8～18	1学期	5
伊利诺伊州	1883	8～14	12周	7～14	1学期	6
印第安纳州	1897	8～14	12周	7～16	1学期	4
艾奥瓦州	1902	7～14	12周	7～17	24周	4

续前表

州名	首部强制入学法通过日期（年）	最初强制入学年龄限制（岁）	最初强制入学学习时限	1915 年强制入学年龄限制（岁）	1915 年强制入学学习时限	通过或修订强制入学法的数量（1870—1914）（部）
堪萨斯州	1874	8～14	12 周	8～16	1 学期	3
肯塔基州	1896	7～14	8 周	7～12	1 学期	4
路易斯安那州	1910	8～14	18 周	8～14	4 个月	3
缅因州	1875	8～15	12 周	7～15	1 学期	7
马里兰州	1902	8～12	1 学期	8～14	1 学期	4
马萨诸塞州	1852	8～14	12 周	7～14	1 学期	12
密歇根州	1871	8～14	12 周	7～16	1 学期	10
明尼苏达州	1885	8～16	12 周	8～16	1 学期	6
密西西比州	……					
密苏里州	1905	8～14	1/2 学期	8～14	1/2 学期	2
蒙大拿州	1883	8～14	12 周	8～14	16 周	5
内布拉斯加州	1887	8～14	12 周	7～16	1 学期	5
内华达州	1873	8～14	16 周	8～16	1 学期	3
新罕布什尔州	1871	8～14	12 周	8～14	1 学期	5
新泽西州	1874	8～13	12 周	7～16	1 学期	12
新墨西哥州	1891	?	3 个月	7～14	1 学期	3
纽约州	1874	8～14	14 周	8～14	1 学期	12
北卡罗来纳州	1903	8～16	—	8～12	4 个月	6
北达科他州	1883	8～14	12 周	8～16	1 学期	10
俄亥俄州	1877	8～14	12 周	8～15	1 学期	9
俄克拉何马州	1907	8～16	3～6 个月	8～16	开学日的 66%	2
俄勒冈州	1889	8～14	12 周	9～14	1 学期	
宾夕法尼亚州	1895	8～13	16 周	8～14	1 学期	4
罗得岛州	1883	7～15	12 周	7～13	1 学期	6
南卡罗来纳州	1915	8～14	1 学期	8～14	1 学期	1
南达科他州	1883	8～14	12 周	8～17	1 学期	84

续前表

州名	首部强制入学法通过日期（年）	最初强制入学年龄限制（岁）	最初强制入学学习时限	1915年强制入学年龄限制（岁）	1915年强制入学学习时限	通过或修订强制入学法的数量（1870—1914）（部）
田纳西州	1905	8～14	14周	8～14	50～80天	2
得克萨斯州	1915	8～14	100天	8～14	100天	1
犹他州	1890	10～14	16周	8～16	20周	4
佛蒙特州	1867	8～14	3个月	8～16	1学期	12
弗吉尼亚州	1908	8～12	12周	8～12	12周	1
华盛顿州	1871	8～14	3个月	8～15	1学期	8
西弗吉尼亚州	1897	8～14	10周	8～15	24周	3
威斯康星州	1879	7～15	12周	7～14	6个月	9
怀俄明州	1876	7～16	3个月	7～15	1学期	4

资料来源：EISENBERG M J. Compulsory Attendance Legislation in America，1870－1915. University of Pennsylvania，1988：8－11.

马萨诸塞州（1852年）和佛蒙特州（1867年）在1870年之前已通过强制入学法。1870—1915年，除了佐治亚州和密西西比州，全美共有44个州通过了首部强制入学法，其中1870—1889年通过的有24个州，在1890—1915年通过的有20个州，且南方的立法进程普遍慢于其他地区，东北地区比其他地区通过和修订法令更频繁。佛蒙特州、纽约州、新泽西州在这段时期均颁布和修订了12部法律，而全美在这段时期共通过了237部强制入学法（见表3－3），平均每年通过5.4部。一时间，是否通过了强制教育法被看作各州有没有进步的标准之一，如宾夕法尼亚州公共慈善委员会（The Board of Public Charitics）在提议通过强制入学法时说道："世界都在前进，难道我们宾夕法尼亚要甘于落后吗？"同时各州在制定强制入学法时多受到其他州的影响，如堪萨斯州1874年通过的强制入学法几乎就是1871年密歇根州强制教育法的翻版①。截至1918年，全美所有州都通过了某种形式的强

① EISENBERG M J. Compulsory Attendance Legislation in America，1870－1915：University of Pennsylvania，1988：8－11.

制入学法。

表 3-3　　1870—1915 年间强制入学法数量变化表

时间（年）	获得通过的法律数量（部）
1870—1879	16
1880—1889	22
1890—1899	43
1900—1909	83
1910—1915	45
总计	237

资料来源：EISENBERG M J. Compulsory Attendance Legislation in America，1870-1915，University of Pennsylvania，1988：19. 此表格中 1870—1879 年间的立法数量不包括南部重建时期的法律。

由强制入学法通过的年份和趋势（见表 3-3）可以看出，1890—1915 年间强制入学法的数量增长幅度最大，从 1880—1889 年的 22 部增加到 1900—1909 年的 83 部，增长了近 4 倍。与本章第一节表 3-1 对比之后会发现，童工数量变化趋势与强制入学法发展趋势是一致的，童工数量急剧增长的 20 年（1890—1910 年）也是强制入学法通过与修订最频繁的阶段。这在一定程度上证明，强制入学法是顺应童工发展趋势而颁布和修订的。

各州虽都通过了自己的强制入学法，但由于情况不一、过程复杂，不同州的法律特色及执行力度差异很大。总体而言，各州同时考虑到了儿童入学的以下几个方面的要求：一是规定儿童的强制入学年龄。从表 3-2 可以发现，多数州（32 个）在出台第一部强制入学法时将强制入学年龄限定在 8～14 岁，还有个别州（2 个）将入学年龄限制在 12 岁以下，只有 6 个州规定 16 岁以下儿童必须入学接受教育，3 个州规定在 15 岁以下必须入学接受教育。而到 1915 年，将强制入学年龄限定在 16 岁以下的州增加到了 15 个，另外还有两个州要求 17 岁以下儿童必须入学接受教育，一个州甚至将入学年龄提升到了 18 岁。可见从第一部法律颁布开始，各州逐渐延长了儿童入学期限，对强制入学的要求也越来越高。二是对儿童的学习时间进行限制。最初，多数州在强制入学法中规定儿童需在学校接受 12 周（3 个月）的教育，但到 1915 年，差不多有 70%的州要求儿童至少在学校接受一学期（4～5 个月）的教育，还有个别州要求儿童至少接受半年教育。可见随着强制入学法的颁布和修订，各州对儿童接受教育的要求也在不断提升。三是规定免于守法的条件。前面已经提到，多数州会因儿童家境贫困、距离学校较远或校舍缺乏而对学生免于强制性要求。除此之外，有些州会考虑儿童的其他情况并给予一些豁免权，如对那些已完成某种程度的教育、患有某种身体或心理疾病的儿童，州政府也多会网开一面，允许儿童提前离开学校进入工作领域。到1914年，差不多全美各州都广泛确立起对某些学生的豁免原则与条件①。

除此之外，有些州还对强制入学的学校类型和教育内容提出要求。如马萨诸塞州曾要求儿童必须在公立学校接受教育，要求儿童不仅要接受通识教育，更要接受与工业相关的技术性、职业性教育。其他州则并未对强制入学的学校类型进行限定，但他们多要求学校教授一些工业知识和职业技能。后来基于宪法第一和第十四修正案，各州不能制定法律要求儿童只能进入公立学校。父母或监护人有权为儿童选择在哪里以及如何为儿童提供教育，只要不违背州的法律即可②。

在颁布和修订强制入学法的同时，各州还延长了学期长度，增加了对学童的财政资助，以使儿童可以更长久地待在学校。据统计，从1880年到1915年，各州学校对学生的人均支出从6.05美元增加到23.72美元，增长了近4倍，学校的学期长度从130.3天延长到159.4天（见表3-4）。这从侧面为强制入学法的执行提供了支持，并与强制入学法一起推进了儿童福利运动的进程。

表3-4　　1880—1915年美国学生人均支出及学期时长变化表

年份（年）	人均支出（美元）	学期时长（天）
1880	6.05	130.3
1885	7.26	130.7
1890	8.33	134.7

① MUNEY A L. Were Compulsory Attendance and Child Labor Laws Effective? . An Analysis from 1915 to 1939. The Journal of Law & Economics，2002，45（2）：403.

② KOCH C. A Historical Review of Compulsory School Attendance Laws and Child Labor Laws. University of Wyoming，1972：47-48.

续前表

年份（年）	人均支出（美元）	学期时长（天）
1895	9.63	139.5
1900	10.83	144.3
1905	15.72	150.9
1910	18.58	157.5
1915	23.72	159.4

资料来源：Eisenberg M J. Compulsory Attendance Legislation in America，1870 - 1915，University of Pennsylvania，1988：2.

五、强制入学法的执行与保障机制

在强制入学法颁布之后，各州纷纷开始执行法令，要求未达到法定雇佣年龄或辍学的儿童进入学校接受教育。在这一过程中，州政府不断修订和完善童工法和入学法令，逐步提高对儿童的雇用标准和教育要求，让儿童更长久地待在学校。同时，一些州还通过调查走访的形式探索强制入学法背后的深刻原因。此外，为了解决贫困儿童及其他无法入学儿童的问题，各州及地方政府通过经济资助设立专职劝学员、监督员等为强制入学法的切实执行提供保障，解决特殊儿童群体的后顾之忧。

1. 强制入学法的执行

各州颁布的强制入学法并非一劳永逸，很多州结合童工法对强制入学法多次进行修订和完善，对儿童入学做出规定。正如前文提到的，1870—1917 年，纽约州、佛蒙特州、新泽西州均颁布和修订了 12 部强制入学法，下面以纽约州为例来看该州在强制儿童入学方面所做的持续性努力（见表 3 - 5）。

表 3 - 5　纽约州强制教育法和童工法发展轨迹

1886——《1886 年童工法》(Child Labor Law of 1886) ● 禁止 13 岁以下儿童进入任何工业领域； ● 对违法者处以罚金。

续前表

1889——《1889年童工法》(Child Labor Law of 1889) ● 将禁止儿童进入工业领域的最低年限从13岁提升至14岁； ● 不得雇用16岁以下儿童，除非他能掌握基本的读写技能。
1894——《1894年强制教育法》(Compulsory Education Law of 1894) ● 要求8～12岁儿童接受全日制教育； ● 要求12～14岁儿童接受全日制教育，但若他们曾在一年中连续入学80天，则允许他们进入工作领域； ● 14岁以上儿童不要求进入学校接受教育。
1903——《报童与街头摆卖法》(Newsboy and Street Trade Law) ● 禁止在上课时间和夜间雇用报童，或让儿童在街头摆卖。
1903——《1903年强制教育法》(Compulsory Education Law of 1903) ● 将强制教育年龄从14岁提升至16岁； ● 将儿童能够被合法雇用的年龄从12岁提升至14岁。只有小学毕业才可被合法雇用，14岁才可辍学。已完成5A段学业但未小学毕业的儿童需要接受每周6小时，一年16周的夜校学习，直到年满16岁； ● 健康委员会和教育委员会需协调好。
1903——《童工法》(Child Labor Laws) ● 只有在儿童递交的材料能够证明他已年满14岁，且在14岁之前曾接受过至少130天的教育，健康委员会才可为其发放工作凭证； ● 为了工作而伪造年龄将受到罚款处罚。
1909——《1909年强制教育法》(Compulsory Education Law of 1909) ● 儿童入学年龄从7岁提升至8岁； ● 14～16岁未接受过初等教育的儿童可以通过上16周（每周8小时）的夜间贸易学校来达到入学要求。
1909——《雇佣凭证法》(Employment Certificate Law) ● 有限的雇佣凭证办法给那些在过去12个月中，已在日间学校完成5B段学业，且至少出勤130天的儿童。
1913——《雇佣凭证法》 ● 将获得雇佣凭证的学业要求从5B提升至6B。
1914——入学局（Bureau of Attendance）成立 ● 协调并提升强制教育法的有效性。
1917——《强制入学法》(Compulsory Attendance Law）和《工作凭证法》(Work Certificate Laws) ● 对那些在找工作者改变最低教育要求； ● 之前接受过业余学校教育，获得工作凭证的14岁儿童今后需完成小学阶段的全部教育才能获得工作凭证。15岁和16岁儿童依旧可以拿到工作凭证。

资料来源：STAMBIER M. The Effect of Compulsory Education and Child Labor Laws on High School Attendance in New York City，1898－1917. History of Education Quarterly，1968，8（2）：190－191.

从 1886 年到 1917 年，纽约州的强制入学标准越来越高，年龄限制越来越严苛，要求接受的教育年限越来越长，且监督执行的举措越来越完备。当然，纽约州只是整个美国的一个缩影，除它之外的各州在强制入学解决童工问题中都付出了长久努力。康涅狄格州作为起步较早的州之一，也曾分别于 1886 年、1893 年、1895 年、1911 年、1913 年、1915 年、1917 年通过相应的《童工法》《强制入学法》《逃学法》来解决童工问题。威斯康星州也是如此，1877 年，《童工法》禁止 12 岁以下儿童进入工厂，1879 年《强制入学法》要求所有 7～15 岁儿童每年在公共学校接受 12 周的教育，1885 年任命工厂督查监察劳工的合法雇佣问题，1889 年《强制入学法》将儿童最低工作年龄提升至 13 岁，1891 年又将这一年龄提升至 14 岁，1903 年再次立法要求 7～14 岁，以及 14～16 岁非长期童工接受一整个学年的教育，且指派劝学员、工厂督查员监督该法的执行情况等。1906 年、1911 年、1913 年又进一步完善相关法令。马萨诸塞州 1898 年通过强制入学和逃学法令对儿童入学提出七大要求：（1）将儿童在校学习的最短期限从 6 个月延长至 8 个月；（2）将 8～14 岁儿童每年强制入学 30 周修订为 7～14 岁儿童需在学校开学期间按时出勤；（3）儿童旷课 5 天或 10.5 小时，授权劝学员（truant officer）可直接控诉其父母；（4）将儿童进入工厂、作坊、贸易公司的最低年龄限制由 13 岁改为 14 岁；（5）将所有 16 岁以下儿童需要出示雇佣凭证；（6）在公立学校开学期间，14 岁以下儿童不得在任何领域工作赚钱；（7）儿童的年龄凭证和上学凭证应被仔细保管①。1905 年，该州教育委员会秘书乔治·马丁又建议：（1）通过州层面的适当立法为所有 14 岁以下儿童提供至少 36 周的初等教育；（2）这种教育应该包括各种形式的工业训练；（3）在上学年龄段，不允许儿童外出工作赚钱，因为这会对儿童的健康和品行造成损害；（4）即使考虑到家庭的贫穷，也不能在禁止外出工作方面有任何豁免和例外；（5）为了将强制入学和禁止雇佣法令付诸实施，应派专员监督执行，若地方在该问题上松懈怠惰，则派州层面的官员去监督执行②。

---

① ENSIGN F C. Compulsory School Attendance and Child Labor. The Athens Press，1921：71-72.

② MARTIN G H. Child Labor and Compulsory Education. The Journal of Education，1905，62（5）：131.

由此可见，进步时期各州为解决童工问题做出了持续性努力，这种持续性一方面证明了改革者和立法者对解决童工问题的决心和信念，另一方面也反映出公众在接受和遵守相关法律方面的浅薄、消极的态度和意识，这在某种程度上也回答了为什么 19 世纪末期之前的童工法多沦为“一纸空文”，没有被很好地执行。

在通过强制入学限制童工的同时，一些州还试图通过调查来统计强制入学法的实施情况，下表为 1888—1889 年康涅狄格州对 1886 年《强制入学法》实施情况的调查结果（表 3－6)。通过对该结果的分析，康涅狄格州提出了进一步的修订计划，对儿童进入工厂的年龄、年龄凭证、教育凭证的重要性进行了重新界定。

表 3－6　　康涅狄格州 1886 年《强制入学法》实施情况调查表

走访城镇	52
调查案例	1 976
走访家庭	1 329
因合法理由未上学人数	937
● 没有衣服	112
● 由于身体或心理疾病	204
● 合法工作	621
因非法理由未上学人数	598
● 对学校教育缺乏重视	533
● 非法工作	65
上学人数	601
改革学校或工业学校儿童人数	16
救济所（county home）儿童人数	14

资料来源：ENSIGN F C. Compulsory School Attendance and Child Labor. The Athens Press，1921：103.

由表 3－6 可以看出，尽管各州通过各种努力来完善和修订强制入学法，大批儿童依旧游离在学校之外。以威斯康星州为例，尽管从 19 世纪 70 年代开始就通过各种立法强制儿童接受教育，但到 1890 年，该州依旧有 31 993 名 7～13 岁儿童游离在校门之外，占了该州该年龄段儿童总数的 11%，到 1895 年，该比例降低至 6%，但依旧有 17 500 名适龄儿童未进入学校接受教育①。

① ENSIGN F C. Compulsory School Attendance and Child Labor. The Athens Press，1921：214.

布茨认为，造成这种结果的根本原因在于公众并没有真正从思想上接纳强制入学政策[①]，这种观点其实在很大程度上也适用于童工法。早期，公众普遍认为，儿童是否入学或进入工厂是家庭（父母）内部的选择，童工法特别是强制入学法在某种程度上侵犯了家庭对于儿童的控制权和决定权。这种情况持续到了 20 世纪初，各州都致力于童工问题的解决，在潜移默化中就形成了一种“竞争”关系，且一些全国性组织定期公布各州的工作进展，给各州形成了一些压力。更重要的是，一些州为童工家庭提供与童工工作收入相当的津贴，以解除童工家庭的后顾之忧。加上公众儿童观和教育观的逐渐改变，认为儿童应该有比现在更好的生活和未来，因而 20 世纪初成为美国各州童工立法的高潮期，也是各州入学率迅速提升、童工率迅速下降的时期。

2. 强制入学法的其他保障举措

各州强制入学法的颁布在很大程度上是为了回应 19 世纪末 20 世纪初公众对儿童的关注，作为“最好的童工法”的强制入学法常常与童工法一起为童工问题的解决付诸努力。而除了童工法和强制入学法，各州还通过其他形式的各种法令来保障儿童能够进入学校。

南加利福尼亚从 19 世纪 80 年代开始，就意识到了劳工道德水平和知识水平的重要性，试图通过强制入学培养有智慧、有效率的劳工。因而每新建一座工厂，该州就会同时建立起教堂和校舍[②]，使劳工在工作的同时能够就近接受教育和精神洗礼。该州在通过童工法和强制入学法的同时，寻求另外两部法律的协助：其一是通过《出生登记法》记录儿童的出生日期，以便在儿童谎报年龄进入工厂时能适时阻止，同时将其列入强制入学名单；其二是通过《婚姻登记法》来提升该州的道德水平，尤其是针对工厂集中区《婚姻登记法》的执行更为严格，以便防止童工逃学后犯罪作恶，早婚早育。这样，《强制入学法》就与《童工法》《出生登记法》《婚姻登记法》达成了某

---

① BUTTS R F. Public Education in the United States. New York：Holt，Rinehart and Winston，1978.

② NCLC. Child labor and Social Progress：Proceedings of the Fourth Annual Meeting. New York：1908：42.

种协作关系，相互促进，为南加利福尼亚的经济、社会、道德水平的发展做出了合理的规划。

伊利诺伊州也为每一位登记在册的儿童做了教育记录，并对这些记录分类归档。当儿童想进入工厂做工时，必须持教育记录表，由其父母带领至学校办公室，当场检测儿童的读写能力。若检测合格，则父母宣读誓词之后才授予儿童毕业年龄证明、教育证明等。

俄亥俄州的辛辛那提主要面临的是街头童工尤其是报童问题，为此该城市专门设立了报童保护协会，使其成员与学校劝学员合作，量刑工作者与少年法庭合作，让更多的儿童进入学校接受教育。另外，辛辛那提设有专门的办公室登记报童的个人信息（姓名和地址），一旦有工作需求，办公室会联系报童，无需求时儿童必须入学接受教育。据统计，在辛辛那提登记在册的400 名报童中，有 322 名都接受过某种程度的教育。

纽约州虽在 1784 年就建立起专门监管和控制教育的州教育委员会，1812 年又成为第一个设立州公立学校督学的州，但 1874 年和 1894 年《强制教育法》并未获得公众的普遍支持。1903 年，纽约州致力于将童工法与强制入学法协调起来设立健康委员会（Board of Health），为 14 岁以上儿童发放工作凭证。只有在儿童提交了出生证明和教育证明时方可申请，教育证明需要儿童出示初等学校毕业证，或者证明其在 14 岁之前曾接受过至少 130 天的学校教育。不满足以上条件者则需要接受每年 16 周、每周 6 小时的夜校学习，直至 16 岁方可拿到教育凭证。同时，纽约州要求健康委员会必须与教育委员会合作，以保证儿童的教育经历真实可靠。在执行纽约州 1903 年《强制教育法》的同时，纽约市要求警察局对每一名学龄儿童进行登记，并且入学办公室还对儿童的逃学情况进行调查。据统计，1902—1903 年纽约市调查了12 082例逃学案件，1903—1904 年调查了 14 435 例，1904—1905 年调查了19 273例[①]。

除了《出生登记法》《婚姻登记法》《逃学法》的配合，教育凭证、雇佣

---

① STAMBLER M. The Effect of Compulsory Education and Child Labor Laws on High School Attendance in New York City，1898－1917. History of Education Quarterly，1968，8 (2)：199.

凭证、身体健康证明的保障以及劝学者、督学、健康委员会的协助外，多数州还试图对免于强制入学的学生给予某种形式的帮助，以使其能像其他儿童一样进入学校接受教育。针对那些因贫困而进入工厂的学龄儿童，一些州决定以公共经费或私人捐助的形式给予童工家庭固定的补助资金，以便儿童可以离开工厂进入学校学习一些基础的知识和技能。针对那些因学校距离家庭太远而免于入学的儿童，一些州决定让儿童就近入学，私立学校、教区学校、夜校、半日制学校等都可以作为儿童接受教育的场所。而那些由于校舍不足而给予豁免权的儿童后来随着各州学校教育体系的扩张和重建而得到了入学机会。

六、强制入学立法运动的影响及评价

随着童工法和强制入学法的颁布实施，20 世纪初，童工数量开始逐渐下降。从本章第一节表 3-1 中可以看出，1910 年之后，美国童工数量开始急剧下降。1910 年，全美童工人数占儿童总数的 18.4%，到 1920 年童工人数仅占儿童总数的 8.5%，而到 1930 年，这一比例更是减少到 4.7%。这样，从 1910 年到 1930 年，美国童工数量共减少了 61.8%[①]，尤其在 1910—1920 年童工实际数量减少了约 93 万。1933 年的 7—12 月，又有约 15 万童工离开工厂或其他危险职业，且这一数字还在继续增长。20 世纪 30 年代末 40 年代初，关于童工的讨论已基本平息，童工运动逐渐淡出公众视野。可以说，在各方的努力之下，拯救童工的运动取得了突破性胜利。对儿童本性及需求的认知、州和地方立法的有效性、社会组织的积极奔走、机械化程度加深对手动工序依赖性的降低、劳联的成长、寡妇体恤金的发放、《社会保障法》的颁布、最低工资法的通过，以及工厂对于中学毕业生需求的增加，所有这些因素共同作用，遏制了滥用童工的现象。

各州强制入学法的颁布、执行无疑为童工数量的减少做出了突出贡献。

---

① U. S. Department of Commerce. Historical Statistics of the United States: Colonial Time to 1970. U. S. Census Bureau, 1997: 75-84, 134.

1870—1920 年，多数州都通过了强制入学的法案，且某一时刻全美所有州都拥有某种形式的强制入学法。后来有两个州废除了强制入学法，一个州修改了法律，允许地方自愿选择是否继续遵守之前的法律；另一州则设立了专门的入学督查（attendance officer）来监督儿童是否入学。总体而言，各州强制入学法在本质上是相似的，都规定了儿童的上学时长、入学年龄限制，及其他一些可以与公立学校教育等同的教育类型。在执行过程中，一些州比另一些州要严格一些。1870 年，仅有不足 5%的人口遵守强制入学法，到了 1910 年，超过 72%的人们自觉遵守强制入学法①。纽约州作为较早进行童工斗争的州，取得了显著成效。据统计，从 1898 年至 1918 年，仅纽约市的小学登记入学人数就从 388 860 增长至 729 992，毕业人数从 9 695 增至 1916 年的 48 690，且中学登记入学人数也从 9 373 增长至63 699②。到 1910 年，尽管仍需要靠工资度日，但宾夕法尼亚州的一些劳工家庭已开始让年幼儿童进入学校，由年长儿童外出工作供给家庭开支。到 1915 年，宾夕法尼亚州官方统计数字显示，超过 90%的 10～14 岁儿童已入学③，且宾夕法尼亚州已经建立起一套完整的继续教育学校体系，要求所有持雇佣凭证的儿童继续接受教育④。1910—1920 年出现另一个明显趋势，即越来越多的已婚妇女外出工作，而儿童几乎都被送进了学校⑤。南卡罗来纳州也发生了同样的变化，在童工的斗争中，棉花厂主意识到，一群有知识的、受过教育的劳工为

---

① LOVEJOY O R. The Function of Education in Abolishing Child Labor. The Annals of the American Academy，1908：82. 也有研究者认为强制入学法并没有为学校入学率的提升做出贡献，认为 19 世纪末 20 世纪美国学校的入学率之所以提升的原因在于各州通过了更具限制性的法律。另外，也有研究者指出，虽然各州坚持执行，但在 1915 年之前强制入学法一直是低效的。相关研究参见 LANDES W M. SOLOMON L C. Compulsory Schooling：An Economic Analysis of Law and Social Change in the Nineteenth Century. 22 J. Econ，Hist，54（1972）；ENSIGN F C. Compulsory School Attendance and Child Labor：A Study of Historical Development of Regulations Compelling Attendance and Limiting the Labor of Children in a Selected Group of States，1921.

② STAMBLER M. The Effect of Compulsory Education and Child Labor Laws on High School Attendance in New York City，1898－1917. History of Education Quarterly，1968，8（2）：192.

③ STEPENOFF B. Child Labor in Pennsylvania's Silk Mills：Protest and Change，1900－1910. Pennsylvania History：A Journal of Mid-Atlantic Studies，1992，April，59（2）：101－121.

④ ENSIGN F C. Compulsory School Attendance and Child Labor. The Athens Press，1921：230.

⑤ STEPENOFF B. Child Labor in Pennsylvania's Silk Mills：Protest and Change，1900－1910. Pennsylvania History：A Journal of Mid-Atlantic Studies，1992，April，59（2）：101－121.

生产带来的益处远远大于没有任何知识和技能的儿童，他们需要更高水平的劳工来与新英格兰地区，甚至英国的棉花厂竞争，因此他们转而支持强制入学法，这在很大程度上推进了公共教育在所有阶层中的发展，促进了入学率的上升①。由此可见，改革运动不仅发生在立法领域，发生在众议院和参议院，更发生在公众尤其是工厂主和劳工之间。虽然两个群体的动机有天壤之别，但从抵制和抗拒童工法到自愿支持儿童入学，总归在实际上促成了童工问题的解决。

同时，强制入学运动也扩展了某种民主权利，使州必须接受法律规定年龄内的所有儿童，而不得因其他原因将之排除在学校外。随着越来越多的儿童进入初等学校，为中学做准备的学生也逐渐增多，这在某种程度上缩小了初等教育与中等教育之间的鸿沟。

然而，当公众转变观念开始接纳学校，将儿童送至学校时，却发现学校与他们想象的相去甚远：学校所教内容并不能满足儿童日益增长的应对工业社会的需求，逃学率猛增，辍学率上升，这同时使儿童犯罪率上升，对学校教育提出了更大的挑战。之后，公共学校面临的最大问题不再是如何强制儿童入学，而是如何更好地适应工业化需求，使儿童能够更持久地待在学校，使学校能够为工业化社会贡献力量。

最后，以童工问题为切入点，我们发现，正如巴茨所言，早期对强制入学法的无视和违背在很大程度上源于公众并没有真正从思想上接纳童工法和强制入学政策②。贫困劳工家庭的偏见、贪婪雇主的私心，以及公众的无知，使社会弥漫着一股不愿意为了公共利益和整体福利而牺牲个人利益的气息。而到了进步主义时期，成千上万公众的国家意识逐渐觉醒，开始关注他们的邻居、社区及整个社会的福祉，关注国家的未来，愿意且迫不及待地揭露和弥补社会罪恶。城市的肮脏和拥堵，工业秩序混乱导致的贫穷、堕落，国家物质资源的浪费，政府的腐败等等问题都被揭露出来，且针对每一项罪

---

① Parker F. Compulsory Education，the Solution of Child Labor Problem. The Annuals of the American Academy，1908：48.

② BUTTS R F. Public Education in the United States. New York：Holt，Rinehart and Winston，1978.

恶，他们都要求出台相应的对策。他们聚集在公共机构、慈善所、社团组织中，试图改良政治，治疗社会疾病。儿童救济组织的成立将儿童从救济院转移到了温暖的家庭；牛奶供应量的提高为儿童提供更好的营养，减少了婴儿死亡率；少年法庭、感化所、减刑体制的建立，拯救了失足儿童；公园和操场的建立，为儿童的社会活动提供了新的场所；童工法和强制入学法的颁布，使数以百万计的儿童回归校园。在这整个过程中，理解进步时期公众的国家意识和公共责任感显得尤为重要。而体现在童工运动中，似乎可以表达为公众对于安全感的期待。在一个急剧转型的社会环境之下，当整个国家都在寻求一种“确定性”时，每个个体其实也在寻求稳定性和安全感。公众对于童工问题的关注，在本质上也是对自身所处的国家及社会的关注。童工问题的解决有利于净化政治与社会环境，消除不稳定因素，进而实现公众对于稳定性和安全性的诉求。同时，童工问题的解决又在很大程度契合了美国的民主、平等精神。因而，一经揭露，童工问题立即引发了普遍关注，而人道主义作为遮掩政治诉求（社会稳定）的一种个人或团体情怀，恰恰成为解决童工问题强有力的推手。最终，这种公共意识使儿童避免了“当他们长大成人，将自己与其他同龄人进行比较时，他们会清晰地看到，甚至敏锐地察觉到他们低人一等——在身体、心理、灵魂上低人一等。这种低下不是天生的，而是幼年时期的奴役所造成的”[①]。也正是在这种意义上，旨在拯救童工的强制入学立法运动成为进步时期实现社会正义的最伟大的斗争之一。

---

① National Child Labor Committee. Child Labor and the Republic. New York: National Child Labor Committee, 1907: 116.

第四章
学校实验的兴起

一、新学校“图谱”

二、整体改革的范例：库克学校与杜威学校

三、课程改革的范例：密苏里大学初等学校

四、教学改革的范例：道尔顿制

19 世纪末 20 世纪前期，伴随着社会生活的急剧变化和新的社会文化观念的形成，美国各地相继自发出现了一些新的教育探索，陆续建立了一批日后被称为“新学校”、“进步主义学校”或“儿童中心学校”的新型学校。这些学校实验或教育探索虽然在出发点、所要达到的目的以及理论基础、实验方案等方面都存在着种种差异，但大多具有反对旧学校、反抗传统教育、强调适应新的社会需要的鲜明特征。这些探索和实验不仅构成了这个时期教育改革大潮的重要组成部分，而且深刻地影响了 20 世纪美国学校教育的发展趋势。

一、 新学校“图谱”

19 世纪末 20 世纪前期，美国究竟存在着多少新学校、多少新的教育实验，或许很难有精确的统计。这是因为一方面，尽管通过报纸报道、家长或校友的宣传以及相关负责人的介绍，很多学校和实验为时人所知，但这并不意味着所有新的教育探索都被记录，因而难以知晓；另一方面，由于教育界和公众对什么是“新”学校和“新”教育的认识充满歧义，难以形成一个相对统一的标准进行界定，因此也不易确定新学校或新教育实验的确切数量(顺便说一下，这里所谓的新学校并不意味着是新建的学校，而是指那些进行了新的教育实验或探索的学校，不论这些学校是为了进行教育实验新建的，还是已经存在了一段时间)。

不仅新学校的数量难以确定，对新学校进行分类也同样是一个非常艰巨的任务。但是，如果不对数量不详的新学校实验进行分类，并在此基础上对不同类型实验的共同特征加以概括，就不可能把握这个时期美国各地开展的教育革新探索的总体趋势。

对不同的新学校实验进行分类或许有多种方法。一种方法是对新学校实验所具有的总体价值取向进行概括。例如，杜威父女在 1915 年出版的《明日之学校》中先后介绍了十余所学校实验，分析了这些学校存在的共同倾向，并认为这些倾向反映了美国教育的一般趋势。杜威指出，新学校的共同倾向表现在：(1) 都致力于抛弃那种只适合于小部分人和专门阶级的课程，而朝向一种将真正地代表一个民主社会的需要和条件的课程；(2) 都强调学生健康的重要性，认为身体发展是智力发展的基础；(3) 都注重儿童活动的教育意义；(4) 强调兴趣的作用；(5) 对教育与民主关系的进一步认识；等等[①]。

尽管如此，这些学校之间存在的差异是非常明显的。在这些学校中，既包括约翰逊的有机教育学校这样具有显著“儿童中心”特点的学校，也有旨在提高学校“社会效率”的葛雷学校；既有梅里亚姆的密苏里大学附属小学和哥伦比亚大学师范学院附属幼儿园这样由大学或附属于大学的教育机构开办的私立学校，也有印第安纳波利斯第 45 公立学校和印第安纳波利斯第 26 公立学校等公立学校。如果深入不同学校实验的理论基础、实验目的，则将发现更大的差异。

在《明日之学校》出版 30 多年后，鲁格在其《美国教育基础》一书中列了一份从 1875 年到 1920 年先后出现的进步主义学校名单（鲁格名单），共计 31 所学校[②]。尽管“鲁格名单”中也包括库克实习学校、文纳特卡学校（Winnetka Schools）等公立学校，密苏里大学附属小学、杜威学校、贺拉斯·曼学校、艾奥瓦大学附属小学、哥伦比亚大学师范学院林肯学校等大学

---

① 杜威．学校与社会·明日之学校．北京：人民教育出版社，2004.

② 这 31 所学校包括：1. 1875—1880 年：昆西公立学校，马萨诸塞州；2. 1883—1901 年：库克县师范学校实习学校，芝加哥市；3. 1880 年：伦理修养学校（Ethical Culture School），纽约市；4. 1887：贺拉斯·曼学校，师范学院，纽约市；5. 1896—1904 年：杜威学校，芝加哥市；6. 1904 年：密苏里大学附属小学；7. 1907 年：有机教育学校，亚拉巴马州费尔霍普；8. 1912 年：公园学校，马里兰州巴尔的摩市；9. 1913 年：埃奇伍德学校（Edgewood School），康涅狄格州格林维奇；10. 1913 年：城乡学校，纽约市；11. 1915 年：华尔登学校（Walden School），纽约市；12. 1915 年：艾奥瓦大学附属小学，艾奥瓦州艾奥瓦市；13. 1915 年：林荫山学校（Shady Hill School），马萨诸塞州剑桥市；14. 1917 年：哥伦比亚大学师范学院林肯学校，纽约市；15. 1917 年：莫雷纳公园学校（Moraine Park School），俄亥俄州代顿市；16. 1917 年：创造教育学校（Institute for Creative Education），加利福尼亚州；17. 1919 年：剑桥学校（Cambridge School），马萨诸塞州；18. 1919 年：切维·切斯学校（Chevy Chase School），华盛顿特区；19. 1919 年：文纳特卡学校（Winnetka Schools），伊利诺伊州文纳特卡市；20. 丹尼森市学校（Downers Grove School），伊利诺伊州里弗福雷斯特；21. 1919 年：塔山学校（Tower Hill School），特拉华州威明顿；22. 1920 年：道尔顿学校，纽约市；23. 1921 年：伯奇-沃森学校（Birch-Wathen School），纽约市；24. 1921 年：比弗乡村日校（Beaver Country Day School），马萨诸塞州栗树山；25. 1921 年：小红校舍（Little Red Schoolhouse），纽约市；26. 1923 年：斯卡伯勒学校（Scarborough School）；纽约州斯卡伯勒；27. 1923 年：约翰·伯勒斯学校（John Burroughs School），密苏里州克莱顿；28. 1923 年：黑森山学校（Hessian Hills School），纽约克罗顿；29. 1923 年：欧佳谷学校（Ojai Valley School），加利福尼亚欧佳古；30. 1924 年：解放学校（Manumit School），纽约州保林；31. 1929 年：罗杰·克拉克．巴拉德学校（Roger Clark Ballard School）。RUGG H. Foundations for American Education. New York：World Books Company，1947：569 - 570.

附属学校，但大多数均为私立学校，如公园学校、城乡学校、华尔登学校（Walden School）、林荫山学校（Shady Hill School）、莫雷纳公园学校（Moraine Park School）、切维·切斯学校（Chevy Chase School）、塔山学校（Tower Hill School）、比弗乡村日校（Beaver Country Day School）、小红校舍（Little Red Schoolhouse）、欧佳谷学校（Ojai Valley School）等等。更值得注意的是，与杜威父女举例的学校不同，鲁格提及的“新学校”或“进步主义学校”主要是“儿童中心学校”。

如果仔细分析鲁格所列举的“儿童中心学校”，就会发现尽管总体倾向存在着一定的共性，但事实上，不同学校之间的差异是非常明显的，尤其是在学校实验所依据的理论基础方面。例如，库克实习学校实验的理论基础既有裴斯泰洛齐、赫尔巴特的思想，也受到福禄培尔理论的影响；帕克学校实验的指导思想则主要是帕克的理论；杜威学校的理论基础无疑是杜威自己的教育哲学；约翰逊的有机教育学校则既受益于卢梭的思想，也受到19世纪末20世纪初美国心理学的影响。其他学校实验的情况也大体如此。可以说，上述30余所进步主义学校在理论基础方面很少有相同之处。易言之，差异性和多样性是19世纪末20世纪前期美国学校实验的基本特征。在这种情况下，试图从学校实验的理论基础、实验本身等出发对不同的学校实验进行分类，是非常困难的。

还有一种可能的分类依据是根据学校本身的“财产属性”进行分类，但这种分类缺乏实际意义。原因是，不论是公立学校，还是大学附属学校，都存在着与私立学校相同的具有“儿童中心”倾向的实验。学校实验的理论基础和价值取向与学校的财产属性之间并不存在直接的逻辑关系。

根据学校实验负责人的背景进行分类也是一种可能的选择。笔者曾经根据学校实验负责人的背景试图对这个时期的进步主义学校进行分类，认为除杜威、梅里亚姆等少数大学教授之外，早期进步主义学校的大多数负责人都是工作在中小学的教师或校长：库克、约翰逊、佩里·史密斯、普拉特、凯瑟琳·泰勒等等[①]。但进一步分析也可以看到，这种依据也同样存在问题。

---

① 张斌贤．教育与社会变革．北京：中国社会科学出版社，2012.

这是因为，职业背景的不同也并不能反映学校实验在指导思想和理论基础等方面存在的差异。杜威和梅里亚姆都是大学教授，但这并不影响其实验的指导思想具有浓厚的“儿童中心”色彩。

不同学校实验本身所涉及的内容范围或许可以作为相对客观并且较为确定的“标准”对不同学校实验进行分类。这是因为，不论学校实验的指导思想或理论基础是什么，也不论实验是否达到了实验者期待的目的，实验本身所涉及的内容范围是相对客观的，而且是可以进行比较的。因此，相比其他各种分类依据，这种依据是较为确定的。

如果采用这种依据进行分类，那么，大致上可以将 19 世纪末 20 世纪初各种新学校实验划分为三类：第一类是以库克实习学校和杜威学校为代表的实验，这类实验内容的范围涉及学校的方方面面，因此可以称为学校的整体改革实验。除了这两所学校外，约翰逊的有机教育实验也是学校整体改革的范例。第二类是以梅里亚姆负责的密苏里大学初等学校为典型，这类实验侧重于学校的课程改革，包括对课程的设置、组织和教学的改革。事实上，这也是诸多新学校实验的共同着力点。第三类实验以道尔顿制为范例，以教学的组织方式和教学方法的革新为重点。

二、整体改革的范例：库克学校与杜威学校

帕克的库克实习学校和杜威学校不仅是这个时期较早开始的学校实验，也是影响较大的实验。库克学校由于一些服膺帕克思想的教育家，如弗洛拉·库克、卡尔顿·沃什伯恩[①]的努力，实验的指导思想在而后开展的实验中（如帕克学校、文纳特卡计划）继续发挥作用。而杜威学校虽然并没有直接的后继者，但因为杜威在《学校与社会》等著作中较为系统地阐明了学校实验的指导思想和目的，这些内容构成了杜威早期教育思想的重要组成部分，因而得以广泛扩展。

1. 库克实习学校实验

1883 年，帕克离开波士顿来到芝加哥库克县师范学校（Cook County

---

① 卡尔顿·沃什伯恩，学界通常译为“华虚朋”。

Normal School）担任校长，直到1899年辞职。此前，帕克曾于1875—1880年间任马萨诸塞州昆西市公立学校督学。在任期间，帕克综合卢梭、裴斯泰洛齐、赫尔巴特和福禄培尔等人的教育思想，从“儿童必须是教育经验的中心”这一指导思想出发，大力推进公立学校的课程教学改革，成效显著。这一实践成果被称为“昆西制度”（Quincy System）或“昆西方法”（Quincy Method），随后帕克声名鹊起。

（1）库克学校实验的指导思想。

库克县师范学校建于1867年，由职业培训班（the Professional Training Class）和实习学校（the School for Practice）两个部分组成。帕克在库克学校实验的指导思想主要包括三个方面：第一，把儿童当作教育过程的中心；第二，整合不同学科，以增进儿童对课程的理解①；第三，将学校建设成为民主社会。

在帕克看来，“儿童是上帝所有造物中的登峰造极之作”②。因此，关于儿童本性、儿童成长规律等方面的知识对于良好教育教学环境的创造是绝对必要的。过去所有真正的教育改革都源于儿童研究，未来的教育进步也将同样来源于此③。在库克学校，帕克把儿童真正当作中心和焦点，学校中所有的条件都随着儿童需要的变化而变化，使儿童可以在不受阻碍的环境中学习和游戏④。帕克进一步指出，活动是儿童的天性。因此，他主张通过活动进行教学，让儿童通过“做”进行学习：“这个伟大的真理——‘做’中‘学’——无论我怎样重复也不会过分”⑤，“所有智力的和道德的发展都要通过儿童的自发活动，自发活动是儿童发展不变的规律”⑥。

帕克的集中理论（Concentration）主要受赫尔巴特和福禄培尔的影响。

---

① CREMIN L A. The Transformation of the School. New York：Vintage Books，1961：131.

② PARKER F. Talks on Pedagogics：An Outline of The Theory of Concentration. New York & Chicago：E. L. Kellogg & CO.，1894：3.

③ PARKER F. An Account of the Work of the Cook County and Chicago Normal School from 1883 to 1899. The Elementary School Teacher and Course of Study，University of Chicago，1902，2（10）：776.

④ HEFFRON，Francis Wayland Parker：An Interpretive Biography. Los angels：Ivan Deach，Jr. Publisher，1934：49.

⑤ PARKER F. Talks on Teaching. New York & Chicago：E. L. Kellogg & CO.，1896：168.

⑥ 同②25.

帕克把赫尔巴特的心理学和集中学说称为“灵感的源泉和教育工作整体方向的引导”[①]。此外，帕克也吸收了福禄培尔的统一性（unity）观点。他指出，“从福禄培尔那里我们得到了关于人类灵魂统一性的崇高观念”，强调身体、智力和灵魂的统一，思想和行动的统一是集中理论的目的所在。

在库克学校，帕克完成了其主要教育著作——《关于教育学的谈话》。在其中，他系统阐释了自己的集中理论。该书的扉页上画有一幅年轮状的“集中理论图解”。与赫尔巴特以学科为中心的集中原则不同，帕克的集中原则是以儿童为中心的。图形的中心是儿童，围绕儿童排列的一圈是地理学、历史学、地质学、矿物学等一系列核心学科（central subject）[②]，再往外围是观察、阅读、语言倾听等注意方式（modes of attention），然后是制作、造型、绘画、素描、演讲、写作等表达方式（modes of expression），最外圈是形状（form）、数量（number）等判断方式（modes of judgment）。帕克认为，所有核心学科具有内在相关性。各种注意、表达、判断方式相互配合使各门学科的学习处于一种和谐的状态。儿童通过各种注意方式吸收各学科的学习材料，然后通过各种表达方式创造性地表达自己的思想，各种判断方式也渗透其中，最终实现思想与行动的完美结合[③]。按照这种集中的原则最终形成以儿童为中心的完整的、综合的课程体系。

在帕克看来，人类进步的目标是自由，而民主制度是唯一能使人获得自由的政治制度[④]，而“离开有效的公立学校教育，民主是不可能实现的”[⑤]。因此，学校中的社会因素是所有因素中最重要的，公共教育是自由国家的基础，公立学校是民主社会的孵化器。基于此，帕克指出，每一所公立学校都应该成为一个理想的家庭、一个完整的共同体（community）和雏形的民主

---

① PARKER F. Talks on Pedagogics: An Outline of The Theory of Concentration. New York & Chicago: E. L. Kellogg & CO., 1894: Preface.

② 帕克将地理学、地质学、矿物学、物理、化学、植物学、动物学、人类学、天文学、气象学、历史等与儿童早期生活经验直接相关的学科称为“核心学科”。

③ PARKER F. An Account of the Work of the Cook County and Chicago Normal School from 1883 to 1899. The Elementary School Teacher and Course of Study, University of Chicago, 1902, 2 (10): 769-770.

④⑤ 同①451.

社会[①]。帕克设想，在公立学校中所有的儿童，不论阶级、民族、教派、贫富以及性别，都从小在一起共同生活 8～12 年，互相交流、互相合作、互相学习[②]。这样就可以增进儿童之间的相互理解，消除他们之间的偏见和隔阂，最终促成民主社会的形成。帕克坚信，只有民主的方法即尊重儿童自己的选择的教育才能使儿童的灵魂得到解放[③]。

帕克指出，民主的基本原则是个体与集体之间的相互责任——“我为人人，人人为我”(each for all and all for each)[④]。一所学校就是一个共同体，共同体生活对儿童的心灵和道德成长是必不可少的。库克学校尤其注重培养学生的服务精神和责任意识。个体的最高职责在于为集体的最佳利益贡献所有的能量[⑤]。个体在贡献集体的过程中实现自我的成长与发展。这个原则是库克县师范学校所有规则和规章的指引[⑥]，也是帕克在库克实验中的一项重要举措——晨会（morning assembly）的指导思想。

（2）库克学校实验的主要内容。

库克学校实验涉及学校教育的方方面面。但就其实际影响而言，实验的重点包括课程改革、教学改革和管理改革。

一是课程改革。针对学科之间缺乏联系、分化过细、浪费儿童的时间和精力的问题，帕克提出要按照集中的原则整合课程。库克学校的课程安排不是孤立的、割裂的，而是整体的、综合的。各种表达方式互相配合，使得地理、历史、自然、文学等学科的学习相互联系起来，处于一种和谐的状态。例如，地理与艺术、历史和文学等学科联系在一起。地理部主任佐尼亚·巴伯尔对传统的、基于教材的地理教学方法进行了彻底的改革。他带领儿童和实习教师到学校附近观察典型的地貌，如河谷、沙丘、冰川地貌等，让学生通过观察、野外远足和实验获取第一手地理资料。工业远足（industrial ex-

---

① PARKER F. Talks on Pedagogics：An Outline of The Theory of Concentration. New York & Chicago：E. L. Kellogg & CO.，1894：450.

② 同①420－421.

③ 同①.

④ 同①419.

⑤ 同①337.

⑥ HEFFRON. Francis Wayland Parker：An Interpretive Biography. Los angels：Ivan Deach，Jr. Publisher，1934：54.

cursions）把地理和大工业历史的学习联系在一起。然而通过第一手资料学习地理并不意味着完全抛弃地图、图表、书本等间接的知识来源，巴伯尔提醒学生要在直接调查之外合理地使用这些间接的知识[①]。

除了整合课程，帕克还将一些新的学科引入小学教育阶段。帕克把科学作为一门课程引入小学阶段，通过自然研究、观察、实验等方式学习科学。工艺美术课程也被引入小学和中学，并与历史和文学的学习联系起来。音乐、绘画等也被纳入课程体系，这在当时来说是很新颖的。帕克认为，在戏剧表演中仅仅让儿童记忆剧本的内容是不够的，必须让儿童进行剧本创作，通过角色扮演运用语言和行为自然地表达剧本的内容。于是，将编剧和戏剧表演引入学校课程。此外，健康、体育等也被引入学校课程。

二是教学改革。从“做”中“学”的原则出发，库克学校让儿童通过各种活动进行学习。在阅读和写作教学上，学校取消识字课本、初级读物以及拼音字典，代之以学校自己印制的汇集儿童亲身观察和经历的“阅读传单”(reading leaflet)[②]。儿童对印有自己名字和故事的读物具有极大的兴趣，阅读水平得到明显提升。写作也主要通过与其他学科相关的日常写作练习以及儿童在日常交际活动中的实际应用来进行。

教学改革方面最有代表性的举措是手工训练部（manual-training department）的设立。手工训练是一种符合儿童创造性本能并且具有教育意义的活动，是儿童感兴趣的一种重要的教育方式，帕克在这方面做出了开创性的贡献。在没有任何经验的情况下，建立了一个与库克学校相连的手工训练部，首次将手工艺课程引入公立小学教育。富兰克林·帕克指出，帕克的这一举措是美国最早的创举之一，领先杜威在芝加哥大学类似的工作 10 年以上[③]。手工训练与所有科目的学习交织在一起。自然研究、历史、物理、化学、生物、地理、算数等科目的学习设备及实验室设备为手工训练课提供了大量的物品制作的需求。儿童沉浸其中，并始终保持浓厚的兴趣。手工艺发

---

① HEFFRON，Francis Wayland Parker：An Interpretive Biography. Los angels：Ivan Deach，Jr. Publisher，1934：84－85.

② 同①71.

③ PARKER F. Francis Wayland Parker，1837－1902. Paedagogica Historica，1961（1）：123.

展了儿童的肌肉协调性，增强了儿童的意志稳定性，训练了儿童的思维，通过制造物品的成就感而获得愉悦①。此外，在教学过程中教师极为注重直观性原则的应用，尽可能地通过实物、模型或图解等手段进行直观教学，反对抽象的死记硬背。

三是晨会。库克学校的晨会模式不同于以往由赞美诗、祷告、《圣经》等组成的小礼拜堂活动（chapel exercises）。库克学校的晨会活动通常是固定举行并经过精心准备的。每天早上，师范学校和实习学校的全体师生齐聚在大礼堂，每个人都坐在指定的座位上。开场是集体朗诵赞美诗，然后是帕克像牧师一样阅读《圣经》中的一章或者一首美丽的、鼓舞人心的诗歌。接下来的活动通常是学生们通过演讲、绘画，表演音乐、戏剧、舞蹈等方式，展示他们在文学、历史、自然科学课程或对某些节日（历史事件）的学习情况，以及他们对于当前社会、政治、经济的看法。晨会一般不超过 20 分钟，限制时间的目的在于培养有序、严谨、精确的表达能力。每个人从自己的座位上站起来发言，年龄小的儿童甚至站在椅子上。来自全美各地的参观者注意到，晨会使各个年级之间以及教师和学生之间产生了“如兄弟般的尊敬”②。

晨会具有重要的教育价值。首先，晨会使儿童感受到一种团结统一的氛围，儿童都意识到，整体的利益和幸福是他作为共同体成员的责任。其次，晨会为培养表达能力提供了良好的契机，它激发儿童想象和心智活动，训练儿童有效演讲。

晨会是库克学校在教学组织形式改革上的一大创举。它主要体现了帕克的民主社会理想。帕克所理解的民主不仅仅是一种政府管理形式，更是一种集体生活、共同交流经验的方式③。举办晨会的目的是让儿童在自我展示和服务于共同体利益的过程中实现自我价值，它的重点在于师生的共同参与和

① PARKER F. An Account of the Work of the Cook County and Chicago Normal School from 1883 to 1899. The Elementary School Teacher and Course of Study，University of Chicago，1902：763－765.

② SCHMITT N C. Francis Wayland Parker's Morning Exercise and the Progressive Movement. American Educational History Journal，2010，37（1）：112.

③ 同②111.

自我表现，把个人发展与社会进步统一起来。晨会概括了很多帕克的教育原则，包括“集中和相关”、通过真实的生活经验进行教学、身体、心灵和精神在学习中的融合、表达在学习中的重要性、“做”中“学”、合作学习以及服务精神。总之，晨会是一个“熔炉”，使共同体生活融为一体。埃尔伯特·弗雷特韦尔指出，库克学校的晨会不仅直接促进了学校集会在全美的广泛兴起，也成为同时期兴起的把“课外活动”（extracurricular activities）引入学校的趋势的一部分①。

四是管理改革。库克学校是一个大家庭，帕克是这个大家庭的大家长。在学校，男孩和女孩争相围绕着他，年纪小的儿童在身后跟着他或者跟他手牵手一起走，充满自豪感。乍一看这所学校的管理是无序混乱的，但仔细观察就会发现它是一种“有序的混乱”（orderly disorder）②。因为所有的活动都是有计划性的，都是在教师的密切关注之下有条不紊地进行的。

帕克强调儿童的自由，但这并不意味着对儿童放任自流。有这样一个例子：在一个冬季的下着雪的早晨，库克学校的一部分男生任意朝着路人扔雪球，这违反了学校的行为规范。帕克对这种行为采取了独特但有效的惩罚措施。他并没有进行烦冗的训诫，而是在晨会时以巧妙的方式提醒了犯错误的男孩们。平常晨会他跟大家打招呼都是“女士们、先生们，早上好”，而这一次他只说了“女士们，早上好”，没有提到“先生们”，这就引起了大家的注意，有的儿童询问原因，帕克就顺势回答道，“只有当学校的所有男孩都表现得像绅士一样时，我才会用‘先生们’称呼你们”。儿童听到这个回答就知道肯定有男孩违反学校的准则了，犯错的男孩虽然没有受到训诫，但已经意识到了自己的错误③。

帕克认为，学校教育的真正目的在于促进儿童身体、智力和道德的全面

---

① SCHMITT N C. Francis Wayland Parker's Morning Exercise and the Progressive Movement. American Educational History Journal，2010，37（1）：120.

② HEFFRON. Francis Wayland Parker：An Interpretive Biography. Los angels：Ivan Deach，Jr. Publisher，1934：56.

③ 同②68.

和谐发展，或者说儿童性格的和谐发展。性格的发展是无法用分数来测量的。基于奖励诱惑的等级排名、考试学分、升学等是有害的，它们正在“系统地培养儿童的自私”。因此库克学校废除了基于奖励的评价系统，“在共同体理想的支配下，我们发现责任感、集体归属感、被别人认可的期望，甚至对他人的重要性成为对各年级儿童（从幼儿园到中学）意义深远的、起支配作用的道德刺激”[①]。

在帕克和库克师范学校教师的共同努力之下，库克实验取得了巨大的成功。刚开始学校的办学条件极差，教学设施简陋，师资水平低下。在帕克与教师们的共同努力下，情况很快就发生了根本性变化。图书馆、博物馆、实验室、手工训练室先后建立，师资水平有了显著的提高。教师们对改革报以极大的热情，经常自费购买教学材料，“他们跟帕克一样把自己的生命奉献给了他们所信仰的理念”[②]。赖斯把他们称作“最热情、最认真、最进步和最有思想的教师队伍”[③]。学校的改革也逐渐赢得了学生和家长的广泛支持。

1896年，库克师范学校由芝加哥教育董事会接收并更名为芝加哥师范学校。1901年，由于在办学方针上与董事会出现分歧，帕克辞去校长一职。之后，帕克担任由安妮塔·布莱恩资助建立的一所私立师范学院——芝加哥学院（Chicago Institute）的校长。

（3）库克学校实验的影响。

库克实验产生了广泛的影响。赖斯认为，库克师范学校“既是最进步的学校之一，又是最具启发性的学校之一”[④]。鲁格指出，库克学校不仅是一所以儿童为中心的学校，更是一个真正的共同体[⑤]。1894年，杜威在参观了实习学校之后，便将自己的孩子送到那里学习。美国著名心理学家、克拉克

① PARKER F. An Account of the Work of the Cook County and Chicago Normal School from 1883 to 1899//The Elementary School Teacher and Course of Study. University of Chicago，1902，2（10）：760-762.

② HEFFRON. Francis Wayland Parker：An Interpretive Biography. Los angels：Ivan Deach，Jr. Publisher，1934：82.

③ RICE J M. The Public-school System of the United States. New York，1893：211.

④ 克雷明．学校的变革．济南：山东教育出版社，2013.

⑤ RUGG. Foundations for American Education. New York：World Book Company，1947：531.

大学校长霍尔声称："我每年都到这里来，是为了调准我的教育钟表。"① 学校改革在世界范围内引起关注，来自加拿大、英国、挪威、丹麦、德国、日本、南非等国家和地区的参观者络绎不绝。

艾达·赫夫龙指出，帕克在库克学校所倡导的新教育理念引起了美国教育界的广泛关注，"进步"（progressive）、"以儿童为中心"（child-centered）、"学校社会化"（socialized schools）等教育理念已家喻户晓②。帕克在小学教育改革方面的许多工作都具有革新意义，对后来的进步主义教育运动产生了广泛的影响。杜威在 1930 年发表的《新学校存在多少自由》一文中指出，帕克在他那个年代进行了许多教育革新，将许多新事物引入公立学校，晨会就是其中之一，在今天的现代公立学校，晨会已是司空见惯的事情③。

美国至少有 12 所杰出的进步主义学校是由帕克在师范学校的教师成员或直接受帕克教育理念影响的师范学校的毕业生创办或领导的。其中受帕克直接影响的有：由弗洛拉·库克担任首任校长的弗朗西斯·帕克学校、由古德龙·汤姆森担任校长的欧佳谷中学等；受帕克间接影响的主要是弗朗西斯·帕克学校的毕业生领导的第二代进步主义学校，如凯瑟琳·泰勒领导的林荫山学校、帕克学校毕业生史密斯领导的北海滨日校（North Shore Country Day School）、卡尔顿·沃什伯恩（Carleton W. Washburne）创办的文纳特卡学校等。这些学校都反映了帕克教育思想的本质。正因为帕克在库克学校实验对进步主义教育运动的兴起做出的开创性贡献，杜威认为，帕克比任何人都更有资格被称为"进步主义教育运动之父"④。

2. 杜威学校

1894 年，杜威接任芝加哥大学哲学、心理学和教育系主任。此时，杜威已先后出版了《心理学》（1886）、《民主伦理学》（1888）等著作，初步形成了其哲学、心理学和伦理学思想，并期望在实际的运用中加以检验。

---

① HEFFRON，Francis Wayland Parker：An Interpretive Biography. Los angels：Ivan Deach，Jr. Publisher，1934：39.

② 同①113.

③④ DEWEY J. How much freedom in new schools? //BOYDSTON J A. John Dewey，The Later Works，1925－1953（Volume5：1929－1930）. Southern Illinois University Press，1984：320.

（1）杜威学校始末。

通过对芝加哥大学董事会的不断游说，杜威成功获得了开办芝加哥大学附属初等学校（University of Chicago Elementary School，通常称为“杜威学校”）的许可。1896 年 1 月，杜威学校在芝加哥大学附近第 57 街的一座小房子里正式开学，16 名 6～9 岁的学生入学。此后几年，学校数度迁址。鼎盛时期，学校共有 140 名 4～13 岁的学生，23 名教师和 10 名助教。

1902 年，根据埃拉·扬的建议，学校更名为“芝加哥大学实验学校”（University of Chicago Laboratory School）。1903 年秋，芝加哥大学教育学院大楼竣工，学校迁入新校舍，但却面临着与另一所小学合并的问题。早在 1901 年 3 月，芝加哥学院（前身是芝加哥库克师范学校，后并入芝加哥大学后更名为“教育学院”）并入芝加哥大学，实习学校也一同并入。为整合资源，芝加哥大学校长威廉·哈珀和校董会希望将两所初等学校合并。然而，这一想法遭到杜威和杜威学校的教师、学生家长的强烈反对。两所学校的合并最终导致杜威于 1904 年初辞去芝加哥大学的一切职务，转任哥伦比亚大学。随着他的离开，杜威学校停办。

（2）杜威学校实验的目的。

在《大学附属小学的组织计划》、《大学附属小学的课程和方法》（1897 年）等一系列论文中，杜威较为系统地阐述了开办实验学校的目的。他指出，实验学校既不是“实习学校”，也不是“模范学校”，它的基本特征在于它是一个实验的场所（如同物理、化学实验室一样）。而实验的目的则是解释一些以哲学和心理学为依据提出的问题。这些问题包括：第一，如何使儿童的家庭生活与学校教育更密切地联系起来；第二，如何使儿童在学校中学到的知识与他的经验相互联系；第三，如何激发儿童学习知识和技能的动机、兴趣；第四，如何保持儿童的注意力①。

（3）杜威学校的组织与管理。

1898 年，在《大学初等学校工作计划总纲》一文中，杜威第一次具体

---

① MAYHEW K C，EDWARDS A C. The Dewey School. New York：Appleton-Century，1936：24-27.

阐发了他的“儿童发展观”，并以此为实验学校教育和教学组织的理论依据。杜威指出，儿童发展经历三个相互联系的阶段，每个阶段的特点不同，教育和教学的安排也应有所不同。第一阶段：4～7岁。本阶段学校生活和家庭邻间生活的联系尤为密切。儿童大体上从事直接的、社会的外向活动，应不断地增加学生活动作业的复杂性，培养其责任心等。第二阶段：7～10 岁。本阶段应注意通过活动培养学生读、写、算和操作等方面的能力，以促使他们通过一系列的活动获得规律性的知识和工作技能。第三阶段：10～13 岁。本阶段应侧重培养学生思考问题、解决问题和概括总结的能力①，同时这一时期也是儿童开始系统学习专门学科的时期。

根据上述见解，实验学校的教育和教学工作分为三个阶段（前两个阶段各包括一个过渡阶段），学生按年龄分成 11 个班级。第一阶段：包括一班（4 岁）、二班（5 岁）、三班（6 岁）；第一个过渡阶段：四班（7 岁）、五班（8 岁）。第二阶段：六班（9 岁）、七班（10 岁）；第二个过渡阶段：八班（11 岁）、九班（12 岁）。第三阶段：十班（13 岁）、十一班（14～15 岁）②。学校为每个阶段、每个班级安排了不同的活动环境、课程的教学方法，以适应不同年龄儿童的兴趣和需要。

学校创办初期，在学校的组织运行上，教学人员就是行政人员，财务工作由教育系办理。1899 年后，随着组织的不断规范化，学校的管理渐渐明晰起来：一人任校长，联系家长、实习教师以及接待来访客人；一人任副校长，负责课程事宜；一位来自教育系的监督人员，为在此担任助理的教育系学生上课，讨论学校的理论和实践，其他教学人员根据其兴趣和才能自行承担一定的行政工作。

从学校管理角度看，杜威学校最具特色的革新是按照大学系科制建立教

① DEWEY J. University Elementary School：History and Character. University Record，Vol. II（April 2，1897-March 25，1898），No. 8（May 21，1897）. Chicago：The University of Chicago Press，1898：74；The University Elementary School：General Outline of Scheme of Work，University Record，Vol. III（April 1，1898-March 31，1899），No. 40（December 30，1898）. Chicago：The University of Chicago Press，1899：253－253.

② MAYHEW K C，EDWARDS A C. The Dewey School. New York：Appleton-Century，1936：54－55.

师组织。学校划分为科学、历史、家政、狭义的手工训练（木材和金属）、音乐、艺术（绘画、水彩和制陶等）和体育等系[①]。不同的系拥有独立的教室。各系都由受过专门训练的、有经验的教师负责，以更好地处理教学实践中出现的问题。每位教师都有特定的专业领域，并与其他领域的教师合作，共同探讨合理的活动计划，这在很大程度上达到了杜威所设想的“学校将努力把各项工作分别交由专家负责，同时参照统一的原则，通过持续地磋商和掌控不同的学科和职业来保持学校的统一性”[②]。

学校实行民主管理，组织教师委员会，教师在决策中拥有很大的发言权。教师每周举行例会，进行经验交流总结，以修改调整学校计划；学期结束，各班教师还要进行工作汇报，以起到相互借鉴作用，更好地开展实验[③]。

（4）杜威学校的课程改革。

与学校的组织一样，实验学校的课程也是以杜威的儿童心理学理论为依据的。根据杜威的观点，“儿童的本能和能力为一切教育提供了素材，并指出了起点……学校科目相互联系的真正中心不是科学，不是文学，不是历史，不是地理，而是儿童本身的社会活动”[④]。因此，要确定学校的课程，首先就必须研究儿童的本能或冲动及其外在的表现形式——活动。

杜威认为，儿童的本能或冲动主要有四种类型：1）社会冲动，表现为与人交谈、与人分享经验；2）建造的冲动，表现为游戏、活动和制造物品；3）探究的冲动，表现为对周围环境的好奇与调查；4）表现的冲动，表现为以艺术的方式进行交流[⑤]。这些冲动是儿童成长的最大资源。教育机构或教育者的使命在于，为这些冲动的合理表现选择或确定恰当的材料。值得注意的是，杜威认为，无论是本能的意义，还是本能的方向，都需要借助“关于社会现状和文明现状的知识”才能得到确定。因此，确定课程的基础，既是心理学的，又是社会学的。

---

① DEWEY J. School and Society. Chicago：The University of Chicago Press，1907：120－128.

② TANNER L N. The Meaning of Curriculum in Dewey's Laboratory School，1896－1904. Journal of Curriculum Studies，1991（2）：108.

③ MAYHEW K C，EDWARDS A C. The Dewey School. New York：Appleton-Century，1936：69－70.

④ 杜威．学校与社会·明日之学校．北京：人民教育出版社，2004：4，9.

⑤ 同③40－41.

在此基础上，实验学校的课程被确定为三类：1）与现有事务或职业相关的课程，包括木工、金工、缝纫、烹饪等；2）与社会生活背景相关的课程，包括历史、地理等；3）与智力活动相关的课程，包括阅读、书写、算术等。1901年，杜威在总结实验学校课程设置的原因时指出，从这三种学科的内容中，我们可以看到从个人和社会的直接兴趣向间接性与延伸性方式发展的趋势：第一种学科内容不仅为儿童提供在日常生活中直接从事的活动，还可以再现他们在日常生活环境中早已熟悉的社会作业方式。第二种学科内容也具有社会性，但仅仅提供生活背景性内容，而非直接现实。第三种学科内容的社会性则体现在它最终的动机和效果（主张文明社会的学术连续性）上，而非体现在它本身所蕴含的联想和联系上①。

（5）杜威学校的教学改革。

根据杜威的理解，教育和教学的方法在本质上就是如何提供、处理和组织教材②。实验学校所采用的最为基本的方法便是活动，而活动的具体表现形式则是"作业"。

所谓"作业"，是指"复演社会生活中进行的某种工作或与之平行的活动方式"③。例如，儿童用亚麻、棉花和羊毛等原料，经过纺织，最后制作衣服这个作业，便"复演"了纺织工业的发展史。杜威认为，作业具有多方面的优越性。首先，"它使学校有可能与生活联系，成为儿童成长的地方。在那里，儿童通过直接生活进行学习，……这样的学校有可能成为一个小型的社会，一个雏形的社会"。其次，作业使"经验的智力方面和实践方面保持平衡"，并为感官训练提供理想的机会。最后，作业激发了儿童的"完全健康的、永久的、真正具有教育意义的"兴趣④。

杜威学校的活动大都具有"问题解决"的特征，集思考、行动、学习和问题解决于一体。这种假设-检验的教学方法实际上就是杜威日后明确提出的"五步教学法"：第一，将学生置于一个真实的实验场景下，有一项引起

---

① DEWEY J. The Place of Manual Training in the Elementary Course of Study. Manual Training Magazine，1901（2）：193-194.

② 杜威．我的教育信条．北京：人民教育出版社，1994：12.

③④ 杜威．学校与社会·明日之学校．北京：人民教育出版社，2004.

他兴趣的持续活动；第二，在该场景下，出现真实的问题，激发学生思考；第三，占有信息并进行必要的观察以解决问题；第四，发现解决方案，并负责安排好解决顺序；第五，得以运用检验解决方案，清楚地表达其含义并验证其有效性①。

芝加哥实验学校仅仅存在了8年，停办后并没有直接的继承者和仿效者。尽管如此，在美国教育史上，它仍具有不可替代的重要地位。这是因为，首先，它是早期最有计划的进步主义实验学校，它的创办标志着进步主义教育运动的重要开端。其次，无论是杜威学校的原则，还是它的课程和方法，都在以后的岁月中产生了广泛和深刻的影响②。再次，通过它，进步主义教育运动真正形成了一套完整、系统的指导思想——杜威的教育哲学思想。芝加哥实验学校创办之前，杜威虽然发表过《中学的伦理学教育》(1893) 等教育论文，但其教育哲学体系的真正建构，则是从19世纪90年代后期开始的。为实验学校的创办所写的一系列计划、大纲，为《我的教育信条》提供了写作素材，实验学校的实验构成了《学校与社会》《儿童与课程》《教育的兴趣与努力》等重要著作的基础，而正是基于上述实践和创作，才有了《民主主义与教育》，才有了杜威的教育哲学体系。

三、课程改革的范例：密苏里大学初等学校

1903年夏，密苏里大学教育学院成立。次年，该学院开办了一所中学，作为学院的实习学校。1905年，该学院又开办了一所初等学校，主要目的是开展“专业性实验”③。朱尼厄斯·梅里亚姆作为教育学院的教授，同时负责这两所学校前后达20年之久。

1. 密苏里大学初等学校的创办

梅里亚姆认为，公共学校固守传统课程，关注升学，强调为未来生活做

---

① DEWEY J. Democracy and Education. New York：The Macmillan Company，1916：192.

② RUGG，Foundations for American Education. Yonkers-on-Hudson：World Book Co.，1947：515.

③ MERIAM J L. Child Life and the Curriculum. University of Michigan，1920：14.

准备，与现实中严重的辍学问题、人们对家庭及工业社会生活的诉求形成了极大的反差。对儿童天性的漠视使得校内呆板的学生与校外活泼的儿童形成了鲜明的对比。“方式和目的之间的失调，即课程内容和学生、社会需求之间的失调”造成了学校工作中存在大量的资源浪费现象①。

这些问题促使一线教师思考“我如何帮助这些男孩、女孩在所有日常参与的有益活动中做得更好”②。梅里亚姆认为，学生厌恶、离开学校主要是由课程造成的。标准化的传统课程较少顾及学生的个体差异，不顾学生的兴趣和能力③。因此，梅里亚姆试图突破传统学校的重“教学”等弊端，在关涉现代生活、贴合儿童生活的基础上，帮助他们培养良好的生活习惯，使其在日常参与的有益活动中做得更好，进而为家庭和社会生活做准备④。

在学校开办之初，梅里亚姆并没有构想出清晰的教育框架，但前期的教育经历使他意识到课程是初等教育中的重要领域，因此学校的工作重心在课程上。学校最初两年的工作主要是研究、重新安排传统学校的科目，但收效甚微。1907 年秋，初等学校尝试勾勒出一份 8 年制课程大纲作为深化建构课程的基础⑤。

1905 年，初等学校在一栋价值 5 000 美元、占地 2 500 平方英尺的两层建筑里正式开学。整栋建筑有 4 间教室（工作室）：一层 1 间，二层 3 间，室内的桌椅可以移动。占据一层一半面积的是喷泉屋（fountain room），因房间南端的喷泉而得名。喷泉屋是学校的社交中心，兼具礼堂、展览、集会、跳舞、游戏比赛等功能。如喷泉屋的水槽用来学习自然和装饰教室；四周的墙壁用于展览学生作品。二层设有 25×35 平方英尺的图书馆，藏有 2 500 册图书（代替教科书）和 100 箱剪报、照片，是高年级学生学习的主

① MERIAM J L. Fundamentals in the Elementary School Curriculum. Educational Review，1909（37）：390－398.

② MERIAM J L. Child Life and the Curriculum. University of Michigan，1920：13.

③ 同②48.

④ MERIAM，J L. The Traditional and the Modern Curriculum：An Emerging Philosophy. Berkeley，California：Berkeley Mimeographing，1960：98.

⑤ 同②14.

要场所。此外，学校还建立了一个“博物馆”，从众多工业场所收集了很多说明材料①。

最初，学校仅招收1～3年级的学生。随着学校工作的顺利开展，初等学校逐渐开设4～8年级的课程。学生主要来自附近的市区或乡村，每年只需交纳10美元的学费。虽然初等学校仍采用传统的班级形式，但升学的依据不再是学校指定的班级任务，而是学生的年度工作完成情况。学校里一共有5位教师——4位全职教师和1位有教师教学经验的兼职研究生，每位教师要负责两个连续的班级。这两个班级合成一大组，一起开展教学。这几位教师大都有公共学校的教学背景，在日常教学的安排和管理上具有很大的自由，只需要了解学校提供的大纲即可，无须严格执行。在对整个学校的指导管理上，梅里亚姆也具有很大的自由。依托教育学院，初等学校在与其他教师合作上具有很大的便利。本校的教师、公共学校的教师以及校友们都提出过指导意见，学生的父母、参观的教师等也都提出过宝贵建议。学校还经常通过与教师会面的方式来实施监督管理②。

初等学校的开办使梅里亚姆有机会将理论付诸实践。他反对公共学校固守传统的课程、教学方法，但也不同意彻底废除传统科目。他建议设置适合儿童生活的四种课程——观察、游戏、故事、手工活动来使儿童在日常从事的有益活动中做得更好。该课程体系关注儿童当下需要，不以传统科目为主导，不以升学为目的。但在这个过程中，学生可以在需要之时使用读、写、算，以便更有效地学习传统科目，这样学生在日常活动中做得更好、变得更加有效率的同时，也习得了面向未来所需的能力和大量的信息、技能。

2. 初等学校实验的理论基础

梅里亚姆一生关于教育的著述颇丰，先后著有《师范学校教育和教学效率》(*Normal School Education and Efficiency in Teaching*)、《儿童生活与课程》(1920)、《目录册——工作、活动、项目等（1932年之前)》(*Catalog—Units of Work, Activities, Projects, etc., to* 1932)、《活动、项目和

① MERIAM J L. Child Life and the Curriculum. University of Michigan，1920：16－17.

② 同①14－16.

工作（1932—1939）》（*Activities，Projects，Units of Work Cataloged for 1932－1939*）和《传统与当代课程：一套新兴的哲学》[1]。其中，《儿童生活与课程》较为翔实地记录了初等学校的开办、运行及传统课程的弊端，以及初等学校实验的理论基础和课程构建的原则等。《梅里亚姆文集》（*The Meriam Papers*）亦收录了大量关于初等学校的建筑、学生活动、作品、学校手册等图片、剪贴画等。

梅里亚姆的课程建构始于传统学校课程的流弊。他认为，传统课程具有如下弊端：(1) 无目的。传统的初等学校仅仅遵循“为完满生活做准备”的教育目的，缺乏具体的教育目的。(2) 无生气。传统学校大都与儿童和社会生活脱离。(3) 缺乏连贯性。学校科目种类繁多，但彼此间却联系不大。(4) 负荷大。科目众多、分类细，学校教学工作负担重。(5) 存在浪费。练习、复习占用大量时间，严重影响学生的学习发展进度。(6) 不合时宜。所学科目与当前生活中的重大问题缺少紧密联系，这也是传统课程最明显的特点[2]。

针对许多学校纷纷尝试删减、丰富、学习最少的精华（minimum essentials）或引入实践操作性等方式处理传统课程但结果不甚理想的现实，梅里亚姆认识到这些举措只是局部调整而已，并不具有建设性。他指出，建构课程必须建立在更为根本的基础之上。建构课程的指导原则必须源于社会环境、问题。建构课程的教育者应该是社会问题的研究者或在建构课程中依赖于社会问题的研究者。课程建构者（curriculum-maker）也应认识到自己的责任所在：首先，应不受传统课程的束缚；其次，应多方咨询社会学家、心理学家等；再次，所建构的课程理论具有普适性，课程具体内容便于调整、本土化；最后，课程建构者应忠于职守、不妥协，不受当地环境的制约，但又会考虑到这些限制因素[3]。常见的学校教师并不能被称为课程建构者，因为他们仅仅调整他人建构的课程，以满足当地环境。他批判指出，课堂学习

① http：//global. britannica. com/biography/Junius－L－Meriam

② MERIAM J L. Child Life and the Curriculum. University of Michigan，1920：66－68.

③ 同②75－77.

应培养学生面对和解决问题的能力，使学生可以在家里继续完成学习[①]。

鉴于上述课程建构指导原则、要求，以及“初等教育的目的是为了帮助男孩和女孩在日常参与的有益活动中做得更好”,[②] 梅里亚姆的课程建构理论主要包括以下五个部分：

其一，对社会问题的调查。不同时期对教育的诉求是变化的，当前的工业社会要求教育对社会转型中出现的一系列问题进行回应。工业领域的专业化、机械效率的威胁、乡村生活问题、道德问题等都要求学校对社会现状进行学习研究。传统的学校教育仅仅囿于学校内部，并不关注学校的社会性特征。传统的公共学校并不关心社会问题和学校的社会服务，即便是提及社会效率的目的，也是语焉不详，将其视为“补充性教育”，难以为“完满的生活”或“社会效率”做充分的准备[③]。

其二，对进步学校的发展趋势进行调查。为了应对社会的发展变化，不同类型的学校都在不断地探索有效的调整方式。私立学校在这方面的反应较为迅速，并乐于做出调整以适应社会环境的需要。诸如教育学院、师范学校等专业性培训学校也从教育原则、课程等方面进行调整，以期影响教育实践。传统公共学校的反映虽然迟缓，但也做出了不同的尝试：大学入学要求更为广泛，且推广了服务；中等学校开设工业教育课程；初等学校更为关注学习社区的活动[④]。学校越来越多地涉及实践操作和现实生活内容，体现了学校与校外生活的联系变得逐渐紧密。

其三，选取课程题材的五大原则：(1) 首先应满足男孩、女孩的当前需要，为将来做准备的目的应居于次要地位。(2) 应与学生和人们的日常具体活动相一致，而非采用与传统学校类似的抽象概括性题材。(3) 应考虑到普遍的个体差异，以满足不同学生的兴趣和能力。(4) 应具有多样性，使不同的主题可以在任一年级内甚至是年级之间进行交替安排。(5) 应同时顾及工作和闲暇[⑤]。

① MERIAM J L. Recitation and Study. The School Review，1910（18）：632.
② 同①137.
③ 同①83－87.
④ 同①109－125.
⑤ 同①382－383.

其四，四种学习科目：观察、游戏、故事、手工活动。其中，观察是对环境的学习，在孩子们的日常生活中占据重要的位置，使儿童熟悉周围环境是他们适应周围环境变化的第一步。通过不断地调整适应所处的环境，以及对社会和自然持续、广泛地观察学习，学生们可以获得广博的知识信息，培养欣赏力和共情性智慧（sympathetic intelligence），从而使他们更好地融入社会生活。与此同时，通过在观察中运用读、写、算，还可以更有效地学习“3R”等传统课程[①]。作为开展工业教育的一种基本形式，观察还可以促使学生们获得其所需的工业智慧。对于个人而言，这不仅可以有效地帮助儿童在工业时代有效地解决就业问题，还可以获得更强的洞察力和自我控制能力，用明智的兴趣爱好取代乏味的工作，并更好地享受闲暇时光。对社会来说，这不仅可以使教育机构的大量投入得到更好的回报，还可以提升社会福祉[②]。

游戏是儿童日常参与的有益活动，应在课程中占有一席之地。其首要价值是使儿童尽可能地获得有益的乐趣。其次，游戏还能促进他们的身体发展、心智训练、道德培养，以及提供表达自我的途径[③]。当然，游戏并不仅仅是为了娱乐消遣，乐趣也并不是游戏的目标。梅里亚姆认为，游戏是儿童积极性的一种日常表达方式，这与传统的几种游戏理论——游戏作为散发多余能量的途径、游戏作为一种教育方法、游戏作为再现人类历史的方式——不同[④]。他认为，“将游戏视为教育的手段”或“通过游戏进行教育”（education through play）的传统观念是错误的，是教学和传统科目占主导地位的反映——将游戏作为教学的工具，希望借助学生的游戏兴趣来促进学生学习。它错误地使用了游戏这项本能性活动（instinctive activity），错误地运用了儿童的动机，错误地分配了比较价值——游戏对日常生活具有更持续有效的价值，作为教学工具则贬低了其价值[⑤]。因此，应该“通过教育进行游戏”（play through education），将游戏作为学校教育的一个动机，如将读、

① MERIAM J L. Child Life and the Curriculum. University of Michigan，1920：300 - 302.

② 同①287.

③ 同①328 - 329.

④ 同①331 - 334.

⑤ 同①306 - 315.

写、算作为促进游戏的手段[1]。

针对儿童游戏阶段划分的传统，梅里亚姆认为，这种划分是依据儿童的身体变化和心理变化进行的，但在日常生活的活动中，孩子们更多地受环境影响而开展游戏，而非某个年龄阶段的主体特征，如他们可能喜欢在春天玩弹子游戏，而非在某个特定阶段才玩[2]。

作为度过闲暇时间的最好方式之一，故事主要包括音乐、诗歌和绘画。故事素材应广泛且适于儿童阅读，可以在教师的指导下由学生挑选。故事素材的选取有两个原则：(1) 文学素材的范围、特征必须满足孩子们的多样化兴趣，这并不是指教师要迎合学生的喜好，而是要使学生广泛地接触不同的文学作品，激发他们的潜能和兴趣爱好。(2) 应培养学生在众多可供选择的书籍中明智地选择的习惯，以利于对未来生活做出选择[3]。在步入青少年和成年时期但又缺少教师指导的条件下，博闻强识有利于他们做出明智的选择，成为有用的公民。故事阅读并不是为了教学生如何阅读，达到传统的"读"的目的，而在于欣赏（enjoy）故事，掌握阅读能力只是享受故事的副产品而已。

手工活动作为儿童的日常生活经验来源，是大多数孩子经常从事的有益活动，应在初等学校课程中占有重要地位。因此，手工活动素材的选取应该源于儿童日常参与的活动，而不是像许多学校教育实践中那样——以与其他科目相关联的形式，或模仿原始社会简单生活的方式，制造简单的物品等方式选取手工活动。传统学校开设手工活动主要是因为它具有如下作用：(1) 开展通识性教育培训（general training），有利于心智训练和身体、心灵的健康。(2) 使学校教育更具有吸引力，促使学生们关注日常学习。(3) 有利于实践操作教育，为后来职业培训做准备，甚至是利于获得占据将来生活主要部分的工业生产（industrial processes）的洞见。(4) 手工活动是一种教学方式。梅里亚姆批判性地指出，过度强调实践操作存在危险性，由于时间有限、初等学校学生年龄太小，学生难以掌握操作性和实践的能

① MERIAM J L. Child Life and the Curriculum. University of Michigan，1920：316-319.

② 同①320.

③ 同①344-345.

力；以操作实践作为目的的学校开展手工活动可能会演变为学徒制，难以具有真正的教育意义；将手工活动作为一种教学手段也会导致对它的过度使用，超出其设立的初衷。他认为，手工活动的真正目的在于其本身的内在价值，传统学校赋予它的作用都应该从属于此[①]。

其五，方法和教育测量。作为学校开展教育工作的三大要素，动机(motive)、材料（material)、方法（method）分别指的是学生们对所学科目的精神态度（与兴趣同义词)、学校科目、教师在联系学生和学习目标时使用的方式[②]。虽然教师、管理者、教育者和家长在理论上都赞同学校教育应根据学生的兴趣开展，但在具体实践中则不然。众多传统学校侧重材料；一些师范学校和专业性培训学校强调方法；研究社会和工业生活的学者强调动机，科目和方法只是关注学生们的现实问题的途径。学校教育工作中对动机、材料、方法的认识，以及给予的关注是影响学生的重要因素，但却很少有人关注这些问题[③]。梅里亚姆通过讨论得出，对材料的强调使得学生从属于所学科目——关注科目越多，对学生的关注越少；对方法的强调则意味着学生与科目之间有着错误的关系——所学科目越不合适，则越强调方法的使用；对动机的强调则认识到学生们日常活动和所需——真正的动机来自人们的日常生活经验，学生们在校外的动机应作为学校教育活动的指导。

在教育测量上，梅里亚姆指出，作为重要的教育问题，科学运动（scientific movement）普遍推广的“标准测试”（standard test)，已然成为测量学校教育成果的工具，并逐渐赶上传统科目的地位。学校开始更为“科学”地根据确定的规则打分，更为精确地计算平均数等[④]。而传统学校里对那些抽象的、脱离生活的学业成就进行的测量不仅毫无意义，甚至是危险的。而且，仅对学生读、写、算能力进行评价也没有顾忌到当前社会和工业的变化的诉求[⑤]。他认为，学校测量的标准应与校外真实的生活一致。仅局限于教

---

① MERIAM J L. Child Life and the Curriculum. University of Michigan，1920：367 - 371.

② 同①415.

③ 同①417.

④ 同①441.

⑤ MERIAM. J L. Measuring School Work in Terms of Life Out of School. School and Society，1917(5)：339 - 342.

室之中，就学校教育进行测量，是远远不够的。鉴于实践操作性教育逐渐成为全国上下推崇的现代教育，学校应逐渐地关注当前的社会生活和全国性问题，更加注重测量学生在社会生活或全国性活动中所具备的能力，而非传统的心智训练能力。就是说，学校应该就教育对学生在车间、工厂和办公室工作能力的影响进行测量，以及就教育对学生在家里、社会及其他公共场所里作为一个公民的行为的影响进行测量[①]。梅里亚姆指出，该测量应注意：(1) 所测量的能力只有在日常生活中起作用时才进行测量；(2) 对能力的测量应与日常生活经验一致；(3) 测量可以在父母和工业社会生活中的人的帮助下开展[②]。这不仅可以促使学校课程内容更有价值，与校外生活相一致，还会使学生获得真正的动机，以应对毕业后必然面临的挑战[③]。

针对测量中可能会因为个人误差而导致的“模糊性和不确定性”，梅里亚姆回应道，教育问题本身就含有大量的个人元素，不能像技术那样具有确定性。虽然当前的教育效率专家试图参考技术效率专家的方法，进行反复验证，使测量具有确定性，但它只是为了确定性而确定的，并未考虑到社会服务。而教育测量是针对成就对社会和全国是否有效开展的，有效性才是首要因素[④]。

从上述课程建构理论可以看出，梅里亚姆与杜威一样，都批判传统的学校教育强迫儿童学习外部经验，而较少关注儿童日常的兴趣。梅里亚姆还在杜威100周年诞辰（1959年）之际表达对杜威的敬意，指出杜威对自己教育思想、实践的影响，并赞美杜威创办的初等学校与传统的正规教育相比，是一种有益的生活方式[⑤]。的确，梅里亚姆与杜威的初等教育思想有很多相似之处，但梅里亚姆在传统科目的问题上却远比杜威更为激进[⑥]。如杜威学

---

① MERIAM J L. Measuring School Work in Terms of Life Out of School. School and Society，1917 (5)：339－462.

② MERIAM J L. Child Life and the Curriculum. University of Michigan，1920：462－463.

③ 同②462－465.

④ 同②465.

⑤ CHIDESTER H L. Junius L. Meriam's Elementary School. The University of Georgia，2005：118－119.

⑥ WRAGA W G. Left out：The Villainization of Progressive Education in the United States. Educational Researcher，2001，30 (7)：36.

校中的课程具有“文化分期理论”的色彩，强调不断通过从简单到复杂的历史和文学经验培养儿童的智慧、品格，并通过相应的手工训练培养动手解决问题的能力，而梅里亚姆却并不认为儿童活动应起到再现人类历史或获得历史智慧的作用，他强调儿童当下的需要，使儿童获得愉悦和满足，并不断地在活动中做得更好。从这点来说，初等学校又“与约翰逊夫人的‘有机学校’相似，将儿童的自然发展作为教育的基本理念，但它的组织和开办形式又具有明显的特色”①。

3. 初等学校的课程实施

观察、游戏、故事、手工活动四种课程组成的课程大纲（见表 4 - 1）是初等学校开展教育实践的主要内容。该大纲从 1907 年底开始实施。儿童在校外的兴趣活动是课程内容的直接来源，以不同的形式纳入这四种课程中实施。学校制定的年度计划具有概括性、灵活性的特点，并不要求教师严格执行，只要学生在教育环节提出合理且重要的建议，教师就会对原有计划进行调整，帮助学生解决问题，满足个体和群体需求。

表 4 - 1　初等学校课程大纲

观察	1～2 年级：植物、动物、人、地球和天空
	3～4 年级：本地的工业、活动
	5～6 年级：世界上的工业、活动
	7～8 年级：职业智慧
游戏	1～3 年级：多样化游戏；体育锻炼、民间舞蹈和自由游戏活动 4～8 年级：与自然、电力、机械、水、空气等相关的游戏；体育锻炼、民间舞蹈和自由游戏活动
故事	阅读、讲述和表演故事；唱歌；绘画；集会练习；外国语
手工活动	制作多种有用的装饰品。使用的材料有：纸、绳、毛线、纺织品、芦苇、酒椰纤维、木材、金属

资料来源：MERIAM J L. Child Life and the Curriculum，University of Michigan，1920：383.

可以看到，针对不同年级学生的兴趣差异，初等学校课程内容也有所不同。制定该大纲所依据的并非是某一客观标准，而是不同年龄阶段的儿童的理解能力和方式。如 1～2 年级主要观察植物、动物、人、地球和天空，依据的就是 6、7 岁儿童会通过观察花草植物、动物和周围环境，感受并融入

① DEWEY J，Dewey E. Schools of Tomorrow. New York：E P Dutton & Company，1915：41.

大自然环境、社会环境；通过室内外的游戏，跑跑跳跳，不仅可以锻炼孩子的身体，还可以与同伴交流分享；通过故事听讲，可以锻炼孩子们的文学欣赏和语言表达能力；通过手工制作，可以培养孩子们的动手能力等。这种以孩子们感兴趣的方式使他们在愉快的活动中习得事物的方式，更易于让孩子们获得知识。

相较于传统课程，该课程大纲具有无限性和不确定性，因此成为传统学校的教师批判的对象。但这恰恰又是它的优势所在——不确定性为教师在教学中进行建构、不拘泥于特定形式提供了机会。儿童的兴趣和能力是课程大纲的主导因素，儿童的总体和个体特征使其有章可循。如1～2年级的学生在本质上是以自我为中心的，其兴趣常常易受环境的直接影响，决定了他们喜欢那些令人身心愉悦的、斑斓色彩的、香味宜人的花朵[①]。因此，在课程实施的过程中，教师和学生尤其是学生，以及所处环境是决定课程具体实施的主要因素。

（1）观察。

观察的实施并不是确定的，所使用的方法也是由教师、学生或开展观察的环境决定的。观察应该由师生合作学习（学生更为重要），并根据所处环境因地制宜[②]。观察可以使学生熟悉环境，是调整适应环境的首要步骤，但如果缺少积极的表达，仅仅是被动记忆也是毫无意义的。因此，在观察过程中，应注意关注学生的自我表现的形式和表达程度，从而促进学生的发展。

学校的观察课程多在室外开展。直接观察是获取信息最有效的途径，诸如“个人经验”“回到自然”“从具体到抽象”“客观性方法”“自然研究”等教育学概念都具有共同的基础——直接经验。因此，梅里亚姆认为集体远足是开展观察的最灵活、有效的途径[③]。由于远足时观察的事物大多是在平日里见到过的，所以在远足前，师生们可以通过讨论来交流各自的不同观点，发现自己欠缺的知识，通过提出真问题来激发学生的观察兴趣等；远足时，应避免采用有既定步骤的观察方法，让学生自发地观察，获取直观印象；远

① MERIAM J L. Child Life and the Curriculum. University of Michigan，1920：291－292.

② 同①296.

③ 同①297.

足回来后，应通过在教室里的阅读、讨论进行补充。因此，教师应向学生提供充足的读物，以补充远足时的观察学习，进而促使学生们进行更为深入的交流讨论。学校应不定期地开展讨论（通常应该每天举行一次，但也可以多天一次或一天多次），一旦师生有需要交流的事情就可以组织讨论[①]。

为了鼓励学生们表现自我，教师可以要求他们对所观察学习的事物进行汇报，但该汇报只有在学生有能力，且该汇报有助于他们理解所学主题时才进行。这种汇报更多的是在中高年级进行，其形式不局限于英语作文，也可以用绘画、剪纸画、数学计算、地图等方式，只要有利于学生清晰地表达即可[②]。

在观察的整个过程中，教师并不会有意地以教授读、写、算为主。读、写、算等传统科目的最佳学习方式并不是单纯地教授，而是在现实的生活与学习中有效地使用它们。观察学习需要大量地使用读、写、算，学生也只会在需要的时候使用并掌握它们，如通过在图书馆里默读、在会议讨论上朗读等掌握阅读[③]。这种学习很好地规避了梅里亚姆提出的观察学习中潜存的两个风险：其一，仅仅将观察课程作为推动传统课程学习的途径；其二，过于排斥传统的“3R”课程，忽略一些对现实生活重要的方面，如忽略英语表达等。

(2) 游戏。

游戏是儿童的天性，教师只需指导玩什么、怎么玩。初等学校在游戏中所采用的比赛主要有以下五类：一是两种竞技性比赛：接力赛或群体赛、个人赛；二是体力比赛；三是脑力比赛；四是唱歌比赛；五是户外比赛[④]。从本质上来说，这些比赛不仅应使孩子们获得有益的欢乐，还应帮助孩子们更好地做游戏[⑤]。这些比赛具有社会交往性，多是以小组的形式展开。针对个体尤其是初等学校四年级及以上的学生，应开展一些游戏活动，以满足他们

---

① MERIAM J L. Child Life and the Curriculum. University of Michigan，1920：297 - 299.

② 同①299 - 300.

③ 同①300.

④ 同①322.

⑤ 同①321.

独立自主开展活动的需要。这类游戏活动可以涉及水、热、声音、机械设备等物理现象，也可以是收集活动（集邮、收集钱币等），抑或是摄影和设计等等。该游戏活动的首要目的是满足学生当前的生活需要，使其获得愉悦，找到真正的兴趣，免于在家中或社区中无所事事；其次这些使学生们感兴趣的活动可能与未来从事的工作产生联系，有利于为将来从事的工作做准备①。

游戏从一年级学生入学的第一天就开始进行，这对1～3年级的学生来说尤为必要。学校每天应安排一个小时的游戏时间，并根据环境和学生的兴趣调整时间安排。对于中高年级的学生来说，游戏活动时间可以调整为每周两三次，每次一个小时，或根据实际情况调整②。

开展游戏不仅仅是为了锻炼身体、研究怎么玩，更重要的是如何才能玩得更好。学生借助观察、讨论、绘画和设计有技巧性的游戏方式等途径都可以促进游戏更好地开展。为了避免过于侧重绘画而忽略游戏本身，应该在绘画不再对游戏的乐趣起到帮助作用时就停止③。

（3）故事。

一般在一年级学生入学后稍事调整一段时间（约12月或来年1月）再落实。梅里亚姆将初等学校的故事课分为7类，不同类别有独特的目的和学习方式，但彼此之间并不互相排斥（见表4-2）。

表4-2　不同故事类别、目的及阅读方法

故事类别	目的	阅读方法
（1）寓言、童话故事、神话、传奇和奇幻故事	感受作者驰骋的想象力，并尽可能地向他人讲述，或通过回顾来补充后来的愉悦	通过让学生增补一些类似的经验来补充作者的作品
（2）游记故事（观光、探索、冒险、风景、礼仪和习俗）	较为深远些：对其他地方的人物、环境产生共情	比较和评价
（3）自然故事	激起与自然之间更为合意的接触	对所读或所观察到的事物进行自由汇报

① MERIAM J L. Child Life and the Curriculum. University of Michigan，1920：324-325.

② 同①326-327.

③ 同①327-328.

续前表

故事类别	目的	阅读方法
(4) 工业、发明、科学故事	熟悉工业生产活动，而不是学习研究这些活动	反思性（thought-reacting）阅读
(5) 历史和生物学故事	在熟悉先前时期中得到满足，而非借助学习历史人物、实践知识得到智慧	古今比较
(6) 人物研究（小说）	学习人物角色，判断是非曲直	不断地提出有价值、有伦理道德判断的问题
(7) 幽默故事	有智慧的乐趣	以愉快的方式获得乐趣

资料来源：Meriam，J L. Child Life and the Curriculum，University of Michigan，1920：348-354.

梅里亚姆建议故事课的开展可以采用个体默读和班级朗读两种形式。对低年级学生应根据情况交叉使用默读和朗读，具体实施中不必严格受限于所设定时间。默读最好以小组的形式进行，分组的主要依据是学生之间关系的融洽程度。每个小组配备一名理解力强的学生，和教师一起负责讲解字词。低年级的默读可能会比较吵闹，但对于活泼的孩子来说，这种有声的阅读也有效。朗读采取围成一圈的形式开展，朗读者可以由教师选取或学生推荐，也可以是学生自荐。高年级学生应采用整时段的默读形式，学生们在教室、图书馆等地无声阅读，不再进行分组阅读。教师或理解力强的学生应适时帮助其他学生解决阅读中遇到的困难，但主要还是学生自己通过前后文来理解。梅里亚姆认为，鉴于高年级学生比低年级学生在家中的默读量要大得多，默读应该成为他们的主要“家庭作业”。高年级的朗读可以从默读过的故事中选取，鉴于之前已经理解这些素材，所以四年级及以上的学生在看到文学作品时应该能非常熟练地朗读出来①。

初等学校的学生们只要乐意，随时可以去阅读故事。学校不会检查学生的阅读情况，而是适度地让学生做读书汇报并记录他们所做的阅读。读书汇报的形式根据学生所在年级进行调整：一二年级的学生通过绘画来呈现所读的书或故事；三四年级学生的绘画要做一些简短说明；四年级以上的学生应

① MERIAM J L. Child Life and the Curriculum. University of Michigan，1920：360-362.

写一段话或一页文字[①]。实践发现，在1914—1917学年，四年级的阅读量最大，达67本（见表4-3）。

表4-3　　1914—1917学年各个年级阅读量统计

学年 年级	1914—1915			1915—1916			1916—1917		
	最少	中位数	最多	最少	中位数	最多	最少	中位数	最多
一	5	11	18	6	14	24	8	16	45
二	8	17	27	18	30	39	16	33	39
三	7	16	40	13	26	56	28	54	62
四	7	12	46	5	13	40	23	43	67
五、六	9	15	24	7	15	33	7	20	41
七	13	18	32	11	16	32	8	18	50

资料来源：MERIAM J L. Child Life and the Curriculum，University of Michigan，1920：363.

需要指出的是，上述统计数字仅仅是学生在图书馆里阅读量的统计，而不包含暑期阅读或家中阅读，许多与观察课程相关的阅读也排除在外，未做统计。大量的故事阅读体现了学生们的喜爱之情，他们不仅可以从休闲阅读中获得即时性愉悦，还可以在这个过程中有效地掌握阅读技能，熟悉字母、发音等。在阅读中，他们不仅学会了聆听，还获得了大量对未来有用的信息。与此同时，大量阅读文学作品还培养了他们的阅读习惯和良好的阅读品味[②]。

（4）手工活动。

手工活动的组织主要根据师生情况和活动材料来安排，在具体实施中也不是完全按照正规的班级开展的。如根据使用纱线的情况安排一个月的纺线活动，四年级的女生可以与七年级的学生使用相同的材料和开展类似的活动。学生个体、小组之间参与的手工活动都不一定相同，且学生们所从事的活动每4～6周就会进行调整。为了更好地发挥个人兴趣，学生们有机会选择要制造的物品[③]。为了避免师生们选取活动的困难，梅里亚姆根据所使用的材料，列出如下活动清单：第一，绳、纺线、布条：袋子、垫子等；第

① MERIAM J L. Child Life and the Curriculum. University of Michigan，1920：362-363.

② 同①364-365.

③ 同①371-375.

二，纸张、硬纸板：盒子、书签等；第三，芦苇、酒椰纤维、棉纸绳：篮子、垫子等；第四，纺织品：长方桌巾、小笤帚等；第五，木材：盒子、脚凳等；第六，金属：书签、剪纸刀等①。这些活动清单仅仅起到参考备选的作用，教师和学生们可以根据实际情况进行调整、增添。

与传统学校较少关注手工活动和大多数工业学校过于专注开展手工训练不同，初等学校安排每天下午的最后一个小时开展手工活动。开展手工活动前应精心设计并作详细说明，开展方式必须具有教育性②。开展手工活动时对活动目的、结构、材料、艺术成品等进行讨论也可以提升活动本身及其课程地位。手工活动结束后应将活动成果置于学生频繁经过的走廊或会议室进行展览。展览应持续开展，并不断地用新作品替换旧作品。手工活动中最重要的是创意新颖，而非提供很多的素材、设备。教师顺其自然地教学生使用学校提供的、在家中可能会用到的材料和器材③。通过在学校有效地开展手工活动作业，孩子们在家里也可以有更大的发挥空间。

观察、游戏、故事和手工活动这四项课程并不是孤立的，而是交织开展的，这在一二年级观察风（地球和天空主题）的学习中得到体现。学生最感兴趣的是风对游戏玩耍的影响，所以教师不应该直接向学生们讲解什么是风，或什么导致刮风，而是在观察风这一自然现象时向学生们提出如下问题：风在哪些方面帮助或妨碍人类活动？风在哪些方面给人带来欢乐？教师从故事书、诗歌、歌曲、图画中选取信息材料用于教学；孩子们阅读如《植物故事》（*Stories of Plant Life*）、《自然与生命入门》（*Nature and Life Primer*）等相关部分内容。在观察学习过程中，可以对学生们开展如下活动：第一，自由地在黑板上呈现他们所了解的风是如何帮助或妨碍人类活动的，风是如何带来欢乐的；第二，学习诗歌《风》（*The Wind*）；第三，学习剪纸活动，了解风吹干衣服、转动农场风车的正面作用；第四，制作纸风车、风标等玩具，深化学习风。这样，以观察为主，阅读、游戏和手工活动为辅的学习就得到了很好的组织。学校大致安排 4～5 天观察学习风，尽管

---

① MERIAM J L. Child Life and the Curriculum. University of Michigan，1920：377.

② 同①377－378.

③ 同①379.

学校具有学习 8～10 天（每天 1.5 小时）的充分资料①。

在具体的课程安排上，除了一二年级按月安排外，其他年级基本上都是按学年进行的。一年级 9 月份的课程安排情况如表 4－4 所示：

表 4－4　一年级 9 月份课程安排情况

时间	大纲	具体内容
9：00—10：30，观察	植物	向日葵、牵牛花
	动物	蜘蛛、苍蝇
	地球和天空	水
	人	来校前做了什么、在家的玩物
10：30—12：00，游戏	接力赛	豆子袋赛；圆筒赛
	个人赛	球赛；豆包赛；不倒翁赛
	唱歌赛	桑树歌
	户外赛	请跟我来；丢手绢；“狐狸与母鸡”；“草地上的青蛙”
	民间舞蹈	鞋匠舞等
	自由活动	休息
13：30—15：00，故事	文学	编剧；说明；听故事；讲故事
	歌曲	感恩节歌、《水手》、《九月》、《露珠》等
	图片	童话书、《洞穴男孩》等故事图片
15：00—16：00，手工活动	黄麻纤维、碎布	编织方垫和把手；各色玩偶地毯
	纱线	用卷筒编织绳子、跳绳和垫子
	（做设计、模型等的）彩色美术纸	设计玩偶家具、衣服、戏服、马戏团、旋转木马、涂自然色的动物
	黏土	制作动物、宠物、镇尺、别针托盘

资料来源：MERIAM J L. Child Life and the Curriculum，University of Michigan，1920：363.

可见，对于一二年级的学生来说，学习的主要是身边熟悉的事物。通过长期观察学校水族馆中的小蝌蚪、鱼，或持续记录一棵树的成长作息，或注意天气季节变化，使学生们在愉悦的氛围中了解了自然和动植物的生长规律。随着年龄的增长、经验的增加，学生们的学习则会不断地转移到更为广泛的事物上，满足探索、推理的兴趣等。根据学校的课程大纲安排（见表 4－1），三四年级主要的活动是围绕家庭（衣食住）和城市（邮局、珠宝店、水电、火车站等）展开；五年级主要的活动是围绕休闲、钓鱼、矿业、农

① MERIAM J L. Child Life and the Curriculum. University of Michigan，1920：387－391.

业、礼仪习俗等展开；六年级的活动是围绕工商业、交通、政府活动、身体健康等话题展开；七八年级主要的活动是围绕形形色色的职业（医生、律师等）展开。这些课程都涵盖了观察、故事创作、游戏、手工活动等。良好的学校环境，不仅可以使学生们获得乐趣、在日常活动中做得更好，还可以掌握生活中必备的技能，更有效地学习传统科目。

从年幼时熟悉自然环境到之后不断地学习和了解当地生活及社会生产，学校不断地引导学生们愉快地走向未来的生活领域。可以看到，初等学校很好地利用了校内外活动的紧密联系开展和实施课程：学生们在学校里如在家中一样积极地做事，且在学校的帮助下，他们可以做得更好，从而使其在家里可以做更多有建设性的事情，或更为充实地度过闲暇时间。图书馆里大量的藏书、定期的自由远足和乡野调查很好地弥补了学校在设备等方面的欠缺，促进了学校工作的有序开展。

初等学校的实践特色很好地体现了梅里亚姆的设想：一是学校不设读、写、算和其他传统科目，学习的材料直接来源于校外的生活；二是学校不用教科书，但有一个藏量广博的图书馆，可以弥补游览和郊游所获知识的不足；三是学校没有死记硬背的应试学生，学生们经常举行会议共享他们在图书馆或观察活动中的发现；四是没有指定的作业和预习；五是没有期末考试和不定期测试，每天的学习活动是一种有效的测试，教师和学生的共同学习比任何人为的刺激更为有效[①]。

4. 初等学校的影响

初等学校独具特色的办学理念和实践——以“帮助男孩、女孩们在日常有益的活动中做得更好”为首要目的，并得到成功的实践——引起了社会的普遍关注。学生家长、教育者及芝加哥、纽约市等地的教师都前来参观。“学生独立学习”“儿童天性得到充分发挥”“师生之间关系良好”等等是众人赞美学校的话语。前后就读于此校的几百名学生都对学校的教育感到满意。

杜威在《明日之学校》中以“自然生长的四个元素”为题描述附属初等

① MERIAM J L. Child Life and the Curriculum. University of Michigan，1920：17 - 18.

学校的观察、游戏、故事表演和创作、手工活动等课程和方法。杜威指出了它与传统学校的不同——它不是为了比传统学校在同样的时间里教授孩子更多的东西，而是为了通过呈现学生的能力，使这些能力具有实质作用，进而帮助学生成为“更好、更快乐和更有效”的人[①]。曾与杜威在职业教育理念上有过交锋的戴维·斯内登虽未参观过该校，也不赞同该校的哲学理论基础，却推荐那些试图突破传统学校束缚的教师阅读梅里亚姆的书，因为它向世人展现了一个成功的课程实验实践[②]。戴安娜·拉维奇甚至认为梅里亚姆是一位反对外界向学生施加任何学术科目的教育者[③]。在开办的过程中，初等学校也遭到了“不切实际”“不学习传统科目”“任由孩子们做自己想做的事”“对学生的未来没有任何价值”等批判，但梅里亚姆指导下的初等学校课程实验却以实际成果对这些批判做了最好的反击。初等学校的毕业生不仅可以承担传统课程的学习任务，而且表现得更好。从初等学校学生的学习成绩来看，1912—1916 年间，先后有 27 名小学生在此学习一年后转入哥伦比亚市的区办初等学校，他们在城市学校第一年的阅读、写作、拼写、语言、算术、地理、历史、生理、绘画 9 门课中的成绩（均由所在学校教师给出）均优于其他学生。仅就阅读来看，来自初等学校的学生得到优（excellent）、较好（superior）、良（medium）、差（inferior）、不合格（failure）的比例分别为 11.1%、48.1%、40.1%、0%、0%，明显高于其他学生的 6%、35%、37%、17%、5%。从成绩的平均位数分布看，来自初等学校的学生成绩分布是 10.7%、37.9%、41.4%、8%、1.2%，仍优于其他学生的成绩分布 6.6%、24.9%、41.9%、21.7%、5.1%[④]。

在中学的学习上，初等学校的毕业生在中学的学习表现也要优于那些接受传统教育的学生。如在哥伦比亚市中学，来自初等学校的学生在英语、拉丁语、德语、历史、数学、科学和手工训练等科目的学习成绩分布均优于全

① DEWEY J. Dewey E. Schools of Tomorrow. New York：E P Dutton & Company，1915：58.

② CHIDESTER L H. Junius L. Meriam's Elementary School. The University of Georgia，2005：177 - 178.

③ RAVITCH D. Left Back：A Century of Failed School Reforms. New York：Simon & Schuster，2000：176 - 177.

④ MERIAM J L. Child Life and the Curriculum. University of Michigan，1920：445 - 446.

校全体学生的成绩分布：在平均成绩比例分布上，来自初等学校的毕业生获得优、较好、良、差、不合格成绩的比例分别为 3.4%、39.2%、40.2%、12.8%、4.2%，优于全体学生成绩比例分布 2.3%、27.5%、38.9%、20.3%、10.7%[①]。

梅里亚姆将学生的优异成绩归因于：(1) 初等学校培养出了学生将学习科目视为个人问题的学习习惯，他们对诸如交通方式等社会问题深感兴趣。(2) 学生的主动精神。(3) 将问题视为己任的主动精神使其形成了独特的学习方式——观察问题、收集信息、进行比较、做出结论[②]。

基于初等学校的首要目的是“帮助孩子们在日常有益的活动中做得更好”的理念，梅里亚姆试图让课程更贴合儿童的校外生活，试图改善传统课程、方法，关注学生当前的需要。初等学校的课程不再围绕读、写、算或其他传统科目开展，而是直接从儿童所处的自然、社会环境中选取材料，关注活动特色和儿童态度。可以说，梅里亚姆切实为课程贴近生活做出了贡献，学校课程更为全面地体现了自我活动原则，更加真实地成为普通儿童生活的一部分[③]。的确，初等学校将学生视为独立的个体，而非以群体的形式或平均的标准一概而论；教育的目的是帮助学生不断地比自己之前做得更好，而非注重科目教学、强调比他人获取更高的成绩；所学科目是儿童以及身边相关人的日常生活经验（有益活动），而非传统的读、写、算，这些传统课程只会在活动需要时才涉及。

初等学校批判传统的、学习科目主导的模式，强调从现实生活与活动中选取课程材料，但它并不赞同抛弃传统科目。学校强调在学生感兴趣的活动中使用读、写、算，在这个过程中，学生们可以看到读、写、算与实际生活之间的紧密关系，而非为了学习读、写、算而学习。同样地，附属学校虽然批判传统学校以升学、以为未来做准备为目的的做法，但并非全然不顾学生的未来。初等学校以学生当下的需要、以在当前从事的有益活动中做得更好为主要目的，而将为未来做准备的目的置于次要位置，在不断提升能力的基

① MERIAM J L. Child Life and the Curriculum. University of Michigan，1920：451.

② 同①456 - 457.

③ Living or Preparation for Life. The School Review，1920，28 (7)：552 - 553.

础上为将来的选择、生活奠定基础。“不管是将教育的目的视为为未来做准备，还是使学生在接受学校教育期间过得更好，梅里亚姆指导建构的课程都做到了。”①

四、教学改革的范例：道尔顿制

作为一项以教学组织方式改革为重心的学校实验，在 20 世纪前期，海伦·帕克赫斯特的道尔顿制产生了空前影响，是这个时期为数不多的具有国际影响力的教育改革实验。

1. 道尔顿制的缘起

从高中时代起，帕克赫斯特就立志成为一名教师。高中毕业后，她进入威斯康星州的一所乡村学校任教。在这所乡村学校，她开始进行教育探索，赢得了一定的声誉。由于感受到自身在教育教学理论方面的欠缺，1905 年，帕克赫斯特考入威斯康星州立大学师范学院进行深造。1907 年，帕克赫斯特从师范学院毕业，随后正式开始了在中小学、教师进修机构和职业学校的漫长从教生涯。

1908 年，通过阅读埃德加·斯威夫特的《心灵的形成》（*Mind in the Making*），帕克赫斯特从中汲取了“教育实验室”的概念。经过两年的积累，到 1910 年，帕克赫斯特已经形成了系统的“教育实验室”构想，并在华盛顿塔科马（Tacoma）的爱迪生学校（Edison School）第一次将“教育实验室”的主张付诸实践。1910—1913 年间，帕克赫斯特与 5 名教师一起在爱迪生学校的 5 个教室推行教育实验室计划，取得了显著的成效。多年后，爱迪生学校的校长麦戈文仍对此次实验津津乐道：“实验之初便取得了显著成效，学校推行实验室计划的规模也逐渐增大。教师为学生提供了更有效的指导，100 多名学生的学习效率也得到了极大地提高。”②

1914 年，帕克赫斯特到意大利考察蒙台梭利教学方法，深受蒙台梭利

---

① CHIDESTER L H. Junius L. Meriam's Elementary School. The University of Georgia，2005：242.

② DRAKE E. School Physician in Tacoma，1910－1913. Hattie Selling，27 April 1927：25.

赏识，并成为其助手。1915 年，蒙台梭利到美国旧金山太平洋博览会进行演讲时，帕克赫斯特作为助手积极介绍和宣传蒙氏课程。1915—1918 年的 3 年间，帕克赫斯特为蒙氏课程在美国的全面推广做出突出贡献，并在纽约创办了一所两年制的蒙台梭利师范培训学院。

随后，帕克赫斯特吸收了蒙台梭利教育方法的合理部分，完善了自己的教育实验室计划，并在朋友们的帮助下将“教育实验室计划”应用在中小学。1915 年，在弗雷德里克·伯克的支持下，她的“实验室计划”在马萨诸塞州皮茨菲尔德（Pittsfield）的一所残疾儿童学校——优品屋菲尔德学校（Upway Field School）得以实施。1918 年，因得到威斯康星大学博士奥谢的鼓励和儿童教养院的资助，帕克赫斯特的实验室计划在威斯康星州的道尔顿中学得以推行，并因此得名“道尔顿计划”，而后，这项实验在马萨诸塞州的道尔顿中学更名为“道尔顿制”[①]。1919 年，帕克赫斯特又应格雷恩夫人的邀请，将自己的实验室计划试行于一所不分年级的残疾儿童学校，在这里，她发明了“道尔顿制”中测量学生学习情况的“图表法”。1920 年，帕克赫斯特在纽约创立了一所私立儿童学校，对 1～8 年级的 150 名学生试行实验室计划，后来此校改名为“道尔顿制中学”。后世研究者一般将第一所道尔顿学校追溯到纽约的这一所，称其为“道尔顿学校之母”。

2. 道尔顿制的基本构想

美国教育史上较早将“实验室”的概念引入教育领域的是斯威夫特。在他所著《心灵的形成》(*Mind in the Making*) 一书中，他“倡导一种理性的教学方法，引导学生为自己的事情努力。其中教师的工作意义十分重大，担负着引导学生成为实验者，构建学校成为社会实验室的重任”[②]，并首次提出了“教育实验室”的概念。斯威夫特的著作让帕克赫斯特意识到，“实验室”概念的引入能够从根本上改变教育理论和实践的状况。此外，伯克和卡

---

① LEAVITT J A. American Women Managers and Administrators：A Selective Biographical Dictionary of Twentieth-Century Leaders in Business，Education，and Government. Greenwood Publishing Group，1985：202.

② SWIFT E J. Mind in the Making：A Study of Mental Development. New York：Charles Scribner' s Sons，1980.

尔顿·沃什伯恩对其也有不同程度的影响。

自由是道尔顿制的基本原则。帕克赫斯特指出，“自由就是按照自己的时间安排行动，按照别人的时间安排行动就是束缚”[①]。在她看来，当学生在学习任何吸引他的科目的时候，必须让他按照自己的计划去学习且不被打断，这样他的头脑才会更加敏捷、思维更加活跃，更有能力征服在学习过程中可能产生的困难[②]。同时，“这种理想的自由不是放纵，更不是无法无天”[③]。道尔顿制中的自由是有节制的、负责任的自由。

合作是道尔顿制的又一个重要的原则。在帕克赫斯特看来，教育就是群体合作的工作[④]，学校要为“群体生活的整合”提供必要的环境[⑤]。在这样的环境中，学生与学生、学生与教师、教师与教师之间相互交流、互相讨论，最大限度地合作。她指出，“学校应该如此组织：学生和教员都不可以把自己孤立起来，在活动中遇到困难时他应当分担一份责任”。在上述原则之下，实施道尔顿制有以下几个关键环节：

第一个关键环节是指定作业。所谓“指定作业”（assignment），是指一个包含契约体系（contract system）的学生学习的内容的载体[⑥]。要求教师以书面的形式把指定作业清楚地确定下来，并根据不同学科和学生各自的特点进行安排。同时，学生以契约的形式在指定作业要求的范围内，按照自己的实际情况自由地安排学习进度。作业通常以一个月为时限，其内容主要包括本月作业导言、所学科目的主要内容、作业、参考书目等。

第二个环节是实验室。道尔顿制中的实验室实际上是由以前的班级教室改造而成的，实验室为学生提供了学习的辅助材料和工具。为了方便不同学科知识的集中学习，实验室是根据学科分科设置的。实验室为专门学科配备相关的教科书和成人书籍，帮助培养学生独立学习并完成作业的能力。

第三个环节是时间表。时间表是记录作业完成情况的统计表格，用以记

①②③ 帕克赫斯特．道尔顿教育计划．北京：北京大学出版社，2005：16.

④ PARKHURST H. Education on the Dalton Plan. London：G. Bell and Sons，1927：19.

⑤ 同④16.

⑥ EISENMANN L. Historical Dictionary of Women's Education in the United States. New York：Greenwood Press，1998：113.

录学生的进步情况。主要分为三种：一是学生作业进度记录表，由学生自己保存，使学生能够掌握自己的学习情况，并与同伴进行比较；二是由教师保存，用来记录学生学习进度的表格，跟踪每个学生的进步情况，并与其他班级的同学做比较；三是学生各科学习进度的统计表，由学校保存，记录整个年级、班级以及每个学生进步的情况。

在 19 世纪末 20 世纪初美国出现的新学校实验中，道尔顿制是影响最为广泛和长久的。1922 年，帕克赫斯特的著作《道尔顿教育计划》在伦敦出版后很快被翻译成中文、法语、德语、希伯来语、印度语、意大利语、日语、挪威语、波兰语、俄语、西班牙语和瑞典语等十多种语言，在全世界广泛传播。时至今日，仍有十多个国家设立道尔顿学校，其中包括美国纽约的道尔顿学校（Dalton School，New York City）、英国布兰福德的布莱恩斯顿学校（Bryanston School，Blandford）、英国波特丹的米林顿小学（Millington Primary School，Portadown）、日本东京的道尔顿学校（Dalton School，Tokyo）、日本名古屋的道尔顿学校（Dalton School，Nagoya）、韩国青罗的道尔顿学校（Cheongna Dalton School，Cheongna）、德国爱尔福特的席勒学校（Schiller Schule，Erfurt）、德国拉赫的文科中学（Gymnasium，Lage）、匈牙利哲尔塞迈赖的常规学校（Általános Iskola，Györszemere）、荷兰乌特勒支的道尔顿小学（Dalton Basisschool de Twijn，Utrecht）、荷兰海牙的道尔顿学校（Dalton School，Den Haag）、澳大利亚悉尼的阿斯克姆学校（Ascham School，Sydney）、俄国莫斯科的道尔顿学校（Dalton School，Moscow）等。

第五章
揭开中等教育改革的序幕

1892 年，全国教育协会成立以哈佛大学校长埃利奥特为主席的中学课程十人委员会。1893 年，《十人委员会报告》发表。这个事件标志着 19 世纪末 20 世纪前期全美中等教育改革的开端。然而，在我国，虽然近十多年来关于美国教育（包括公共教育、公立中学课程）的研究成果层出不穷，但除了吴式颖教授主编的《外国教育史教程》等几种外国教育史教材、胡庆芳博士和龚兵博士在其关于美国高中课程发展和美国全国教育协会演变的著作中用了一定的篇幅对十人委员会及其报告进行概述之外，鲜有关于十人委员会、《十人委员会报告》以及与此密切相关的埃利奥特与中等教育改革相关的专门研究。在美国，自 1893 年《十人委员会报告》发表以来的百余年间，相关研究工作始终没有中断，先后产生了大量的研究成果，也形成了众多不同甚至截然相反的结论。正如赫佰特·克利巴德所说，《十人委员会报告》有两种历史，一种是报告形成的事件和观念史，另一种则是报告发表后不同时期的学者对它们的阐释史①。这种现象本身就已经充分说明了《十人委员会报告》的历史地位。不论学者们对报告及其影响做出何种评价，《十人委员会报告》作为美国重要教育文献的历史地位是公认的。从一定意义上可以说，忽视对《十人委员会报告》的系统研究，不仅难以真正把握现代美国中学变迁的开端，也难以深入认识美国中等教育的变革进程。

同样，国内教育学者通常主要把埃利奥特与哈佛大学的选修制、研究型大学的兴起和 19 世纪末 20 世纪初美国高等教育改革相联系，很少涉及他在美国中等教育改革历史中的贡献。事实上，从 19 世纪 80 年代后期开始，埃利奥特为美国中等教育改革付出了一系列努力，他不仅积极进行各种教育实践活动，参加各种教育协会（如全国教育协会、马萨诸塞古典和现代中学教师协会、新英格兰大学和预备学校协会等），还先后发表了一系列关于中等教育改革的演讲和论文。更为重要的是，他执笔完成了《十人委员会报告》。埃利奥特对美国中等教育发展所做出的贡献丝毫不亚于他对哈佛大学发展和美国高等教育改革的贡献。历史学家爱德华·克鲁格通过分析当时教育界对

① KLIEBARD H M. Changing Course：American Curriculum Reform in the 20th Century. Teachers College Press，2002：40.

埃利奥特的评价后认为，在近 1/4 个世纪的时间里，人们在谈论中学教育问题时在很大程度上都是在支持或反对埃利奥特的观点①。

一、埃利奥特与中等教育改革

从 19 世纪 80 年代后期开始，埃利奥特先后撰文或发表演讲，对美国中等教育问题发表自己的主张，主要有：1888 年 2 月 16 日在全国教育协会督学部（Department of Superintendence）会议上发表的题为“学校课程可能压缩并丰富吗?”(*Can School Programmes Be Shortened and Enriched*?) 的演讲、发表在《竞技场》(*Arena*) 1890 年 6 月的《公立学校与大学之间的缺口》(*The Gap between the Common Schools and the Colleges*)、1890 年 11 月 2 日在马萨诸塞州教师协会发表的题为“一所寻常的马萨诸塞文法学校”(*An Average Massachusetts Grammar School*) 的演讲、1892 年 2 月在全国教育协会发表的题为“文法学校课程的压缩与丰富”(*Shortening and Enriching of the Grammar School*) 的演讲、1892 年 7 月在全国教育协会发表的演讲“学校统一的利与弊” (*Undesirable and Desirable Uniformity on Schools*)，以及发表在《教育评论》杂志 1894 年 10 月的《教育改革的统一》(*The Unity of Educational Reform*)，等等。在这些论文和演讲中，埃利奥特从多方面分析了美国中等教育存在的问题，并就解决问题阐明了自己的见解。

1. 对中等教育现状的分析

1890 年，在《公立学校与大学之间的缺口》一文中，埃利奥特指出，“美国许多州的公立小学系统，无论是城市的还是乡村的，都得到了相当有效的组织，但是在公立小学和大学之间却存在着一个巨大的缺口。由于没有统一的管理标准，由少数公立中学、捐赠学校（endowed academies)、大学预备机构以及私立学校等各种名目的中等教育机构构成了一个非常不完美的链接”②。这

---

① KRUG E A. Charles W. Eliot and the Secondary School. History of Education Quarterly，1961 (3)：19.

② ELIOT C W. The Gap Between Common Schools and Colleges//ELIOT C W. Educational Reform：essays and addresses. New York：The Century Company，1901：197.

一“不完美的链接”直接导致了公立学校与大学之间的巨大缺口，造成了整个教育系统的断裂。在埃利奥特看来，美国中学教育主要存在三个方面的问题：大学入学年龄较晚导致学生就业困难；中等教育质量低下，课程设置混乱；中学和大学衔接困难。

埃利奥特指出，南北战争后，美国大学专业教育（professional education）的要求变得越来越严格，一些专业化程度较高的职业（律师、医生、教师等）的培训时间也相应延长。然而，由于大学入学年龄较晚（一般是19岁）和专业教育的时间延长（至少3年），学生拿到学位后（23岁左右）还要接受至少3年的专业教育。因此，那些有意从事专业化程度较高职业的大学毕业生很难在二十七八岁之前找到一份满意的工作。在他看来，这是一种不合理的社会现象、社会问题，因此需要采取一些措施以改变现状。为此，他建议把大学入学的平均年龄提前到18岁，这样可以节省一年时间。但是，这又造成一个新的问题，即如何在减少中学学习时间的同时，不会因此减少学生所学的知识。

在埃利奥特看来，更为严重的问题是，美国没有一个州有拥有真正中等教育水平的公立学校系统，即使是公立中等教育走在全国前列的马萨诸塞州也是如此。全国只有不到1/10的公立中学能够开足让学生升入大学的课程。例如，在马萨诸塞州的230所公立中学中，只有9所中学能每年向哈佛大学输送学生。1889年，在哈佛大学招收的352名本科生中，只有97人（占27.5%）来自全国30所公立中学，其中23所在新英格兰地区[①]。

为进一步分析美国中学教育存在的问题，埃利奥特将美国最好的中学与法国中学进行比较。在他看来，法国中学的课程内容较美国中学更为丰富，开设的时间早，完成的时间也较早，更符合儿童的年龄阶段和成长规律，教学效果也更好，学生的总体成绩远远超过美国的中学生。“一个法国中学生18岁时所取得的成绩可能会远远高于美国最好中学的学生在19岁时的成绩。”[②] 通过这种比较，埃利奥特认为，美国中学教育严重落后，主要表现

---

① ELIOT C W. Educational Reform：Essays and Addresses. New York：The Century Company，1901：198－199.

② 同①160－161.

在各科课程安排顺序不合理，增加了学生的学习难度；教学方法不合理，各种对知识掌握精确程度的测试增加了学生的学习负担。埃利奥特尖锐地指出："像这样人为地为学生的学习过程增加难度，其实是不可原谅的教育上的犯罪。人生在世原本已经很难了，尤其是对孩子们来说，为什么还要人为地制造困难呢？[①]"基于此，埃利奥特大声呼吁对美国的中学教育进行改革，提高教学质量，让学生在更短的时间里学习更为丰富的课程，使他们提早进入大学。根据他对美国中等教育现状的观察与反思，埃利奥特提出了广泛、具体且具有针对性的主张。

2. 埃利奥特改革中等教育的主张

为了提升美国中学教育的整体水平和质量，埃利奥特提出了两个必要的措施：一是开办更多的学校；二是为现有学校寻求共同的、更高的标准，如州的资助和监管、制定大学入学标准等[②]。开办更多的学校是为了应对中学人数激增的社会现实，满足更多人的更大需求。寻求共同的、更高的标准是为了使整个中学教育更统一化，为大学升学提供一个坚实的、广泛的、合理同质的课程基础，从而更好地实现中学与大学的紧密衔接，为有升学愿望的学生提供更多的机会。这些主张可以说抓住了美国中等教育问题的关键，具有较强的针对性解决中等学校问题。

在"在更短的时间里完成更丰富的学校课程是否可能？"的演讲中，埃利奥特对中学教育改革提出了更为具体的建议。

第一，改革考试内容。埃利奥特反对以知识的准确性为考试的目的。美国当时的教育目标过于注重对学生准确记忆知识的考察，评价方式过于机械，加大了学生的学习压力。埃利奥特指出，"连成人都无法做到对知识及其表述的准确无误，为什么要求孩子们做到呢？"[③] 他认为，人为设置的以知识复述为标准的考试不仅浪费时间而且增加学生的学习压力，因此，应该

---

① ELIOT C W. Can School Programmes Be Shortened and Enriched? //ELIOT C W. Educational Reform：Essays and Addresses. New York：The Century Company，1901：167.

② ELIOT C W. The Gap Between Common Schools and Colleges//ELIOT C W. Educational Reform：Essays and Addresses. New York：The Century Company，1901：202.

③ 同①165.

减少考试次数，减少用于复习和考试的时间。

第二，丰富课程。针对美国公立中学课程开设不充分，学时较少的现象，埃利奥特建议增加课程设置。针对增加课程会加重学生学习负担的担忧，埃利奥特认为，只要采取适当的教学方法，增加课程的吸引力，提高学生的学习兴趣、学习成就感，使学生乐于学习，就不会增加学生的负担。教学只有做到以儿童为中心，从儿童的实际出发，循序渐进，才能调动儿童学习的兴趣、积极性。

埃利奥特强调学科交叉、综合学习的重要性，认为只有在学习其他科目时运用本科目的知识，建立不同学科之间的联系才是对某一学科最好的掌握。这个观点以后在《十人委员会报告》中也得到反映。《十人委员会报告》强调，“具体几何的所有教学一方面要与算术教学相结合，另一方面则与初等物理教学相联系。因此，算术的学习与代数符号和形式、具体几何和初等物理的学习具有密切的联系”①。在埃利奥特看来，其他科目的学习也是如此，例如历史学习与地理学习的结合，生物学习与化学学习的结合，物理学习与数学学习的结合，都能起到相辅相成的效果。实质上，儿童总是从整体出发去认识世界，知识本身也是一个系统完整的整体，不同学科之间是互相联系的。

第三，提高教师的水平。19 世纪末 20 世纪初，美国公立学校师资水平不高，教师工资待遇低下，男教师极其缺乏，女教师长期从教的愿望不高，教师职业从业人员队伍极不稳定。在埃利奥特看来，“一门设计良好的课程需要有优秀的教师才能使之焕发生机，而低劣的课程对学校发展来说则是不可逾越的障碍”②。为了提高教师的水平，埃利奥特建议采取以下措施：首先，董事会、督学、教师自身以及所有关心公立教育的人士，都应为改善教师的任职条件而持续努力。其次，增加男教师比例。最后，加强对在职及实习教师的考核，建立更加稳定的、长期的任职制度③。

---

① 十人委员会报告．中国教育科学，2016（1）：210.

② ELIOT C W. Can School Programmes Be Shortened and Enriched? //ELIOT C W. Educational Reform：Essays and Addresses. New York：The Century Company，1901：164.

③ 同②162－164.

第四，降低入学年龄。埃利奥特认为，儿童应该有规律地定期从一个年级升入另一个年级，不能人为地延迟，任何干扰这一规律进程的行为都是有害的。教学要尊重儿童身心发展的规律性，循序渐进，既不能揠苗助长，也不能人为延迟。这些违背教育规律的做法都是不利于儿童身心的健康成长的。相关统计数据表明，对于各个年级来说，学生如果晚一到两年入学，年龄都将偏大，这意味着学生发展的迟滞。学生如果很晚才进入高中或拉丁文法学校，就会更晚进入大学，进而无法完成高等教育的课程，形成连锁反应①。

第五，缩短假期，开办假期学校。通过回望一代或两代人之前的美国学校教育，埃利奥特发现，虽然校舍条件有了很大改善，学校课程也引入了如唱歌、体操、军训等内容，但孩子们每年在校的时间还是大大减少了。他认为，对那些家里有足够知识资源的孩子，或者那些能够去乡下或海边度假的孩子来说，有一个较长的假期是很好的，因为他们可以从中学习很多书本上学不到的东西。但对那些父母受教育程度较低，无法在家继续学习的孩子，尤其是那些生活在城镇、无法到乡村或海边的孩子来说，长假期简直就是一种伤害。对这些孩子来说，假期学校的存在可以促进或者保持他们的学习状态，有利于他们的整体发展。这一措施也为丰富课程、增加学时提供了条件②。

综上所述，可以看出，埃利奥特对改革美国中学教育的思考是较为全面和系统的。他的这些观点在《十人委员会报告》中得到了较为充分的反映，从而对19世纪末20世纪初美国中学教育改革产生了广泛和深刻的影响。

二、《十人委员会报告》始末

与《十人委员会报告》发表后所引起的持续反响相比，十人委员会的成

---

① ELIOT C W. Can School Programmes Be Shortened and Enriched? //ELIOT C W. Educational Reform: Essays and Addresses. New York: The Century Company, 1901: 167-169.

② 同①169-170.

立以及报告的出台过程却是波澜不惊、平淡无奇的。

1. 十人委员会的工作过程

1887 年，辛辛那提休斯中学校长科伊代表中等教育委员会（The Committee on Secondary Education）向美国教育理事会（The National Council of Education）会议提交了题为“中学与大学的关系”的报告，其中讨论了中学教育的目的，并强调建立中学与大学的紧密联系[①]。这个报告直接启发了丹佛中学校长詹姆斯·贝克。在 1887 年 7 月 11 日的会议上，贝克向美国教育理事会提出一项动议，建议成立一个委员会，对中学教学科目的选择和顺序以及大学入学要求的统一问题进行彻底调查。1888 年 2 月 16 日，在全国教育协会的督学部（Department of Superintendence）举办的会议上，埃利奥特发表题为“学校课程可能缩短并丰富吗?”的讲演，呼吁取消算术等无用的课程，改进教学方法，以便使学生能在 18 岁进入大学[②]。鉴于埃利奥特在全美教育界的巨大影响，他的演讲引起了社会各界对中学课程改革以及中学和大学关系问题的广泛关注。这事实上有力地推进了十人委员会的组建。而埃利奥特之所以出任该委员会主席，与他的这次讲演不无关系。

从 1888 年开始，贝克担任美国教育理事会下设的中等教育委员会主席。由于经费短缺等原因，该委员会未能有效地开展相关工作，直到在 1891 年的多伦多会议上才向美国教育理事会提交工作报告。在报告中，中等教育委员会建议举行一次有 12 所具有代表性的大学和 12 所中学参加的会议，探讨中学和大学的关系问题。这个建议得到美国教育理事会的批准。随后，贝克陆续向一些大学和中学发出信函，邀请他们派代表出席次年 7 月召开的全国教育协会大会。

1892 年 7 月 7 日，全国教育协会大会在纽约萨拉托加如期举行。会议期

---

① National Council of Education，Committee on Secondary Education，NEA. The Relation of High School to College. 1887：282－283.

② ELIOT C W. Can School Programmes Be Shortened and Enriched? . Proceedings of the Department of Superintendence of the National Educational Association. Washington，D. C.：U. S. Bureau of Education Circular No. 6，1888：101－102.

间，大学与中学校际会议委员会主席、哥伦比亚大学教授巴特勒向美国教育理事会提交了一份报告，建议举行一次有大学教师和中学教师参加的会议，并任命一个执行委员会在1892—1893 学年筹备这次会议[①]。在 1892 年 7 月 9 日的会议上，美国教育理事会接受了巴特勒的建议，决定成立一个由 10 人组成的执行委员会，具体负责会议的筹备和组织。此外，该委员会向全国教育协会建议拨款 2 500 美元以开展这项工作。7 月 12 日，全国教育协会董事会（The Board of Directors）表决通过这项提议。

根据美国教育理事会的决定，十人委员会的主要职责是负责组织召开有中学和大学教师参加的关于中学各主要学科的研讨会，以“探讨学科的恰当界限、最佳的教学方法、最适宜的时间分配以及测试学生成绩的最佳方式等”[②]。委员会由埃利奥特任主席，其他 9 位成员包括：美国教育专员威廉·哈里斯、密歇根大学校长詹姆斯·安杰尔、波士顿女子中学和女子拉丁学校校长约翰·泰特洛、瓦萨学院校长詹姆斯·泰勒、奥尔巴尼中学校长奥斯卡·鲁宾逊、科罗拉多大学校长詹姆斯·贝克、密苏里大学校长理查德·杰西、劳伦斯维尔学校校长詹姆斯·麦肯齐和奥伯林学院教授亨利·金[③]。在 10 名成员中，有大学校长 5 人，大学教授 1 人（之后也成为大学校长），教育专员 1 人，中学校长 3 人（其中 1 人来自私立中学，2 人代表公立中学）。从人员构成可以看到，十人委员会的主要成员为大学管理人员和学者，这就注定了十人委员会的工作将主要反映大学的要求和利益。《十人委员会报告》以后被指责为大学对中学的“控制”也就在所难免。

1892 年 11 月 9—11 日，十人委员会在哥伦比亚大学召开筹备会议，会议对美国不同地区 40 所顶尖中学的教学科目进行讨论，在此基础上，决定召开 9 门学科的研讨会，这 9 门学科包括：拉丁语，希腊语，英语，其他现

---

① National Educational Association. Journal of Proceedings and Addresses. New York: National Education Association, 1892: 754.

②③ National Educational Association. Report of the Committee of Ten on Secondary School Studies, with the Reports of the Conferences Arranged by the Committee. Knoxville: American Book Company, 1893.

代语言，数学，物理、天文和化学，博物学（生物，包括植物学、动物学和生理学），历史、公民政治（Civil Government）和政治经济学，地理（自然地理、地质学和测量学）①。这9门学科研讨会的机制实际上意味着在十人委员会下成立了9个分委员会。为使学科研讨会的方向保持一致，十人委员会提出了研讨会应讨论的主要问题包括：

（1）在6～18岁的学校课程中，该科目的教学应当从几岁开始？

（2）该科目的教学开始后，应教授多少年？在这些年中，每周应分配多少小时？

（3）在中学阶段，应该教多少年？每周教多少个小时？

（4）在整个课程中，应当教授什么主题或部分？

（5）在中学阶段应讲授什么主题或部分？

（6）该科目应当以什么形式、在什么程度上纳入大学入学考试科目？

（7）对将升入大学或进入科学学校，或假定二者都不去的学生，在该科目上是否应该区别对待？

（8）如果要进行区别对待，应从几岁开始？

（9）该科目的最佳教学方法是什么？

（10）在大学入学考试中，该科目的最佳测试方式是什么？

（11）如果大学或学院允许将入学考试分为初步测试和最终测试，并至少隔开一年，那么，如何区分二者的界限？②

哥伦比亚大学会议后，十人委员会花费数周时间遴选各分委员会的成员。到1892年12月，基本上完成了遴选工作。每个分委员会均由10人组成。总计90人参与了十人委员会组织开展的研讨活动。

按照托马斯·布里格斯的分析，在这90人中，仅有1位女性，在中学任职的有42人（其中17人代表公立中学），47人在大学任职，还有1名成员是曾在大学任职的政府官员。在大学任职的成员中，有12人当时或不久之后担任大学校长，包括普林斯顿大学校长伍德罗·威尔逊、加州大学伯克

①② National Educational Association. Report of the Committee of Ten on Secondary School Studies, with the Reports of the Conferences Arranged by the Committee. Knoxville: American Book Company, 1893.

利分校校长本杰明·惠勒、威斯康星大学麦迪逊分校校长查尔斯·亚当斯等，至少有 12 人为著名学者，如著名历史学家詹姆斯·鲁宾逊、“美国地理学之父”威廉·戴维斯、著名文学史家乔治·基特里奇、著名地质学家托马斯·钱伯林。从地域分布看，90 人分别来自 27 个州，但主要还是来自东部诸州，仅马萨诸塞州就有 17 名成员①。在 9 个分委员会主席中，6 人任职于大学，3 人任职于中学。9 名分委员会秘书中，2 人来自大学，7 人来自中学。

1892 年 12 月 28 日，9 个分委员会会议分别在密歇根大学、瓦萨学院、华盛顿特区、哈佛大学、芝加哥大学、威斯康星大学麦迪逊分校、库克师范学校召开。随后，各分委员会分头起草报告。次年 4 月 1 日前，7 个分委员会按要求如期完成了报告。1893 年 7 月 27—29 日，各分委员会再次举行会议，就报告的修改进行讨论，并基本达成一致意见。1893 年 11 月 8 日至 11 日，十人委员会在哥伦比亚大学再次举行会议，讨论各分委员会报告，经过 3 轮修改后，形成定稿，并向 1893 年 12 月召开的全国教育协会大会提交定稿。至此，十人委员会完成了使命，随即解散。

2. 《十人委员会报告》的主要内容

《十人委员会报告》主要包括两部分：第一部分是总报告，第二部分是分报告。总报告先后叙述了十人委员会成立的经过、十人委员会和各分委员会开展工作的主要过程，介绍了各分委员会就不同课程设置和教学提出的建议，在此基础上，十人委员会就中学的课程设置、教学时间和安排提出了一系列建议。第二部分则包括 14 个分报告，除 9 个分委员会提交的报告外，还附有相关专题研究报告和少数意见报告（minority report，即分委员会中反对意见的报告）。

十人委员会虽然名为中等学校课程十人委员会（The Committee of Ten on Secondary School Studies），但其报告所涵盖的内容却非常广泛，涉及中学的性质、中学教育的宗旨、中学课程设置方案、中小学学制以及中学与大

---

① BRIGGS T H. The Committee of Ten. Junior-Senior High School Clearing House，1931，6（3）：135.

学的关系。这些问题都是 19 世纪 90 年代美国中学特别是公立中学所面临的关键问题。

为了更好地呈现对中学课程设置的建议，在总报告中，十人委员会首先提出了从小学至中学课程设置的总体考虑（见表 5－1)。

由于将小学和中学的课程设置进行了系统的考虑，十人委员会意识到，中学的课程设置和教学不仅涉及中学本身，还关系到小学的课程和教学。据此，《十人委员会报告》指出，小学现有的 8 年学制过长，应缩短为 6 年，而中学的学习则应提前两年开始，即中学学制从 4 年延长到 6 年。这实际上提出了中小学“6—6 学制”的设想。尽管学制改革问题并非十人委员会工作的重点，甚至都不是其工作的任务，《十人委员会报告》也并未对此进行系统阐述，但其提出的学制改革的设想却成为 1895 年全国教育协会成立的十五人委员会工作的重要出发点，因而也成了 19 世纪末 20 世纪初6—3—3学制形成的重要基础。

关于中学课程设置的建议是《十人委员会报告》影响最大，也是引起争议最大的内容。为改变美国中学课程设置混杂、大学入学标准难以掌握的状况，从学科之间的联系和时间分配的角度出发，十人委员会提出了四种中学课程方案（见表 5－2)。

十人委员会认为，这四种方案可以在单独一所中学实施，因为某些科目同时存在于三个以上的方案中，而且每周都有相同的课时。

《十人委员会报告》引起的激烈批评的内容还包括对中学教育目标的确定。虽然报告中指出美国的中学并不是为男女学生们进入大学做准备的，他们当中只有很小比例的毕业生能进入大学，中学的主要任务是为生活做准备①，但是《十人委员会报告》的主要着力点仍然是为全体中学生提供通识教育，并且强调这种教育对于心智训练的重要性②。

---

①② National Educational Association. Report of the Committee of Ten on Secondary School Studies, with the Reports of the Conferences Arranged by the Committee. Knoxville: American Book Company, 1893.

表 5－1　《十人委员会报告》建议的学习时间安排

课程	1 年级	2 年级（7—8 岁）	3 年级（8—9 岁）	4 年级（9—10 岁）	5 年级（10—11 岁）	6 年级（11—12 岁）	7 年级（12—13 岁）	8 年级（13—14 岁）	9 年级（14—15 岁）	10 年级（15—16 岁）	11 年级（16—17 岁）	12 年级（17—18 岁）
1. 拉丁语					拉丁语开设的时间要提前，是当下约定俗成的共识							
2. 希腊语							学习希腊语之前先学习拉丁语					
3. 英语	复述故事，编故事，描述事物		开始扩展阅读，一直贯穿至各年级 开始写作文——叙述和描写，形式和语句的口头和书面练习				从这个年级开始不再有人帮助阅读	文法	文学 作文	文学 作文	文学 作文 修辞	文学 作文 修辞
4. 现代语言					选修德语或法语	选修德语或法语	选修德语或法语	选修德语或法语	之前已经开始学习的语言	同一语言 第二语言	同一语言 第二语言	同一语言 第二语言
5. 数学	算术、代数表达式和符号、简单的二次方程				具体几何	具体几何	具体几何	具体几何	代数	代数或商务算术 几何	代数或商务算术 几何	三角学、为进入科学学校的候选人开设的高级代数
6. 物理、化学和气象学	学习自然现象，学习方法主要是实验、实物测量等。需要参考自然史、地理学所倡导的教学方法								选修天文学		化学	物理
7. 自然史	贯穿前 8 年，主要学习植物和动物，这种教学应与语言、绘画、文学、地理教学联系起来								一年学习植物学或动物学，半年学习生理学、解剖学、卫生学			
8. 历史					传记秘史		美国历史和公民政府	希腊、罗马史	法国历史	英国历史	美国历史	特殊时期专题研究、公民政府
9. 地理	前8 年的学习地理的时间应该等同于学习数学的时间。地理科目，即地球、环境和居民，包含天文学、气象学、植物学、动物学、历史、商业、种族、宗教、政府等主题							自然地理	部分学校课程中是自然地理、地理或气象学，部分有更多选择的学校可以超出上述三种选项		选修气象学 1/2 年	选修地理或自然地理 1/2 年

表 5－2　　十人委员会提出的四种中学课程方案①

学年	Ⅰ. 古典语 三门外语 （一门为现代语）	Ⅱ. 拉丁语-科学 两门外语 （一门为现代语）	Ⅲ. 现代语 两门外语 （现代语）	Ⅳ. 英语 一门外语 （古典语或现代语）
一	·拉丁语 ·英语 ·代数学 ·历史 ·自然地理学	·拉丁语 ·英语 ·代数学 ·历史 ·自然地理学	·法语或德语初级 ·英语 ·代数学 ·历史 ·自然地理学	·拉丁语或德语或法语 ·英语 ·代数学 ·历史 ·自然地理学
二	·拉丁语 ·英语 ·德语或法语初级 ·几何学 ·物理学 ·历史	·拉丁语 ·英语 ·德语或法语初级 ·几何学 ·物理学 ·植物学或动物学	·英语 ·德语或法语初级 ·几何学 ·物理学 ·植物学或动物学	·拉丁语或德语或法语 ·英语 ·几何学 ·物理学 ·历史 ·植物学或动物学
三	·拉丁语 ·希腊语 ·英语 ·德语或法语 ·数学（代数、几何）	·拉丁语 ·英语 ·德语或法语 ·数学 ·数学（代数、几何） ·天文学（半年） ·气象学（半年） ·历史	·法语或德语 ·英语 ·数学（代数、几何） ·天文学（半年） ·气象学（半年） ·历史	·拉丁语或德语或法语 ·英语 ·数学（代数、几何） ·天文学（半年） ·气象学（半年） ·历史
四	·拉丁语 ·希腊语 ·德语或法语 ·化学 ·三角学和高等代数或历史	·拉丁语 ·英语 ·德语或法语 ·化学 ·三角学和高等代数或历史 ·地质学或自然地理学（半年） ·解剖学、生理学和卫生学（半年）	·法语或德语 ·英语 ·化学 ·三角学和高等代数或历史 ·地质学或自然地理学（半年） ·解剖学、生理学和卫生学（半年）	·拉丁语或德语或法语 ·英语 ·化学 ·三角学和高等代数或历史 ·地质学或自然地理学（半年） ·解剖学、生理学和卫生学（半年）

① National Educational Association. Report of the Committee of Ten on Secondary School Studies, with the Reports of the Conferences Arranged by the Committee. Knoxville: American Book Company, 1893.

关于大学入学考试问题的讨论，也是《十人委员会报告》的重要内容之一。事实上，四种课程方案的建议及其教学时间的要求就是大学决定是否录取学生的重要标准之一。因此，课程方案的建议在一定意义上也是为大学入学标准提出建议。此外，报告还就中小学教师的培养和培训等问题提出了建议。

3. 《十人委员会报告》引发的争论

早在《十人委员会报告》尚未发表之际，当时刚创刊的《学校评论》(*School Review*) 主编舒尔曼就大胆地预测："我们将得到的这份文件，虽然势必会引发大量讨论，但注定标志着我们在中等教育组织中所迈出的决定性的一步。"[①] 在报告发表之初，全国教育协会董事会主席卡尔金斯在 1894 年也指出，尽管对《十人委员会报告》所提出的建议存在很多争议，但普遍的共识是认为"它是在美国发表的最为重要的教育文献"[②]。尽管如此，围绕着《十人委员会报告》所展开的争论百余年来始终没有停止过。

《十人委员会报告》发表之初，就遭到来自霍尔等人的严厉批评。霍尔等人将《十人委员会报告》所体现的课程思想视为传统的、保守的。此后，这似乎成为美国教育界的一种"定评"。许多学者在分析《十人委员会报告》背后的课程原则或心理学原则时，通常将其与传统的"心智训练"(mental discipline) 联系起来，如威廉·派纳在《理解课程：历史与当代课程话语研究导论》中以"埃利奥特和古典课程论的胜利"为标题，讨论了 19 世纪最后 10 年全国教育协会任命的 3 个委员会（中等学校课程十人委员会、初等教育十五人委员会和大学入学资格委员会）的工作。作者认为，《十人委员会报告》"处在官能心理学的统治下，指出了装备或知识的基本类别，但是并没有说明具体的课程内容或各种装备如何重新排列"。作者认为《十人委员会报告》和其后的《十五人委员会报告》"很明显地与官能心理学如出一

① SCHURMAN J G. The Outlook for the Curriculum. The School Review，1893，1 (2)：67－73.

② National Educational Association. Report of the Committee of Ten on Secondary School Studies，with the Reports of the Conferences Arranged by the Committee. Knoxville：American Book Company，1893.

辙，引起了公众和专业人士的激烈争论”[①]。丹尼尔·坦纳在《学校课程史》中也提道，《十人委员会报告》“产生于一个心智训练理论受到批判性审视的时代”，“然而这一保守性的报告却希望传统的学科和教学方法能够再持续25 年”[②]。

不过，关于《十人委员会报告》与“心智训练说”的关系，学者们并未形成定论，如克利巴德虽然承认埃利奥特是一个持心智训练观的人，但也指出他的观点不同于大部分的心智训练论者，因为埃利奥特认为，对于任何一门学科，只要坚持学习一段时间，都可能成为一种具有训练价值的学科，这意味着他并不像其他心智训练主义者那样信奉预定的课程主题，这一点从他在哈佛的选修制改革便能看出来[③]。在《20 世纪美国教育中的哲学冲突》一书中，约瑟夫·沃特拉斯通过史料对克利巴德的这一解释提出了异议，他指出，当时的评论家恰恰赞赏十人委员会对于形式训练原则的否认，如“班克罗夫特 1894 年在文章中表扬十人委员会采取了一个比形式训练的理论更广阔的视野”[④]。

1906 年，埃德温·德克斯特就《十人委员会报告》对美国中等教育实践所产生的影响进行了考察。在《〈十人委员会报告〉十年来的影响》一文中，他将问题聚焦于“十年来，根据十人委员会的具体建议，中学课程在多大程度上发生了改变”。通过对全美 80 所中学的调查，将这些学校 9 个学科的课程设置与《十人委员会报告》所提出的具体建议相对照，德克斯特指出，《十人委员会报告》并未对公立中学的课程产生多大的直接影响。与此同时，他也承认，这并不代表《十人委员会报告》没有通过引导教师思考和讨论课程问题而发挥影响[⑤]。

1935 年，美国中学校长协会（National Association of Secondary School

---

① 派纳．理解课程：历史与当代课程话语研究导论．北京：教育科学出版社，2003：72－73.

② 坦纳．学校课程史．北京：教育科学出版社，2006：78.

③ KLIEBARD H M. The Struggle for the American Curriculum，1893－1958. 3rd ed. New York and London：Routledge Falmer，2004：9－10.

④ 沃特拉斯．20 世纪美国教育中的哲学冲突．合肥：安徽教育出版社，2011：18－19.

⑤ DEXTER E G. Ten Year's Influence of the Report of the Committee of Ten. The School Review，1906，14（4）：254－269.

Principals）举办了美国中学建立300周年的纪念活动，在此期间，协会邀请教育史家们对美国中等教育发展史中的重要事件进行历史回顾，其中，布里格斯对《十人委员会报告》进行了梳理。布里格斯具体考察了十人委员会的组成情况、报告起草和发表的过程以及各学科分会的工作情况，他指出，通常认为十人委员会是美国初中运动的开创者，但《十人委员会报告》并未明确提出要建立一种机构，而只是试图将当时中学的4年时间延长到6年而已。此外，通过将报告提出的课程计划与20世纪30年代中学课程的设置情况相对照，布里格斯指出，近40年来美国中学的课程发生了许多改变（例如，9个学科之一的希腊语已经不复出现），而这些变化并非是由十人委员会造成的，因此，布里格斯认为，"这份文件在1893年非常重要，而今它主要是作为一种对中等教育史的过往贡献以及作为在教育上未被采纳的一些合理建议的库存而存在"①。

尤尔根·赫布斯特通过梳理"人民的学校"（people's college）这一观念在美国的演变过程，探讨《十人委员会报告》在中学与民主社会关系变化中的作用。他指出，"人民的学校"最初指的是有别于培养高层次学术人才或神职人员的机构而直接为社区培养工商业实用人才的学校，它是美国民主社会发展过程中的特定产物。从最初的文实学校到由税收维持的公立中学，"人民的学校"一直是一种提供终结性教育的学校。19世纪后期，在逐渐成为连接小学和大学的中间阶段之后，它就被赋予升学预备学校的功能。因此，到19世纪90年代，公立中学在为生活做准备和为升学做准备这两个功能之间发生了"认同危机"。在赫布斯特看来，《十人委员会报告》一方面宣称一个面向全国的中学计划必须为那些不打算在中学之后继续深造的学生而制定，为一部分学生进入大学做准备应当是普通中学附带的、而非主要的目标，但与此同时，又通过建议提供"4年严格而有效的心智训练"而将学术性的标准作为中学课程的基本取向。这样一来，十人委员会最大的努力也就成为最大的弱点，它希望为所有人提供一种无差别的学术性训练，使得为升

---

① BRIGGS T H. The Committee of Ten. Junior-Senior High School Clearing House，1931，6（3）：135.

学做准备和为生活做准备这两种目标逐渐变得不可调和，而报告对中学课程学术标准的强调最终必然导致“人民的学校”这一原始中学的属性受到束缚①。

还有学者认为，由于十人委员会大部分成员来自学院和大学，因此，委员会实际上确立了学院和大学对中学课程的主导地位。坦纳在《学校课程史》中指出：“在公立中学出现后的几十年，中学一直都有设置新课程的自由，但受1893年《十人委员会报告》的影响，这种自由骤然缩减，从那时起，中学就一直受制于大学的入学要求。”②

与此相反，一些学者则对《十人委员会报告》给予了高度评价。早在1896年的全国教育协会会议上，芝加哥督学奈廷格尔向大会做报告时就指出，“《十人委员会报告》像一个酵母，将中等教育和高等教育的衔接问题摆在了所有人面前，大家相信，这个问题需要进一步的研究，之前开展的调查应该继续，并且扩大范围”③。伯纳德·梅尔在《世纪之交的中学》中详细考察了1890年到1900年间美国公立中等教育目标和计划的变化。通过对大量数据和事实的分析，梅尔呈现了19世纪最后20年美国中学在规模、课程上的变化，以及围绕中学性质与功能的争论。梅尔将《十人委员会报告》的发表视为19世纪末20世纪初美国中学变革中的重大事件，详细叙述了从十人委员会组成到报告出台的过程，分析了报告所产生的影响。梅尔认为，十人委员会组建的功能主要在于“改善中学课程计划”以及“理清中学与学院的关系”，但后来它所做的工作和解决的问题大大超出了这两个方面。而正是那些涉及当时中等教育本质的问题使得这份报告如此重要，虽然报告并未根本解决这些问题，但它奠定了后来几十年间中等教育改革探索的基础④。

拉维奇在《回顾学校改革失败的百年》中考察了十人委员会的历史遗

① HERBST J. The American People's College：The Lost Promise of Democracy in Education. American Journal of Education，1992，100（3）：275-297.

② 坦纳．学校课程史．北京：教育科学出版社，2006：36.

③ NIGHTINGALE A F. The Committee on College Entrance Requirements：Report of the Chairman. The School Review，1897，5（6）：321.

④ MEHL B. The High School at the Turn of the Century：A Study of the Changes in the Aims and Programs of Public Secondary Education in the United States，1890-1900. Urbana：University of Illinois，1954：272.

产。她认为，《十人委员会报告》在其发表后的最初 10 年是有影响力的，这主要表现在大学开始把现代学术科目作为入学要求，一些州、城市和学校尝试将报告的建议与课程改革联系起来，尽管公立学校并未消除在升学与不升学的学生之间所做的区别对待。她指出，十人委员会最大的遗产之一是 1900 年大学入学考试委员会（The College Entrance Examination Board）的成立，它为不同的大学提供共同的入学考试。同时，十人委员会也引发了众多专业教育组织的相关活动[①]。

戴维·安格斯和杰弗里·米雷尔在《美国中学失落的承诺》中认为，《十人委员会报告》是迈向课程计划专业化的第一步，是对外行董事会们控制中学课程的直接冲击[②]。克鲁格在《美国中学的形成（1880—1920 年）》中将《十人委员会报告》置于中学作为大众机构与民主社会结构的关系中进行考察。他认为，埃利奥特与十人委员会面临的基本问题在于“中学应该成为一个现代工业社会的分层机器，还是应该维持一种灵活性，以保证其不会迫使个人进入一种特定的社会轨道”。克鲁格指出，《十人委员会报告》不应再贬低为保守性的，而应视为“在我们的社会中维护中学作为社会流动机制而非社会分层机器的最后努力之一”，只不过十人委员会的平均主义观念以后让位给了社会效率的观念[③]。

克鲁格对于《十人委员会报告》的重新评价得到了乔尔·斯普林的支持。斯普林指出，十人委员会面临的一个主要问题是：是否要为中学毕业后直接就业的学生和希望升入大学继续深造的学生提供不同的课程？这个问题暗示了民主社会中教育的重要性，因为基于学生是否上大学而提供不同的课程，可能造成教育内的阶层分化。十人委员会的决定是尽力避免这种阶层分化的教育，不因学生上大学与否而区别对待。斯普林认为，十人委员会提议的四种课程计划“标志着大学开始降低了对传统经典学术的要求”，然而具

① RAVITCH D. A Century of Failed School Reforms. New York：Simon & Schuster，2000：47 - 48.

② ANGUS D L，MIREL J E. The Failed Promise of the American High School，1890 - 1995. New York and London：Teachers College，Columbia University，1999：8 - 10.

③ KRUG E A. The Shaping of the American High School，1880 - 1920. Madison：The University of Wisconsin Press，1964：87 - 88.

有讽刺意义的是，批评报告的意见也正是针对其学术性要求，认为报告是一份精英主义的设计方案。对于这种反差，作者指出，“这场讨论凸显了教育与民主社会之间的复杂关系”，即人们可以认为提供满足个人需求和兴趣的教育是民主的，但也可以反过来论证这种教育是反民主的，因为它将人们束缚在自己的社会阶层中①。

克利巴德在《变化中的课程》一书中以“十人委员会是否加强了大学对中学的支配？”（*Did the Committee of Ten Impose College Domination on High schools*?）为标题，详细讨论了这一问题。他指出，因为十人委员会主要由大学教育人士组成，因此许多人认为这导致了大学对中学的主导，这种阐释并不符合事实情况。一方面，报告所提出的课程计划与当时中学所教内容十分相似，它对于放宽学院入学标准的努力才更是当务之急；另一方面，在《十人委员会报告》产生的时代，中学与学院之间的观念与利益差异并不像后来那么大，许多大学人士关心的是整个教育的改善，而不仅仅是将目光放在高等教育阶段。因此，在众多对《十人委员会报告》的评价中，通过成员的身份来发掘委员会的精英属性当然很容易，但是对于这些成员坚持这种看法的原因则少有分析②。也就是说，在克利巴德看来，委员会成员来自大学还是来自中学这一身份无法最终决定报告本身倾向于哪一方，必须细致考察成员们对于具体问题的看法，分析其对特定问题所抱有的观念背后的真实原因，而非因简单地因为大学人士所占比例大就判定报告的精英属性。

范欧弗贝克在《拾级而上：中等教育和高等教育之间不断变化的关系及其美国学校的标准化（1870—1910 年）》中指出，从 1870 年密歇根大学校长安杰尔（十人委员会成员之一）关注中等教育与高等教育的衔接问题开始，先后出现了一些地方性的探索，随着十人委员会的成立和《十人委员会报告》的发表，这种探索变成了全国性的努力。《十人委员会报告》为二者的衔接提出了建议，试图构造一种全国性的、逐级而上的教育系统。尽管报告事实上并未用一种强有力的、统一的全国性体系取代美国高等教育和中等

① SPRING J. The American School，1642－1993. 3rd ed. McGraw-Hill，Inc.，1990：216.

② KLIEBARD H M. Changing Course：American Curriculum Reform in the 20th Century. New York：Teachers College Press，2002：53.

教育的割据状态，但“它的理念照亮了美国其他委员会和组织对于寻求中等教育和高等教育进一步衔接的努力”[①]。

默里·纳尔逊探讨了 1890—1900 年美国历史教育的演变和《十人委员会报告》对于创设一门全国性的“历史、公民政府和政治经济学”课程所做出的努力。在对世纪之交的这 20 年历史教育发展的追溯中，通过对十人委员会及其下设的“历史、公民政府和政治经济学”分委员会成员的个案研究，纳尔逊深入探讨了十人委员会在创设全国性历史课程方面所做的具体工作，考察了报告影响下的美国历史和社会科课程发展状况[②]。他的结论是，《十人委员会报告》标志着现代意义上的历史和社会科教育的发轫[③]。查拉·博安则通过分析十人委员会和美国历史学会成立的中学历史教育七人委员会对美国学校社会科课程发展发挥的影响，认为十人委员会和七人委员会是美国进步主义教育运动的先驱[④]。

此外，还有一些学者从《十人委员会报告》与中学物理课程[⑤]、英语课程[⑥]、课程专业化的关系等方面进行探讨，具体分析《十人委员会报告》的实际影响。例如，安格斯和米雷尔在《美国中学失落的承诺》中提出，《十人委员会报告》不仅塑造了一代人以上的中学课程，而且迈向了课程计划专业化的第一步，是对教育的外行董事会们控制中学课程的直接冲击[⑦]。

---

① VAN OVERBEKE. Climbing the Ladder：The Evolving Relationship between Secondary and Higher Education and the Standardization of American Schooling，1870－1910. Madison：University of Wisconsin-Madison，2005，Chapter 1.

② NELSON M. What Goes Around Comes Around：History Education in the 1890s and the 1990s. The History Teacher，1992，25（4）：463－469.

③ NELSON M. First Efforts toward a National Curriculum：The Committee of Ten's Report on History，Civil Government，and Political Economy. Theory and Research in Social Education，1992，20（3）：242－62.

④ BOHAN C H. Early Vanguards of Progressive Education：The Committee of Ten，the Committee of Seven，and Social Education. Journal of Curriculum and Supervision，2003，19（1）：73－94.

⑤ SHEPPARD K.，ROBBINS D M. Lessons from the Committee of Ten. The physics teacher，2002，40（10）：426－431.

⑥ WRIGHT E C. School English and Social Order：Nineteenth Century Background to the Work of the Committee of Ten and Its Conference on English. Evanston：Northwestern University Press，1977.

⑦ ANGUS D L，MIREL J E. The Failed Promise of the American High School，1890－1995. New York and London：Teachers College，Columbia University，1999：8－10.

4.《十人委员会报告》与中等教育改革

综合不同时期美国学者的研究成果，可以清晰地看到，尽管不同时期的不同学者对《十人委员会报告》的认识存在分歧，但他们也有共同之处，即更为注重从较为微观的层面和相对专业的角度考察十人委员会及其报告对19世纪90年代美国中等教育变迁所发挥的实际影响和作用，而忽视从更为长远的历史过程和更为广阔的社会背景考察十人委员会及其工作的社会及历史意义。具体言之，就是应把十人委员会置于19世纪70—90年代美国各界人士改革中等教育的持续努力中进行考察，去发现它做什么、以何种方式去做，以及做出了什么，分析它对1893年后美国中等教育改革走向的实际影响。只有这样，才有可能真正对《十人委员会报告》进行历史性的评价和判断。

1821年，美国第一所免费的公立中学英语古典学校（English Classical School）在波士顿建立，3年后即1824年更名为英语中学（English High School）。开办这所学校是为那些不打算继续学习大学课程的年轻人提供良好的英语教育，使他们能积极地生活，具备在公共和个人生活中所需的素质[①]。但此后的半个多世纪，公立中学的数量并没有得到真正的发展。1874年密歇根州高等法院关于卡拉玛祖案（the Kalamazoo case）的判决直接推动了公立中学的发展。从19世纪80年代开始，公立中学的数量进入了一个高速增长的时期。据统计，1880—1890年，美国共有公立中学2 526所，学生202 963人（另有私立中学1 632所，学生94 391人）。1900年，公立中学达到6 005所，学生519 251人[②]，分别是10年前的2.38倍和2.56倍。

中等教育在规模迅速扩大的同时，也面临着种种矛盾和困难，甚至处于混沌和混乱之中，主要表现在：第一，居高不下的辍学率。1884年，威斯康星州7 531名公立中学的学生中，仅有475人毕业，占6%。1890年，俄亥俄州13 995名中学生中，毕业人数为1 089，占8%。1889—1890年全国

① TYACK D B. Turning Points in American Educational History. Lexington：Xerox College Publishing，1967：363.

② 斯普林．美国学校：教育传统与变革．北京：人民教育出版社，2010：325.

202 963 名公立中学学生中，只有 21 882 人毕业，仅占 10.7%[①]。第二，教学质量低下。1890 年，埃利奥特在全国教育协会会议上发表题为"公立学校与大学之间的缺口"的讲演，对公立中学的教学质量进行了严厉的批评。第三，体制混乱。19 世纪 80—90 年代，美国中等学校体制呈现一片乱象。一方面，公立中学和私立中学之间的界限模糊不清，甚至根本就不存在[②]。在一些地区，州政府向私立中学颁发许可证；在纽约州一些地区，市政当局在资助公立中学的同时资助私立中学；在新英格兰地区，一些地方政府在接管私立学校之后，仍保留学校的原名。中等学校的名称更是五花八门。另一方面，在全国各地广泛存在着中等学校名不副实的现象。文实学校是私立学校的主要类型，但它既包括那些名为"文实学校"的机构，也包括自称"高级中学"（seminary）、"学院"（institute）、"大学学院"（collegiate institute）和"大学"（college）的机构[③]。与私立学校相比，公立中学更有过之而无不及。在一些地区，所谓的"中学"（high school）不过是有一两间校舍、招收年龄较大孩子的公共学校（common school）。1896 年，伊利诺伊州的 258 所中学中有 220 所设在小学部。在一些农村地区，"中学"实际上就是小学高年级的标签。不仅如此，在不同地区，中学的学习年限也存在很大不同。1891 年，田纳西州通过立法，将中等教育确定为 6、7、8 年级，而很多地区中学的学制则为 4 年。更为严重的是，在 19 世纪 80—90 年代，对于公立中学定位、目标和功能的认识仍处于混沌之中。1892 年，曾有一位教师指出："在学校术语中，'中学'一词是最为模糊不清的。它包含了在教学科目、目标、理想和方法完全不同的学校之间的巨大差异。"[④] 这种情况恰恰是由中学的巨大发展所造成的。在殖民地时期建立的中等学校（例如 1635 年建立的波士顿拉丁学校）的定位非常明确，就是为哈佛学院输送人才。中

---

① KRUG E A. The Shaping of the American High School，1880－1920. Madison：The University of Wisconsin Press，1964：13－14.

② 同①3.

③ 同②5.

④ TYACK D B. Turning Points in American Educational History. Lexington：Xerox College Publishing，1967：352.

学建立之初，其定位和目标也很明确，就是为生活做准备。在很长时间里，大学主要从文实学校等各种具有大学预备学校性质的私立中学招收新生。但是，随着公立中学的迅速扩张，学生和家长的需求变得日益多样，单一的为生活做准备的教育目标和功能已经很难满足学生的要求，这就引发了公立中学功能定位的冲突。第四，课程设置无章可循。由于公立中学通常都是由市政当局或社区资助建立的，地域的差异性直接造成了中学在课程和教学上的混乱和无序。一些中学开设两种类型的课程：古典课程和英语课程。古典课程主要包括拉丁语、希腊语和数学，英语课程则包括英语、美国历史等。另一些中学则开设普通课程、拉丁语课程和科学课程，每类课程所包含的科目因地而异、因校而异。还有的中学则开设了会计、商业课程，如此种种，不一而足。不仅课程设置五花八门，课程的教学顺序也大相径庭。根据科伊在1889 年进行的调查，包括科学、代数、地理和修辞在内的教学科目，在不同地区的不同中学，开始教学的时间是完全不同的，有些中学从一年级开始，有的甚至从四年级才开始①。第五，中学与大学脱节。由于公立中学一直强调为生活做准备，因此，在很长时间内，公立中学与大学是相互脱节的，正如埃利奥特所说，中学是小学和大学之间的巨大缺口。大学一直指责公立中学质量低下，而中学则抱怨大学的入学要求烦琐、五花八门。1891年，一位中学校长不无调侃地说，大学的入学要求从算术的初级法则、阅读、写作一直到高深的数学、希腊语、道德哲学和艺术史。他指出，毫不夸张地说，大学的入学要求包括了所有国家和所有时代的历史，一所大学特别选定从巴比伦到亚述的历史，另一所大学选定波斯历史，还有的大学则选定得克萨斯和北加利福尼亚的历史②。

解决上述问题的努力并非始于十人委员会。早在 19 世纪 70—80 年代，一系列的工作就相继开始。兴盛于 19 世纪 70—80 年代的手工训练运动③在

---

① COY E W. Uniform Course of Study foe High Schools：A Report：NEA Journal of Proceedings and Addresses. New York：National Education Association，1889：525.

② TYACK D B. Turning Points in American Educational History. Lexington：Xerox College Publishing，1967：355.

③ 张斌贤，兰玉，殷振群．迎接工业化的挑战：1870—1910 年的美国手工训练运动．清华大学教育研究，2013 (5).

某种程度上就与公立中学的教育改革相关，但实践证明，为某个特殊的行业进行职业训练与公众对公立中学的期待存在较大差距。1885 年，马萨诸塞的斯普林菲尔德中学开设了两年的商业课程。该校 367 名学生中的 40 人选择学习商业课程，但在两年后仅有 15 人毕业。1888—1890 年，选学商业课程的学生毕业人数从 11 降至 5。1893 年，该校的商业课程计划被迫终止[①]，这从一个角度也反映了手工训练运动的命运。

从 1875—1880 年，帕克在马萨诸塞州昆西市开展了后来被称为“昆西制度”或“昆西方法”的公立学校课程与教学改革，并产生了广泛的影响。1884 年 4 月 12 日，马萨诸塞古典中学和中学教师协会（The Massachusetts Classical and High School Teachers Association）在波士顿召开会议，会议通过两项动议：要求加强大学与中学教师之间的相互理解与合作，并建议该协会的代表团与新英格兰地区 19 所大学和学院的代表举行一次会议。但一年后，协会秘书仅收到 3 所大学校长的认可，其中就包括埃利奥特。在埃利奥特的建议下，1885 年 10 月，该协会代表约翰·泰特洛（以后的十人委员会成员之一）和两名助手与大学的官员举行了一次会议。尽管会议并没有取得实际结果，但毕竟迈出了重要的一步。

简言之，从 19 世纪 70 年代开始，美国教育界以及关心教育问题的社会人士对美国中等教育存在的诸多问题并非毫无察觉，也不是无所作为，但所有这些努力或者是没有产生实效，或者是因为“生不逢时”而未能发挥本应发挥的作用，总之，都没能触及美国中等教育问题的本质。在这方面，埃利奥特确实高人一筹。在 1890 年全国教育协会的讲演中，他明确指出要改善美国的中等教育，必须做两件事情：一是建立更多的中学，二是使现有的中学形成共同的和更高的标准[②]。从后来的发展进程看，这两个问题都是美国中等教育面临的关键问题。建立更多的中学是为了满足人口增长和移民浪潮所造成的巨大升学需求。《十人委员会报告》发表后，美国中学入学人数继

① KRUG E A. The Shaping of the American High School，1880－1920. Madison：The University of Wisconsin Press，1964：15.

② ELIOT C W. The Gap between the Elementary Schools and the Colleges//TYACK D. Turning Points in American Educational History. Lexington：Xerox College Publishing，1967：374.

续呈高速增长趋势。1900 年中学生人数为 519 251，1912 年突破 100 万，1920 年增至 220 万，14～17 岁适龄青年入学率达到 28%，1930 年达到 430 多万，入学率 47%，1940 年为 650 多万[①]。埃利奥特自然无法准确预见这种结果，但他确实清晰地察觉到了这种不可逆转的趋势，因而把建立更多的中学作为改进美国中等教育的首要任务。

为中学建立共同的和更高的标准是埃利奥特以及《十人委员会报告》一直遭受批评的重要方面，即指责埃利奥特的精英意识以及主要从大学的利益出发并企图继续维持大学对中学的控制，但从当时美国中等教育的发展现状来看，能够在较短时间使公立中学摆脱乱局的关键（虽然不是唯一的）途径只能是课程的统一。这不仅是因为课程混乱是当时公立中学普遍存在的重要问题，而且也是中学改革中牵一发而动全身的关键环节。其实，主张中学课程统一和大学入学标准统一并不是十人委员会的创见，而是当时许多教育界人士共同的呼吁。十人委员会所做的无非是把这些要求以一种更为合理的方式反映在一份教育文献中。即使是为统一标准而进行的四种课程的分类，也不是十人委员会的发明，而是对当时各地一些中学教学实践的梳理、总结和提炼。

如此看来，《十人委员会报告》似乎不应享有它所获得的各种赞誉，甚至都不值得引起长达百年的关注和争论。问题的关键就在这里。在 19 世纪 70—90 年代，众多美国人都亲身感受到了美国中等教育的急剧扩张，许多美国人也都察觉到了美国中等教育“百病缠身”，一些美国人也在努力探索治病的良方，但却很少有人像埃利奥特和他的委员会那样深入和准确地把握问题的关键，并以一种稳健的方式提出解决关键问题的方案。在 19 世纪 70—90 年代的美国，关于公立中学的目标和功能问题有人注意到了，中学课程问题也有人觉察到了，中学与大学的衔接问题也常有人触及，但只有十人委员会将这些问题整合成一个整体，从课程分类这个更易把握且可能引起较小震动的环节入手，并由此出发触及中学功能和目标以及中学与大学的关系这些更易产生争议的问题。易言之，即为达到主要目标而在次要方面采取

① 斯普林．美国学校：教育传统与变革．北京：人民教育出版社，2010：325.

妥协的策略。甚至《十人委员会报告》中那些被指责为保守的方面（保留古典课程、强调心智训练等）都应该被看作一种机智的策略。不管《十人委员会报告》是否对 19 世纪 90 年代美国公立中学课程改革发挥了实际的影响，通过全国范围内对公立中学改革的关注、讨论和探索，十人委员会揭开了美国中等教育全面改革的序幕。从《十人委员会报告》发表后美国中等教育变迁的过程可以清楚地看到，正是从 1893 年开始，美国中等教育进入了一个全新的发展阶段。克鲁格认为，1880—1920 年是美国中学形成相似形状和特征的时期①。如果真是这样，那么，1893 年无疑是这个过程的转折点。从这个意义上讲，十人委员会所完成的工作实际上远远超出了全国教育协会的托付和预期。全国教育协会 2 500 美元的投入确实“物有所值”。

《十人委员会报告》不仅开启了美国中等教育的改革进程，而且直接影响了此后若干年美国中等教育变革的走向。1893 年十人委员会解散后，全国教育协会相继成立了大学入学要求委员会（Committee on College-Entrance Requirements）、中等教育改造委员会（Commission on the Reorganization of Secondary Education）、节约教育时间委员会（Committee on Economy of Time in Education）和中学与大学衔接委员会（Committee on the Articulation of High School and College）等一系列委员会，专题研究大学入学标准、中学与大学的关系、中等教育的基本目标、中等学校的学制、中等学校的组织等问题。在很大程度上，这些问题都是《十人委员会报告》中提出或涉及的，这些委员会实际上延续了十人委员会的工作。拉维奇认为，《十人委员会报告》中提出的很多问题在实施过程中被弱化了，甚至完全违背了委员会的初衷。报告中对大学入学标准和高中与大学的衔接问题的讨论，在报告出台后的很多年仍然发挥着作用②。

十人委员会及其报告的历史贡献不仅在于它做出了什么，还在于它是以何种方式做这些事情的。从一定意义上可以说，十人委员会的工作开创了一个全新的局面，即由全国性的专业组织推动教育改革的特殊动力机制的形

---

① KRUG E A. The Shaping of the American High School，1880－1920. Madison：The University of Wisconsin Press，1964：6.

② RAVITCH D. National Standards in American Education. Brookings Institution Press，1995：38.

成。众所周知，根据美国宪法第十条修正案，美国形成了主权在州、高度分权的教育管理体制。在这种体制下，不可能存在一个具有权威的全国性的政府机构负责处理全国性的教育问题。联邦政府权力的缺位实际上为民间团体和专业组织的发展提供了巨大的空间。但在十人委员会之前，美国事实上并不存在能对全国性教育问题发挥广泛作用的团体和组织。全国教育协会虽然成立于 1857 年，但在早期，它不过是无数美国社团中的一个，既无专职秘书，也无专门的办公场所，会员不过几千人（1907 年，全国教育协会会员首次突破 5 000 人，达到 5 044 人），充其量只是教育界人士交流信息的一个场所，发挥了一个论坛的作用，难以对教育问题产生全国性的实际影响。

由于十人委员会和 9 个分委员会吸引了包括埃利奥特、安杰尔、威尔逊、惠勒、亚当斯等著名大学的校长，鲁宾逊、戴维斯、基特里奇和钱伯林等大批在美国教育界、学术界具有重要影响的人士，由于《十人委员会报告》涉及全国中学（特别是公立中学）发展所面临的重大问题，也由于报告提出的建议所引发的普遍关注和争论，不仅使十人委员会及其报告家喻户晓，也使组建十人委员会并资助该委员会开展工作的全国教育协会开始成为具有真正全国性影响的专业组织。《十人委员会报告》完成后，美国教育局（The Bureau of Education）负责印刷发行。短短几个月内，第一次印刷的 3 万本报告很快被免费发放到教育界人士手中。为满足更多读者的需要，全国教育协会委托美国图书公司印刷发行第二版（先后卖出了10 538本）[①]，并将报告刊登在协会的会议记录上。正因为报告的广泛影响，“1894 年至 1905 年间，几乎每一个教育问题的解决都与《十人委员会报告》相连、相反或相异”[②]。

不仅如此，尽管很难得到完整的数据表明在 19 世纪 90 年代究竟有多少美国中学按照《十人委员会报告》的建议对已有课程计划进行了修改，或重新设置了课程，但是，报告所造成的全国性影响，以及全国范围内关于中学

① KRUG E A. The Shaping of the American High School，1880 - 1920. Madison：The University of Wisconsin Press，1964：67.

② 同①66.

教育目标和课程的广泛讨论，使全国教育协会事实上发挥了启动全美中等教育改革的发动机的重要作用，事实上扮演了全国中等教育政策制定者的角色。全国教育协会作为一个教师论坛和教育界同人俱乐部已成为历史，它开始逐渐成为教育界利益的重要代言人，成为影响全国性教育政策的有着巨大权势的院外集团。

20 世纪美国教育演变的历史清晰地表明，与世界上其他国家不同，由于高度分权的教育管理体制，美国形成了一个特殊的教育改革动力机制，即代表某种特殊利益和需要的专业组织或社会团体在推动教育改革的进程中发挥了在许多国家通常只能由政府或议会发挥的作用。在通常情况下，这些组织或团体会依托各种途径阐明自己的利益诉求，以争取更大范围的支持，并逐渐对立法机构施加影响或压力，最终达到通过立法实现自身利益的目的。在这个过程中，那些认为自身利益将会因此受到侵害的组织或团体同样会采取相应的措施，以阻碍或干扰对方意图的实现，或者尽力争取在博弈的过程中赢得自己利益的最大化。由此，教育改革酝酿、决策的过程就成为各种利益集团相互博弈的过程。尽管通常总是由那些更具影响力的组织赢得最终的胜利，但处于劣势的组织的利益在这个博弈过程中或者得到了阐述，或者得到部分的满足。

1894 年 10 月，埃利奥特在《教育评论》发表了一篇题为“教育改革的统一”的论文，他指出，如果我被问到十人委员会最为重要的贡献是什么，我会说是委员会工作的一般方法（general method），这是一种调查的方法和分学科进行讨论的方法，来自各种大学和各种中学（公立的、私立的和捐赠的中学）的教师和专家的调查和讨论[①]。在这里，埃利奥特揭示了一个深刻的道理：十人委员会或全国教育协会这样的专业组织要对全国的教育改革发挥实际的影响力，所依靠的绝不是斗争、抗争、示威，而是科学、理性和民主的方法与态度，是通过相互协商和妥协所达成的一致。之所以说《十人委员会报告》开创了一个全新的局面，就是因为它是全国教育协会开展的第一项全国教育问题的调查和研究。埃利奥特曾说，类似这样的研究之前在新英

① ELIOT C W. The Unity of Educational Reform. Educational Review，1894（10）：224－225.

格兰地区也曾开展过，但从未在全国范围推行[①]。在一定意义上，十人委员会的工作开创了由全国性的专业组织推动教育改革的特殊动力机制。在这个过程中，不同的利益群体不断博弈形成共识，最终推进改革的实施或推动立法机构通过相关教育改革的法律。从《十人委员会报告》到中等教育改造委员会的《中等教育的基本原则》，从科南特的《今日美国中学》到《科尔曼报告》，再到《国家在危机中》，无不如此。就此而言，20 世纪美国教育的历史就是一部教育改革的历史，而教育改革的历史就是一部不同利益集团（包括专业组织）不断博弈的历史。这个博弈过程尽管错综复杂、充满权谋，但却是和平与理性的。

① ELIOT C W. The Unity of Educational Reform. Educational Review，1894（10）：105.

第六章
综合中学计划的形成

一、社会转型期美国公立中学面临的困境

二、公立中学的路径抉择

三、公立中学的重新定位与综合中学计划的形成

四、综合中学计划的历史回响

如果说现代意义上的美国公立中学已经具备了服务于社会各种需求的能力，那么20世纪初期美国综合中学的形成则为此奠定了坚实的基础。在这个过程中，传统公立中学从一种以心智训练为主的大学预备机构，转变为集大学预备教育、职业教育、通识教育为一体的综合教育机构；从只关心打算升入大学的小部分学生的需求，转变为在同一所机构中同时满足各种学生需求。公立中学的目标、功能、课程体系、组织管理等都发生了翻天覆地的变化。那么，综合中学计划究竟是如何形成的？为什么学术目的之外的其他知识和活动能够进入传统公立中学，并成为中等教育的重要组成部分？这就有必要对开端时期综合中学计划的形成进行历史的梳理和分析，理解其建立的初衷，进而探讨其性质和特点，以及其能够作为现代公立中学典范的原因。而在这一过程中，还需要注意学校与社会的互动，即社会转型对学校教育产生的影响、学校对社会环境变化做出的应对与反馈等。同时，也有必要将不同社会群体或组织，如教育协会、大学及中学教师、教育研究者、慈善组织、媒体、学生家长等考虑进来，从多个视角进行剖析，探讨各个社会群体是如何在这一历史进程中发挥作用、对美国中等教育的变革方向产生影响的。

一、社会转型期美国公立中学面临的困境

19世纪末20世纪初，全面转型中的美国社会对学校教育提出了挑战。新的工业秩序需要“能够很好地适应工业机器的熟练、半熟练工人”以及“遵守命令、保证效率的士兵”①；城市化需要能够了解美国传统与现实、文明与理解、道德与公民知识的“新型进步青年”；移民浪潮的涌入则需要从各个方面“驯服后来者”。基于此，学校教育至少应做到以下两点：一是将天平偏向工业教育一边，教授工业社会的生存法则与技术，使学生能够适应未来生活的各种变化，或至少成为标准化生产的顺从、可靠的工人。二是为青少年步入城市化、移民化的美国社会提供礼仪、健康、道德、公民知识，以及职业训练等预备性教育。在这种局面下，作为为高等教育提供主要生源的低一级教育机构，以及相当一部分毕业后就直接进入社会的学生的“最后

① HANUS P H. Industrial Education. Atlantic Monthly，1908（CI）：60.

一站”，中等教育尤其受到关注。而公立中学因其指向性更广、公共性更强，且入学人数激增[①]更成为社会舆论的焦点。此时，古典传统已根深蒂固的公立中学并没有做好准备，最终招致了广泛的质疑与批判。

首当其冲的是公立中学的传统心智训练观。长期以来，美国中学一直将心智训练、培养“完人”作为中等教育的题中应有之义。直到 19 世纪末，“心智训练、获取知识依旧是公立中学的首要目的”[②]。此时，这种以拉丁语、希腊语、数学等古典课程为核心，旨在训练心智和行为及习惯的教育显然已与转型期的美国社会格格不入。公众的不满情绪开始上升，他们斥责心智训练是“中世纪的把戏”，只是为了使不民主的教育体系长存而已。也有人斥责人格塑造与心智训练如阳春白雪，只适合聪慧敏锐的孩子，并不具有普适性。此时中学自身也意识到了这一问题。纽约市华盛顿伊恩中学的校长威廉·麦克安德鲁于 1910 年调查了 45 所中学校长对中等教育目标的看法，校长们给出的多元化答案令人欣慰，以适应生活、心智与手工、道德发展、能力训练、健康、文化传承等为关键词的目标出现在各位校长的说辞中。但不久安德鲁就发现，所有 45 所中学无一例外地依旧在教授保守的古典学科，他愤怒地斥责道：“难道我们在教育报告中白纸黑字的教育目的，就是这样在教室里实行的吗?”[③] 费城一所中学的校长威廉·刘易斯也抱怨目前的中学无疑对古典学科了如指掌，对学生本身却一无所知[④]。与此同时，一些大学学者对这一现象也表示担忧，加利福尼亚州立师范大学的刘易斯·特曼认为目前青少年仅接受唯一的心智训练，而忽视现实教育的结果将是灾难性的[⑤]。

---

① 中学数量的增加源于内战后入学人数的激增，据美国官方数据显示，1880 年，公立中学的在校学生有 110 000 人，截止到 1900 年，这一数量已达到 519 251，到了 1920 年，中学已招生 220 万人。参见 The U. S. Department of Commerce，Bureau of the Census. Historical Statistics of the United States：Colonial Times to 1970，Part 1. Bicentennial edition. Washington，D. C. ：U. S. Government Printing Office，1975：375；U. S. Department of Education. The Condition of Education，1980. Washington，D. C. ：National Center for Education Statistics，1980：56.

② RUGG H. Three Decades of Mental Discipline// The Foundations and Techniques of Curriculum Construction，26th yearbook of the National Society for the Study of Education，1927：33.

③ MC ANDREW W. The High School Itself. NEA Journal of Proceedings and Addresses，1910：452.

④ LEWIS W D. Democracy's High School. Boston：Houghton Mifflin Company，1914：50.

⑤ TERMAN L M. Commercialism：The Educator's Bugbear. The School Review，1909，17（3）：194.

如果说公立中学对心智训练的坚守已然引发了公众及学校内部的批判与自我批判，那么大学的“严密控制”无疑是造成这种局面的重要原因之一，且它在很大程度上使中学丧失了教育自主权。长期以来，受制于“为大学服务”的目标，美国中学一直将自身定位成为高等教育挑选人才的储备机构，过度迎合那些即将进入大学的小部分学生的需求，而忽视了多数普通学生的发展，进而忽略了自身的独特性。长此以往，一些中学也不再拥有特别的目的、课程、方法，它们逆来顺受地接受了这一使命，在缺乏清晰的、有意义的教育目的的状态中逐渐消解了自身存在的必要性与合理性。麦克安德鲁在1910年对美国大城市中学校长的调查中，发现有93%的校长承认他们的学校受制于大学①。而在安德鲁的调查之前，公众已在各种场合表达了对大学控制的不满和抵制。纽约的英语教师协会（New York City Associations of English Teachers）曾公开反对大学控制中学的英语课程；哈佛大学的教师纳尔逊也撰文表达了大学没有权利控制中学的看法，认为中学之所以存在，是为那些不上大学的青少年服务的，而非那些要进入大学的人②。威廉·欧文曾先后三次在《学校评论》（*School Review*）中声讨大学对中学的控制，且语气一次比一次强硬，在1908年4月的文章中，欧文用“混乱”③一词形容中学课程被不同的大学入学标准控制的局面，1909年，他使用了“危机”④一词，同年12月，他使用“奴役”一词号召中学摆脱束缚，实现自治⑤。

事实上，公立中学面临的以上困境也与职业教育的“侵袭”有关。正是职业教育的介入在很大程度上对传统课程体系造成了冲击，加剧了公立中学的危机。随着工业化、城市化进程的加深，19世纪后期，工商业、机械、制造等课程已在一些学校开设起来。1886年，美国劳工组织公开表示支持

---

① MCANDREW W. The High School Itself. NEA Journal of Proceedings and Addresses，1910：454.

② NEILSON W A. What the College Has a Right to Expect of the High Schools in English. The School Review，1908，16（2）：73-77.

③ OWEN W B. Editorial Notes. The School Review，1908，16（4）：266.

④ 同③273.

⑤ 同③718-719.

手工训练学校和商业学校；1899 年，约翰·杜威也已意识到“在大多数人那里，智力的兴趣已经不再占主导地位，他们已将热情与激情转向实用”[①]。1906 年，马萨诸塞州州长威廉·道格拉斯率先成立了本州的工业与技术教育委员会，由刚从德国学习凯兴斯泰纳职业教育模式回来的保罗·汉纳斯担任主席一职，负责本州内的工业与技术教育。同年，全国工业教育促进会成立，目的是“集结各方力量使工业教育遍布全国各地”[②]。1908 年，美国劳工联盟在第 25 届年会上也表示工人对职业教育很感兴趣，公开支持职业教育。1910 年，北加利福尼亚公立学校督学认为，美国 90%的人靠工业谋生，因而美国需要的是一种适应工业化社会的公立教育体系[③]。同年，全国工业教育促进会的一项调查显示，全国已有 29 个州提供了各类形式的工业教育，其中，10 个州创办了技术学校，18 个州提供了手工培训，11 个州提供了家政训练，19 个州提供了农业培训，11 个州提供了工业与商业课程。例如，威斯康星州就为适龄学生提供了多种工业教育形式，其县区的学校提供农业、家政训练，城市公立中学与初等学校高年级专门设立了手工训练部。另外，该州还单独开办了商业学校，制定了普通中学与职业学校并举的法案[④]。还有 25 个州专门制定了相关法律来促进工业教育的发展。之后，工业教育热潮在全国轰轰烈烈地开展起来，最终发展成为一场“工业教育运动”(Industrial Education Movement)。这一切都表明在一个工业化程度不断加深的时代，公众已经意识到了职业教育的重要性，且对职业教育的需求已极大提升。而此时，中学还在大学入学标准的引领下坚守着拉丁语、古代史、几何等传统课程，以为学生仅需要接受短暂的自由教育就足以应对未知的人生。这种观点正在招致最严厉的批判，“不实用”“不民主”已是最常见的语词，公众期待中等学校能够重新修订目标，建立有益于满足学生现实需求的

① DEWEY J. The School and Society. Chicago：The University of Chicago Press，1900：42.

② National Society for the Promotion of Industrial Education. Proceedings of the Organization Meetings. New York，1907，Bulletin No. 1.

③ JOYNER J. Some Dominant Tendencies in American Education. NEA Journal of Proceedings and Addresses，1909：53 - 54.

④ CREMIN L A. The Transformation of the School：Progressivism in American Education（1876 - 1957）. New York：Alfred A. Knopf，Inc. & Random House，Inc. 1961：50 - 51.

职业课程体系，并探索新的教学方法。

对公立中学课程缺乏实用性与职业性的批评来自包括教育组织机构、社会团体、媒体及中学教师等各种群体。《学校评论》的编辑斯舒尔曼[①]、丹佛学校的斯迈利[②]，分别从不同角度建议中学减少甚至取消无法满足青少年兴趣与需求的课程，代之以多样性、实用性、专门化的职业课程与活动，以与学生的未来成长相联系。教育及相关社会团体在1908年的全国教育协会上连续提交了《学校对工业及效率的适应》《我们教育体系最迫切的需求是为那些注定在工业与家政方面有所追求的儿童的职业需求提供充分准备》《中学商业课程：科目及其实践和教育价值》等报告[③]，建议将职业教育纳入中学课程体系，与传统课程融合，认为这是中学满足广大学生需求的必由之路。之后，全国教育协会每年都听到许多要求职业教育进入中学的呼声，甚至连主席卡罗尔·皮尔斯也支持在中学进行职业和实用训练，"以免孩子像现在这样经常在街上乱跑"[④]。

此起彼伏的声讨让公立中学战战兢兢，而来自初等教育的批评更加剧了中学的危机感。他们普遍反映中学仅仅关注自己与更高一级教育（高等教育）的联系，从而忽视了与初等教育的联系。初等教育强调基础知识以及常规作业，学生容易接受，而中学课程几乎都是围绕高等教育入学而设，强调广泛学习各领域的知识，繁杂且艰涩，与小学阶段"断裂得太突然太彻底"[⑤]，使整个学校看起来"冰冷、奇怪"[⑥]。除此之外，来自学生和家长的抱怨使得很多学生刚进入学校不久就辍学了。父母认为他们没有能力继续为

① SCHURMAN J G. The Outlook for the Curriculum. The School Review，1893，1（2）：68.

② SMILEY W H. Secondary Education. The School Review，1896，4（7）：524.

③ 这四份报告分别是：HOWE C S. Addresses of Welcome；DRAPER A S. The Adaptation of the Schools to Industry and Efficiency；MCELROY J F. The Most Urgent Need of Our Educational System Is an Adequate Provision for the Vocational Needs of Children Destined for Industrial and Domestic Pursuits；GARBUTT I R. The High School Commercial Course：Its Subjects，Their Practical and Educational Value. NEA Journal of Proceedings and Addresses，1908：52－54，65－78，161－165，876－881.

④ CARROLL P. President's Address. NEA Journal of Proceedings and Addresses，1912：135.

⑤ ROBINSON D. The Reorganization of the Grades and the High School. The School Review，1912，20（10）：665－688.

⑥ POTTER M C. Social Organization in the High School. NEA Journal of Proceedings and Address，1910：506.

孩子学习这些与生活和工作无关的课程付费，因而带孩子离开学校。据调查，当时全国只有 40%～50%的学生接受了完整的初等教育，而能够从中学毕业的学生更少得可怜，只有 8%～10%[①]。调查发现，成千上万的青少年离开学校，游弋于街道、桥下、贫民窟，做着不适宜这个年龄段做的各种事情，最终沦为社会的不良分子。抑或有的青少年在工厂里赚钱谋生，但他们做的是最末端的工作，拿的是最低薪，是否能够维持生计都是个问题。

二、公立中学的路径抉择

此时，夹在公众需求与学术传统之间的公立中学的处境极为尴尬，它进退两难地一边继续教授古典课程以满足打算进入大学的那部分学生的需求，一边试图在实用性、多样性方面有所作为，以满足那些不再读大学的学生的需求。最终，这一时期对公立中学的“社会大批判”走向了两条截然不同的路径：部分公众对德国教育体系推崇备至，他们认为德国之所以能高居世界工业化国家前列，是因为其职业教育对工业化进程的推动起了决定性作用，美国若能向德国学习，必能提升整个国家的工业化水平。1897 年，美国制造者协会的西奥多·瑟奇在演讲中表达了这一观点，“德国逐渐强大的工业力量源自其优秀的技工学校体制，英国以德国为榜样，也在飞快地进步。而美国最好也这样做”[②]。1913 年美国一位教育行政官员也认为，在使工业化适应社会需求方面，德国比美国做得好。他力荐德国模式，建立与公立中学相分离的专门化职业学校，形成职业教育与通识教育和学术教育并行的“双轨制”。而另外也有人提议，确实应该吸收德国职业教育经验，但要建立美国自己的教育体系，即建立一种融合职业教育、通识教育与学术教育的综合中学（comprehensive high school）体系。这种观点的支持者认为，分开设立的职业学校与民主目标相去甚远，会造成“扩大职业培训而缩小教育”的

① STRAYER G D，THORNDIKE E L. Educational Administration：Quantitative Studies. New York：The Macmillan Company，1913：12 - 13.

② CREMIN L A. The Transformation of the School：Progressivism in American Education（1876 - 1957）. New York：Alfred A. Knopf，Inc. & Random House，Inc. 1961：38.

后果[①]，如《教育杂志》的编辑弗雷德里克·博尔顿认为“支持独立职业中学体系的人在有意无意地成为我们当前中学体系及真正民主的敌人”[②]。伊利诺伊大学农学系主任也认为独立设置的学校太狭隘了，会使学生变得孤立，导致阶级意识而非民主，且根本不能满足在民主社会中成长起来的青少年的真实需求[③]。总体来看，双方的论争构成了 19 世纪末 20 世纪初关于美国公立中学变革路径的主旋律，双方曾一度就这一问题相持不下，进而引发了全国性的大辩论。

而早在公众声讨之声日盛之前，全国教育协会就已经意识到教育调查与研究的重要性。它发现，解决公立中学困境的关键在于中学与大学的关系问题。1892 年 7 月，全国教育协会成立十人委员会，其任务有三个：一是确立中学的课程设置标准；二是明确大学的入学标准；三是将中学与不断壮大的大学衔接起来。然而，由大学一方主导的十人委员会[④]的工作并不尽如人意，因为 1893 年出台的《十人委员会报告》[⑤] 被认为是一份意在保护大学利益，并试图在中等教育领域建立起维护大学秩序与标准的文件，出台不久即

① BROWN J S. Proceedings. North Central Association of Colleges and Secondary Schools，1908：136 - 143.

② BOLTON F E. Editorial Notes. The School Review，1908，16（1）：56 - 58.

③ DAVENPORT E. Unity in Education and Its Preservation While Meeting the Demands for Industrial Training. NEA Journal of Proceedings and Addresses，1909：487.

④ 十人委员会成员有：哈佛大学校长查尔斯·艾略特（Charles W. Eliot）、教育行政长官威廉·托里·哈里斯（William Torrey Harris）、密歇根大学校长詹姆斯·安吉尔（James B. Angell）、女子中学（Girl's High School）与女子拉丁学校（Girl's Latin School）校长（Head Master）约翰·泰特洛（John Tetlow）、瓦萨大学（Vassar College）校长詹姆斯·泰勒（James M. Taylor）、中学校长奥斯卡·罗宾逊（Oscar D. Robinson）、科罗拉多大学（University of Colorado）校长詹姆斯·贝克（James H. Baker）、密苏里大学（University of Missouri）校长理查德·吉斯（Richard H. Jesse）、劳伦斯维尔中学（Lawrenceville School）校长詹姆斯·麦克肯斯（James C. Mackenzie）以及欧柏林大学（Oberlin College）教授亨利·金（Henry C. King）。其比例分配为：大学校长及教授、中学校长和教育行政领导，其中大学校长及教授占 60%，中学（其中两所私立中学，只有一所公立中学）校长占 30%（其中公立中学只占 10%），教育行政人员占 10%。十人委员会之下成立的九个学科委员会的主要成员也都是大学教授及教师，这九个学科是：（1）拉丁语；（2）希腊语；（3）英语；（4）其他现代语言；（5）数学；（6）物理、天文、化学；（7）自然博物学（包括生物学、植物学、动物学、生理学）；（8）历史、公民政治（civil government）、政治经济学；（9）地理（包括自然地理、地质学、气象学）。关于十人委员会是否由大学方主导，国内外学界已有讨论，详见第五章，这里不再赘述。

⑤ National Educational Association. Report of the Committee of Ten on Secondary School Studies with the Reports of the Conferences Arranged by the Committee. New York，Cincinnati，Chicago：The American Book Company，1894.

刻遭到了社会的普遍谴责。随后，1895 年，大学入学要求委员会（十三人委员会)[①] 接任其工作，四年后的报告[②]依然倾向于将中学作为大学教育的预备机构。相关争吵一直在持续，直到 20 世纪初，多数大学依旧把控着中学的课程与工作重心。

在十人委员会和十三人委员会之后，全国教育协会于 1908 年成立了另一个委员会——综合中学委员会，对周边大城市的中学进行调查，以期提出对中学进行改组的合理体系，同时论证综合中学的可行性。最终综合中学委员会提交的两份报告为公立中学的变革提供了思路，尤其是对课程综合改组的建议颇具吸引力。第一份报告重在界定综合中学所应具备的特征及其课程建议。在特征方面，首先，综合中学应该是美国式的，应该充分考虑本国需求，而非模仿欧洲模式。其次，综合中学应该是民主的，适合每个公民的需求，使最贫困的学生也能从教育中得到心智能力所需的知识，能力较低的学生也能选择适合自身的、对未来生活有用的教育。再次，综合中学应该是中等教育级别的，不应仅仅为高等教育服务，而是为所有适龄青少年服务。最后，综合中学的课程应包括所有中等学校的基础性课程，以及那些对于成为好公民有用的课程[③]。具体而言，综合中学的课程应该包括英语、美国史(包括政党的历史)、公民教育、商业（金融、商法等)、代数、几何（用于商业、家政、制衣、室内装潢、园艺等)、伦理与道德、手工训练（男生学习木工等，女生学校烹饪、缝纫等）及家政等[④]。报告认为只有足够多的课程才能为具有各种心智的学生打开大门。职业教育的确也很重要，但它并不是为生活做准备的唯一要素，与普通课程的割裂会加剧阶级对立和分化，而

① 该委员会的主要成员除了之前十人委员会的成员外，新增了两位大学校长、十位大学教授、五位大学预备学校的代表、两所公立学校的督学，以及两所公立中学的校长。从成员组成来看，也是大学一方居多。

② National Educational Association. Report of the Committee on College Entrance Requirements. NEA Journal of Proceedings and Address，1899：632 - 677.

③ MAGRUDER W T. The Cosmopolitan High School Curriculums from the Standpoint of Colleges of Engineering. NEA Journal of Proceedings and Addresses，1908：600 - 601.

④ 同③601 - 603.

“公立学校教育的一个目标就是在儿童的国度里消除阶级的感觉与意识”①。

第二份报告则从中学自身出发，根据对 50 座大城市公立中学课程的具体调查，指出了公立中学普遍存在的课程安排混乱、次序颠倒、时间不统一，以及学生辍学现象频发等问题。报告认为，中学应该首先为 96%的学生服务，其次再为进入大学的那 4%学生服务②。同时，公立中学应该成为更广泛综合的学校，将不同国家、职业、宗教信仰的儿童带入美国学校并使之成为“美国公民”，做美国人一直引以为傲的事。

报告公布之后，综合中学委员会得到了约翰·杜威在内的诸多教育学者的支持，他们还为委员会制定出了未来工作计划③。此时综合中学已广为人知，关于综合中学的讨论也多起来。到 1912 年，就连曾经支持独立职业学校的美国制造者协会也对综合计划予以肯定。同年，综合中学委员会向全国教育协会递交的调查报告表明了当时公立中学内部对于变革路径的立场和态度。调查主要针对的是全国的中学校长，也有一些督学，调查的基本数据见表 6－1。调查的城市全部是人口 1 万及以上的城市，最终在截止日期内回收了 175 份调查问卷。在调查问卷中，除了对学校名称、地理位置、学校类型(学术型、技术型、手工训练型、商业型，或是综合型)、男女生比例等进行调查统计之外，重点调查了校长对三个问题的回答：(1) 如果可以按照自己的构想和想法自由地组织开办学校，你将会采取哪种学校组织形式、哪种管理方式以及哪种学习计划？你的学校需要做出哪些改变来实现这个理想？(2) 在目前的形势下，哪些困难阻碍了你实现这一理想？(3) 你会支持为公共社区服务的学校还是与当地环境无关的学校？你愿意为了促进社会的利益考虑来组织自己的学校吗？在被调查的 173 位中学校长（督学）中，162 位支持综合中学，11 位支持独立的专业学校④。

---

① MAGRUDER W T. The Cosmopolitan High School Curriculums From the Standpoint of Colleges of Engineering. NEA Journal of Proceedings and Addresses，1908：603.

② SMITH S R. The Cosmopolitan High School Curriculum. NEA Journal of Proceedings and Addresses，1908：611.

③ SMITH S R. Preliminary Report of the Committee on Cosmopolitan High School. NEA Journal of Proceedings and Addresses，1910：464－465.

④ SMITH S R. Report of the Committee on Cosmopolitan High School Curriculum//Report on the Preliminary Questionnaire. NEA Journal of Proceedings and Addresses，1912：701.

表 6-1　　美国校长（督学）支持与反对综合中学的调查数据

中学规模/学生人数	支持综合中学的校长（督学）人数	支持专业学校的校长（督学）人数
＜250	20	1
250～500	46	1
501～750	27	2
751～1 000	25	4
1 001～1 500	18	1
1 501～2 000	18	—
2 001～2 500	4	1
＞2 301	4	1
TOTAL	162	11

数据来源：Report on the Preliminary Questionnaire. NEA Journal of Proceedings and Addresses, 1912：701.

总体而言，20 世纪前 10 年间，支持综合中学的人数多于支持独立的职业学校的人数。这一派主要以约翰·杜威为代表，建议建立一个"完满的中学，一个更加广泛的中学（a wider high school），把学生个体带入更加广泛的联系之中，使对学生的表现和资质进行最彻底和最完整的评估成为可能"①，他建议在中学开设职业课程，但这种课程并不是为了某种特定职业训练工人，也不是要学生专门钻研一门专业，而是作为对现有课程的补充，赋予中学课程一种实用的目的，使学生获得与通识教育相结合的职业教育，养成对职业及社会的理性态度。在这个过程中，杜威关注的是"智慧的首创性、创造性和执行能力，以使工人在工业生活中成为自己的主宰"②。他认为职业教育应该是作为对通识教育的补充而出现的一种教育类型，"通过职业进行教育"（education through occupation）是满足青少年了解社会、了解工业秩序、了解自己的一种途径。在这种情况下，职业教育应该与通识教育出现在同一所学校中相伴而生、共同进步，否则将不可避免地导致一种倾

① DEWEY J. The Educational Situation. Chicago：The University of Chicago Press，1902：74-79.

② LABAREE D F. How Dewey Lost：The Victory of David Snedden and Social Efficiency in the Reform of American Education. Stanford University，2008：165.

向，即职业教育和通识教育都会变得更狭隘、更微弱、更低效[①]。另外，杜威反对过早地对儿童进行职业方向的指引，尤其反对预先为学生定向，用狭隘的职业训练使学生作为劳动者去适应既定职位的秩序与命令，而应看到学生是有无限潜力去从事多种职业的。在他看来，这种“宿命式的、极易导致阶级对立的”职业训练只有通过建立一个整合性的教育系统才可以避免。

支持杜威的一派从各种层面指出综合中学的好处。美国俄亥俄州杨斯顿市瑞恩学校的校长格里斯沃尔德·韦尔斯指出，“把上层富人阶层的孩子与下层的穷人的孩子放在一起的好处是无法估量的……在综合中学里，孩子们自由选择适合他们的通识课程或者职业课程而不受限制”[②]。路易斯安那州麦金利高中的校长莫里森赞扬路易斯安那州综合中学课程的灵活性，即如果学生的兴趣发生变化，可以在课程上做出适当的调整，而且学校所有阶段都渗透文化教育与工业教育，学生在同一个屋檐下根据自己的兴趣学习，同伴之间还可以互相交流[③]。除了中学校长，一些大学教授也对综合中学持支持态度。锡拉丘兹大学（Syracuse University）的一位经济学教授讽刺了支持独立职业学校计划的“那帮人”，声称中等教育应该有超越于为上层阶级培养工人的更高的目的[④]。长期担任全国教育协会领导工作的卡罗尔·皮尔斯也号召美国人民一起努力防止对“公共学校的破坏”，并声称这种挑战是目前摆在美国人民面前的最重要的任务[⑤]。另外，一些杂志也将这个问题作为话题来讨论，其基本思路是支持职业教育运动，但不支持独立发展职业学校，因为那样就缩小了教育的范围，不足以满足学生的各种需求。总体来看，支持综合中学的学者都认为与独立分割相比，综合中学是将学校与现实生活、职业领域联系得最紧密的形式，能使所有人在和谐、民主的氛围下得到发展。

从以上言论来看，似乎公众大多是站在综合中学这一边的，但事实上，

---

① DEWEY J. Education vs. Trade-Training: Dr. Dewey's Reply. The New Republic, 1915 (May 15): 42.

② GRISWOLD W L. Discussion. NEA Journal of Proceedings and Addresses, 1908: 614.

③ MORRISON G B. Discussion. NEA Journal of Proceedings and Addresses, 1908: 616.

④ ROMAN F W. Vocational Education-Its Dependence upon Elementary Cultural Training. NEA Journal of Proceedings and Addresses, Department of Superintendence, 1915: 1173-1176.

⑤ PEARSE C G. The Common School as an Instrument of Democracy. NEA Journal of Proceedings and Addresses, Department of Superintendence, 1916: 82-86.

综合中学呼声最高的时候也正是抵制声音最大的时候。此时，由于社会效率运动在美国的兴盛，以戴维·斯内登为代表的一批社会效率崇拜者代表了社会的另一种声音，他们提出在教育领域实现社会效率的途径只能是建立独立的职业学校。在斯内登看来，当时美国的学校体制是“无效率的”“非民主的”，因为它只满足了准备上大学的小部分人的需求，而忽视了有实用需求的大多数人。为了更加“民主地”对待这部分人并对有社会需求的工业、商业、农业人才做出回应，必须为普通民众建立新的职业学校，通过使全体社会成员变得更加有用来寻求人与人之间机会的平等以及整个社会的进步。这种教育旨在把年轻人训练成具备一定生产知识和生产技能的有效率的社会生产者，它与侧重培养文化素质与理智能力的通识教育是不同的。每个人的兴趣、潜力各不相同，必然会从事各异的职业，要使个人能够最大限度地适应未来的职业生活，学校教育就要尽早地为这种未来做好准备，尽早地考量学生的智力、学习基础、发展潜能、兴趣爱好，对其进行分门别类的教育与训练，挖掘他们的内在潜力，这与传统的通识和学术教育也是不同的。两种在目的、内容、方法上存在诸多差异甚至是有根本的分歧的教育必然不适合“融合”，因而必须使职业教育“摆脱传统的学术氛围和学术环境，而与经济领域的培训与训练尽可能地加强联系”[①]，通过在专门的职业学校中实施分化（differentiation）与“做”中“学”，使学校每门专业、每个部门各司其职，专注于同一个目标，最终完成社会赋予的使命，达成个人价值与社会效率的统一。

站在斯内登这一边的，除了因膜拜德国职业教育体制而坚守独立发展职业学校阵地的教育界人士之外，还有另一个重要群体——工商业阶层。对他们而言，利益是决定立场的唯一因素。在社会大论争进行的热火朝天的时候，他们已经在威斯康星州、俄亥俄州以及伊利诺伊州创办了独立的职业学校，且一切进展顺利。

最终，关于到底是应该建立独立的职业学校，还是将职业教育纳入公立

① RURY J L. Education and Social Change：Contours in the History of American Schooling. 3rd ed. New York：Routledge 270 Madison Ave，2009：154.

中学、组建综合中学的问题酿成了斯内登和杜威之间的笔墨之争。二人在《新共和》（*The New Republic*）陆续发表了《自由教育与职业教育的基本区别》（斯内登，1914 年）*VS*《工业教育的政策》（杜威，1914 年）、《职业教育》（斯内登，1915 年）*VS*《教育 vs. 职业训练——杜威的答复》（杜威，1915 年）进行公开论战。除此之外，斯内登在《职业教育的问题》（1910 年）、《中等教育中的新问题》（1916 年），杜威在《当前工业教育运动中的危险》（1913 年）、《民主主义与教育》（1916 年）、《学会生存——职业教育在公共教育综合计划中的地位》（1917 年）中也分别表达了各自的立场与态度。

总体而言，在关于公立中学变革路径的论辩中，斯内登一方表现得似乎更为“实际”和“功利”，通过职业教育达成个人效率和社会效率的双重目标在某种程度上直接决定了教育改革要“简单直接”且“即时有效”，而杜威一方似乎更为“超脱”①，在他看来，职业教育的纳入在很大程度上只是为了增进对职业与社会的理解，使人们在工业社会中主宰自己的命运，而非成为工业制度的附属品②。这种思想指导下的教育抉择更多地带有一种“人文关怀”。

三、公立中学的重新定位与综合中学计划的形成

在综合中学委员会提交报告之后，另一个旨在解决中学与大学衔接关系、重新定位中学的中学与大学衔接九人委员会（简称“九人委员会”）成立并发表报告。该报告主要解决了三个问题：第一，考察了中等学校的现状及需要解决的主要问题，如减少必修课程，增加课程多样性；培养民主社会中的公民的重要性；中学对于个人生涯选择的承上启下作用及其在促进社会民主、工业发展方面的作用；大学预备课程的局限性，等等。第二，从根本

---

① 张斌贤，高玲，李曙光．利益博弈与学校变革：1906—1917 年美国工业教育运动．清华大学教育研究，2014（2）．

② 吴婵．专门化与统一化：美国综合中学计划的形成研究（1908—1922 年）．北京：北京师范大学，2014．

上解决了公立中学课程混乱、标准不一的问题，要求各学校的课程必须包括 11 个单元的英语、外语、数学、社会科学、自然科学以教给全体学生基础知识与学问，也给予中学充分的自主选择权，将 4 个单元留给诸如技艺、家政、商业及其他学生感兴趣的课程上，要求各学校不得为选修课程设限，且针对是否继续升入大学，对必修和选修课的选择也有一定的数量限制。这种必修与选修相结合的课程计划适应了公众对中等学校提出的“统一标准，保留自主性”的要求，也在一定程度上对社会所要求的技工、家政、商业教育做出了回应，同时又没有放弃计划进入大学的那一部分人的要求。第三，要求大学放松对中学的控制，修改其入学标准，同时在中学内部要求更多的自主权，使其可以在满足学生需求的各种角色之间自由转换。

从报告内容来看，九人委员会其实并没有一味地满足青少年的个性化需求，其中还是暗含了其对于心智训练的一丝坚守。一方面，委员会担心过于强调不同职业兴趣的发展会使中学最终沦为造就职业工人的机器；另一方面，他们也担心专注于大学预备课程的学术定位会使中学生变得高傲、冷漠，难以与职业社会的人进行交流与沟通。他们试图在学术教育、通识教育与职业教育之间做出调和，在修订大学入学标准的基础上强调中学的社会功能。无论怎样，委员会的工作反映了公众的一种越来越强烈的需求，即为大学教育做准备不应成为中学的唯一目的，中学需要更为广泛的教育目的和更加自主的权利，而这需要通过课程的重组来实现。

《九人委员会报告》的发布在某种程度上宣告了对中等教育的重新定位，缓和了中学与大学衔接的矛盾。在报告出台后的几年里，哈佛大学、芝加哥大学、波士顿大学、密歇根大学、明尼苏达大学、阿姆赫斯特大学、普林斯顿大学、艾尔弗雷德大学已经开始放松对中学的控制，给予中等学校一定的课程自主权。如 1912—1918 年，哈佛大学增加了 2 门中学科目作为入学要求，波士顿大学增加了 14 门，阿姆赫斯特大学增加了 4 门，达特茅斯学院增加了 3 门[①]。同时，该报告得到了来自媒体界、社会团体和教育行政部门

---

① BLACK M A. Changes in Entrance Requirements of New England College. Educational Administration and Supervision，1919 (5)：76.

的认可。在完成全国教育协会交付的任务之后，九人委员会之下成立各学科委员会，负责对课程改革提出具体建议，这 12 个学科小组委员会分别是：(1) 英语委员会；(2) 数学委员会；(3) 古典语言委员会；(4) 现代语言委员会；(5) 社会学科委员会；(6) 自然科学委员会；(7) 技工委员会；(8) 家政学委员会；(9) 农业委员会；(10) 商业委员会；(11) 音乐委员会；(12) 教育学和心理学委员会。同时，九人委员会建议成立中等教育改造委员会 (Commission on the Reorganization of Secondary Education)，从更高层面、更广范围上解决有关中等教育的各种问题。1913 年 7 月 13 日，中等教育改造委员会成立，之后设立了包括九人委员会、各学科委员会[①]、复审委员会 (Reviewing Committee) 等在内的各小组委员会。复审委员会负责审议各委员会报告，并在此基础上起草《中等教育的基本原则》的报告。1913 年 12 月，改造委员会召开第一次会议讨论各学科委员会报告，对各学科的教育目标、教学方法、内容等进行重新审视与研究，提出课程变革的总体思路与建议[②]。之后的 5 年，改造委员会致力于关注各具体学科应怎样在中学实施，共形成了 7 份学科报告[③]。与此同时，由改造委员会主席克拉伦斯·金斯利领导的复审委员会从 1915 年起，开始致力于另一份伟大报告——《中等教育的基本原则》(Cardinal Principle of Secondary Education) 的拟定。1916 年 11 月，审议委员会通过了对《中等教育的基本原则》的审议，之后经过多次修改，最终于 1918 年由美国内政部教育署第 35 期公报印行。与改造委员会其他诸多报告不同，《中等教育的基本原则》侧重于为美国中等教育的全面改革与重构提供意见和建议，更具纲领性、原则性、指导

① 在之前任命的 12 个学科小组委员会基础上，增加了数学、艺术学科小组委员会，取代了之前的教育与心理学委员会。

② Commission on the Reorganization of Secondary Education. Preliminary Statements by Chairmen of Committees of the Commission of the National Education Association on the Reorganization of Secondary Education. Forgotten Books，2014：8.

③ 这 7 份报告分别是：Teaching of Community Civics (1915，No. 23)；The Social Studies in Secondary Education (1916，No. 28)；Reorganization of English in Secondary Education (1917，No. 2)；Music in Secondary Schools (1917，No. 49)；Physical Education in Secondary Schools (1917，No. 50)；Moral Values in Secondary Education (1917，No. 51)；Vocational Guidance in Secondary Schools (1918，No. 19).

性，其设计的内容也更为广泛[①]。

《中等教育的基本原则》在某种程度上对长期困扰中等教育的各种问题做了一一回应。首先，它对初、中、高等教育的衔接提出明确建议，即改造8—4 学制为 6—3—3 学制，实现中等教育与初等教育更为顺畅的沟通交流，同时建议大学摒弃“高等教育应限于少数人”的观念，接纳所有能够从大学中获益的学生，而无论其是自由导向的还是职业导向的。其次，报告提出了中等教育的七大目标：（1）健康；（2）掌握基本的技能；（3）称职的家庭成员；（4）职业；（5）公民资格；（6）合理利用闲暇；（7）道德品格。再次，报告重新审视了中等教育的功能：（1）专门化功能。主要关注不同群体所反映的不同需要。要求中等学校设立更为广泛的学科、分化的课程，保证组织管理与内容方法的灵活性，同时给予学生建议和指导。（2）统一化功能。主要关注美国民主所需的共同知识、理想和兴趣。要求设置具有实际生活价值的学科，同时通过有效的组织和管理以及共同活动的参与，使学生达到社会融合的目的。在这两种功能定位下，报告提出了固定课程（constants）、可变课程（curriculum variables）与自由选修课程（free electives）相互补充的课程设置原则，而以上专门化与统一化功能的互补“与最符合民主社会需要的中学类型有直接关系”。

在一定意义上，《中等教育的基本原则》确立了现代美国中等学校的标准，即“在一个统一的机构中涵盖所有课程的综合中学，应该成为美国中学的标准类型”。同时报告建议，初中、高中及传统的四年制中学都应是综合型的，因为综合中学在职业教育的有效性、统一化、职业之外的目标、便利性、适应地方需求、有效组织课程等方面比其他类型的学校更具优势。至此，综合中学在一份被称为《20 世纪美国中等教育宪法》[②] 的报告中得到认可，综合中学计划就此形成。

---

① Bureau of Education. Cardinal Principles of Secondary Education：A Report of the Commission on the Reorganization of Secondary Education，Appointed by the National Education Association. United States Bureau of Education Bulletin，1918，No. 35. 中文译本参见：中等教育的基本原则：美国全国教育协会中等教育改造委员会报告．教育学报，2015（6）．

② 中等教育的基本原则：美国全国教育协会中等教育改造委员会报告．教育学报，2015（6）：116.

《中等教育的基本原则》并非改造委员会的唯一成果，与它相互补充的还有另外15份报告。涉及具体学科如社会公民（1915）、社会学科（1916）、英语（1917）、音乐（1917）、物理（1917）、道德价值观（1917）、职业指导（1918）、商业（1919）、数学（1920）、科学（1920）、农业（1920）、家政（1922）等课程的设置。教学内容的选择、教学方法的筛选，以及各种形式的非全日制教育（1921）、中学的建筑设计（1922）等都在改造委员会的“改造”范围之内①。以社会学科课程体系为例，改造委员会为7～12年级设计了地理、欧洲史、公民学、美国史、经济史、美国民主等课程。与之前不同的是，委员会改变了过去历史课程占据社会学科大部分课程的状况，更强调公民学、美国民主及当代问题的课程。而在历史课程中，更注重美国史及近现代史，删除了古代史与中世纪史的大部分内容，且将英国史、德国史放入欧洲史中进行教学。这在某种程度上表明了改造委员会试图与传统中等教育分道扬镳的意图。

四、综合中学计划的历史回响

如果认为是工业化、城市化及移民化直接导致了综合中学计划的形成，或许有些片面。因为这是转型背景下整个社会的处境，所有事物都深受影响，而公立中学只是其中之一。各种委员会及组织机构的成立、诸多报告的出台，以及引发的社会争论都是那个时代的印记。但与众不同的是，综合中学委员会、九人委员会、中等教育改造委员会肩负了整个时代赋予的责任与使命，并将其作为中等教育改革的动力，试图在复杂的时代背景下缓解公立

① 其他15份报告分别是：Preliminary Statements by the Chairmen of Committee（1913，No. 41）；The Teaching of Community Civics（1915，No. 23）；The Social Studies in Secondary Education（1916，No. 28）；Reorganization of English in Secondary Education（1917，No. 2）；Music in Secondary Schools（1917，No. 49）；Physical Education in Secondary Schools（1917，No. 50）；Moral Values in Secondary Education（1917，No. 51）；Vocational Guidance in Secondary Schools（1918，No. 19）；Business Education in Secondary Schools（1919，No. 55）；The Problem of Mathematics in Secondary Education（1920，No. 1）；Reorganization of Science in Secondary Schools（1920，No. 26）；Agriculture in Secondary Schools（1920，No. 35）；Part Time Education of Various Types（1921，No. 5）；Reorganization of Home Economics in Secondary Schools（1922，No. 5）；High School Buildings and Grounds（1922，No. 23）.

中学的生存危机，回应各方需求。它们不是“头痛医头，脚痛医脚”，而是试图在民主社会中以综合性的方式为中等教育树立标准，使具有不同兴趣与能力的个人在学习和其他活动中都能获益，使个人理解更多的共同观念、共同理想以及共同的思考、感受与行动方式，促进社会凝聚力和团结力的形成。在此尝试中，中等教育改造委员会对美国中等教育的设计是自成体系的，其对综合中学的设计更是高瞻远瞩。作为美国中等学校的标准类型，综合中学的目标、课程、组织管理等各个方面都得到了精心地规划与设计。

自 1908 年综合中学委员会成立，到 1918 年综合中学计划形成，综合中学从拯救美国中等教育的一种待选方案发展为“全美中学的标准”，其地位与价值的提升不可同日而语。这种地位与价值的提升在很大程度上源于公众对综合中学“综合性”的认可。这种“综合性”有三方面的含义：一是对学生差异性的包容；二是对各种课程与活动的融合；三是对学生的多元化选择进行统一指导。这种包容性、融合性与统一性恰恰又是通过“差异性”来实现的。综合中学通过开设一整套极具差异性的中等教育课程，将不同背景的学生集中在同一个场所进行教育。换句话说，差异性是通过使所有学生在同一所学校学习不同的课程来实现的：一些学生可能会选择大学预备课程，一些学生可能会选择职业课程，而另一些课程是为所有学生集中统一学习提供机会的，如公民课程、体育课程、健康与卫生课程等。这种通过对差异性逻辑的分解与重构来完成统一性与综合性的课程设计，是教育视阈下的“求同存异”与“和而不同”，既保证了美国公立教育的民主特征，又对转型时代的各种需求做出回应。它一方面满足了工业化与城市化对中等教育提出的教学专门化、管理科学化、劳动力分工细化等要求；另一方面回应了职业教育运动对中等学校的各种职业需求。同时，在为不同的青少年规划步入社会的不同路径时，还始终坚守民主社会的统一性与团结性这一指导原则。

综合中学计划的形成折射出来的不仅是学校类型的变化或课程数量的变化，还是公众教育观念的革新及对教育发展持续性的斟酌与审视。这种斟酌与审视在某种程度上影响了整个 20 世纪美国中等教育发展的走向。从本质上看，综合中学计划在形成过程中遭遇诸多阻碍与质疑的根源在于，中等教育到底要不要改变与重组目标以及如何进行改变与重组。该计划的支持者认为，如果要在更具多样性、复杂性的社会中寻求中等教育的准确定位，就必须考虑到公众及社会对学校教育的各种期待，否则任何改革都是短命的。综合中学计划使中等教育部分地摆脱大学控制，获得了自主发展的权利，扩大了学校的社会服务功能，加强了教育与社会联系的紧密性，且在应对各方需求的过程中，综合中学计划采取了以重组课程来缓解危机的方式。与通常认为的教育目标决定教育内容（课程）不同，转型期综合中学课程的变化在某种程度上反而导致了教育目标的变化。之前的公立中学是古典课程一家独大，其他学科只能作为边缘性学科加以学习，且各所学校的课程设置不统一，自成体系。而在综合中学中，社会学、商业课程、家政课程、职业课程等都来分一杯羹，彻底改变了中等教育课程体系的格局，且将这种格局作为标准进行统一。在这之后，中学不再是为社会挑选少数上层精英并加以教育的专门机构，而是为所有人提供教育的大众化场所。在某种程度上，这体现了整个中等教育职能的转变，即从一个“根据原则精挑细选”的精英教育机构转变为一个“不论差异兼容并包”的大众文化场所。紧接着，整个中等教育的目的、教学方式、师资、设备、管理体制都发生了巨变，这对当时的中等教育来讲是前所未有的“大革命”。

1918年之后，综合中学开始作为美国中等学校的范例在全国推广开来。米勒·布莱克在对新英格兰地区大学1912—1918年入学标准的对比研究中发现，该地区的中学在1918年的课程选择与组织方面比1912年之前更自由、灵活①。1925年，在《中等教育的基本原则》发布7年之后，美国中学校长协会（The National Association of Secondary School Principals）做了一项调查，试图对《中等教育的基本原则》对美国的中学课程产生的影响进行评估。最终结果表明，《中等教育的基本原则》对美国传统中学的重组产生了重大影响。许多中学以《中等教育的基本原则》中的“七大目标”作为其重组的标准和原则，以中等教育改造委员会颁布的课程报告作为其课程综合改组的范本。在收回的181份问卷中，有75%的中学校长承认其课程改革受到了

① BLACK M A. Changes in Entrance Requirements of New England College. Educational Administration and Supervision，1919（5）：73-78.

1918 年《中等教育的基本原则》的直接影响，有 74.6%的校长认为，他们根据综合中学计划为学校的重组做出了不懈努力[①]。

与此同时，对《中等教育的基本原则》及综合中学计划的各种赞赏与褒奖也不绝于耳。1919 年 3 月，《学校与社会》杂志编辑麦基恩·卡特尔赞扬了《中等教育的基本原则》中的教育改革建议的实用价值[②]。同年 4 月，弗吉尼亚州的中等学校督学杜克认为“那些致力于为中等教育找到新方向的人将会在这里发现指导性的原则”[③]。同年 7 月，《学校与社会》杂志发文赞扬该计划对青少年身体的、心理的、经济的、政治的、美学的、道德的指导意义[④]。1920 年，俄亥俄州中学的一位老师认为这是对中等教育目标的“极好的阐释”。在 1921 年全国教育协会上，威廉·欧文向中等教育部致辞，汇报中等教育改造委员会所取得的进步，赞扬其“为所有适龄学生提供了合适的指导……照顾到了所有学生的真实需求”[⑤]。

虽各所学校针对自身情况对综合中学计划进行了部分修改，但无论怎样，综合中学都是作为公立中等学校的标准类型，为改变传统中等教育目标单一、课程混乱、定位尴尬的局面而出现的。迄今为止，这种始于 20 世纪初期的综合中学已经发展成为当代美国中等学校的主要类型，之后美国中等教育的各种变革与重组都是在它的基础上进行的。从某种意义来讲，这应该算是整个 20 世纪对综合中学计划的最高评价了。

从报告文本及其中饱含的期许与用意来讲，综合中学计划似乎是“无可挑剔”的，但这种极度的褒奖与赞许背后，其实暗含了引发后续改革的缺陷与隐患。

---

① DAVIS C O. The Curriculum and the Seven Objectives. Ninth Yearbook of National Association of Secondary School Principles，1925：112－119.

② MCKEEN C J. The Reorganization of Secondary Education. The school and Society，1919，March（IX）：323.

③ DUKE S P. Cardinal Principles of Secondary Education. Educational Administration and Supervision，1919，April（IV）：207，209.

④ WILLARD F R. The Objectives of Education as a Basis for Curriculum-Making in High Schools. The school and Society，1919，July（X）：9－10.

⑤ OWEN W B. Report of the Commission on Reorganization of Secondary Education. NEA Journal of Proceedings and Addresses，1921：163.

综合中学计划中，职业教育已经不仅仅限于最初的工业与商业教育了，它已扩展成为包括工业、商业、农事、文秘、建筑、家政等在内的一种广泛意义上的职业教育。这种“广泛意义”掩盖了职业教育最初的锋芒，正因为无所不包而很难具体调研与实施，因而一些综合中学代之以宽泛的职业指导来履行职业教育的职责。另外，在综合中学里，职业教育只作为中学的一部分，而非一大部分而存在，这与专注于职业训练的专门化职业学校相比还是有差距的。

综合中学每门课程的重要性是根据其对 7 项目标的达成所做出的贡献决定的[①]，由此，课程的价值不是取决于它本身的内在意义[②]，而取决于它对其他外在事物的贡献，这在某种程度上造成了对课程内在文化意义的遮蔽与消解。过于重视目标的达成而忽略课程内在的价值，最终反而消解了目标本身。1918 年之后，各学校竞相将《中等教育的基本原则》中的 7 项目标拿来作为学校改革的指标或标准，新开设上百种课程，最终造成了课程实施与考核上的诸多困境，进而影响了目标的达成。

在对综合中学计划的具体实践中，一些校长和教师将中等学校的重组片面地理解为课程的增减，并将一些课程进行分类，专为不上大学的学生做准备，“在这些校长的心目中，不上大学的学生是最重要的”[③]。事实上，这种走极端的观念转变是对《中等教育的基本原则》及综合中学真实意图的误解。综合中学的重组绝不仅仅是课程的重组那么简单，也并不是将之前“主要为上大学做准备”的定位完全颠倒过来，它涉及的是整个中等教育目的的重新调整、教育观念的改变，以及教育理念的更新，而这些才是促进综合中学形成的根基。之所以会出现这种极端的教育观，可能是由干综合中学课程的设置过于宽泛，无所不包的课程让教育工作者无从下手，因而只能从社会最需要的职业课程入手。另外，中等教育改造委员会可能确实过于强调学术

① Bureau of Education. Cardinal Principles of Secondary Education：A Report of the Commission on the Reorganization of Secondary Education，Appointed by the National Education Association. United States Bureau of Education Bulletin，1918（35）：16.

②③ KRUG E A. The Shaping of the American High School（1880－1920）. The University of Wisconsin Press，1969：389.

课程之外的商业、职业、社会、公民、家政课程，对古典教育则较少提及，且最终并没有发表古典语言学科报告[①]，因而引起了公众的误解。这在某种程度上恰恰昭示了综合中学似乎过于重视职业性与通识性而忽略了学术性，进而偏离“综合性”的本意和初衷。而这，也可从另一种角度理解为，中等教育改造委员会对综合中学的设计似乎已经略微超出了“教育的范畴”，更像是一种“哲学的、理想化的设计”。因为这种试图将不同背景、不同志趣与心性的个人全部统一在同一机构进行民主教育的理想很大程度上是通过“人为的干预”来实现的，而这种对各种需求与目标的“调和”“干预”正是对真正民主的践踏。要在现实社会中以“专门化与统一化”的名义，通过综合中学来规避各种教育方案内在的差异性以实现民主理想，长路漫漫。

最终，由于各州的教育、财政情况不同，无所不包的课程难以在所有地区得到同等程度、同等规模的贯彻实施，加上公众教育观念的不断变化，一些中学的综合性在一定程度上受到了限制[②]。在另有专门化中学（尤其是职业中学）的城市里，综合中学就不会开设由联邦经费资助的职业课程，这样综合中学课程的广泛性就会受到一定的限制。还有一些社区对开展学生毕业后立即有用的专门技能的某类计划缺乏兴趣，也使综合化措施的推行受到限制。另外，在大城市郊区和高收入的住宅区，基于家长们的期望，综合中学中的多数学生还是希望能够进入大学或学院，因而一些职业技能或活动课程的选修率是很低的，这在某种程度上也阻碍了综合中学的广泛推行。这就促使詹姆斯·科南特开始去思考并调查综合中学的实施效果，并提出通过学区改组来减少小型中学数目的建议。但与此同时，科南特也明确指出，除这一举措之外，为了改进美国中学而对综合中学这一基本范型“做根本性的改动并不必要”[③]，且学区改组也是为了使综合中学更有效地在全国推行下去。这在很大程度上再次肯定了 20 世纪初期综合中学计划的优越性。继科南特

---

① 其实，关于现代语言的学科报告最终也没有能够发表，对于原因的分析与解释权且作为本研究的一个“小尾巴”，将会在以后的研究中继续探索。

② CONANT J B. The Comprehensive High School Today. New York: Teachers College Press, 1959. 中文译本参见：科南特．科南特教育论著选．北京：人民教育出版社，1988：38.

③ 科南特．科南特教育论著选．北京：人民教育出版社，1988：61.

之后，美国中等教育又因国内外政治、经济、社会的影响[①]而不断改革，这些改革一方面揭示出综合中学计划的确在教育实践过程中遭遇重重困难，另一方面暗示综合中学的不可替代性，即无论怎样变革，综合中学一直都是作为美国中等学校的基本类型而存在的。

① 20 世纪 50 年代之后，美国中等教育数次改革浪潮的兴起在很大程度上受到政治、经济、社会等各方面因素的影响。如 1957 年苏联人造卫星的成功发射使公众将目光聚焦到公立学校，认为美国宇航技术的落后是由于进步主义学校教育偏废基础学科、降低学术标准而导致的教育质量低下，由此颁布了《国防教育法》；60 年代，民权运动的兴起使公众又聚焦于公立学校的教育机会均等问题，由此通过了《中小学教育法》等教育法案；70 年代，由于社会就业率低，美国国会又颁布了以职业教育和劳动教育为核心的《生计教育法》；70 年代末 80 年代初，又重新要求公立学校“返回基础”，强调中学教授一些基础课程。后来，“返回基础”又因矫枉过正而渐渐被废止。一系列的公立学校改革始终与美国政治、经济、社会的发展与需求紧密联系，使得学校教育多被作为拯救社会危机的“诺亚方舟”而在各种教育政策的变换中摇摆不定。

附
《中等教育的基本原则》[①]

① 该译文曾发表在《教育学报》2015 年第 6 期，译者为张斌贤、杨帆，本书出版时又对译文内容做了重新修订。英文版参见 Bureau of Education. Cardinal Principles of Secondary Education：A Report of the Commission on the Reorganization of Secondary Education，Appointed by the National Education Association. In United States Bureau of Education Bulletin，1918，No. 35.

一、改造的需要

中等教育取决于它所服务社会的需要、受教育者的特性和可以利用的教育理论与实践知识。这些因素绝不是静止不变的。社会总处于发展中，中学人口的特性在变化，教育理论和实践所依赖的科学也在不断地提供新的信息。然而，中等教育却像其他现存的社会机构一样保守、抵触改变。当需求出现时，如果不能进行调整，就有必要不时地开展全面的改造。目前，有显著的迹象表明，中等教育的全面改造已刻不容缓。

1. 社会的变化

过去几十年间，美国社会生活所发生的变化深刻地影响着个人的活动。作为一个公民，他必须在更大程度上、以更直接的方式面对社区、州和联邦政府以及国际关系中的问题；作为一名工人，他必须使自己适应更复杂的经济秩序；作为一个相对独立的个人，他拥有了更多的闲暇。生活中这三个主要方面产生的各种问题紧密相关，它要求每一位公民有一定程度的智力和效率。这种智力和效率不能仅仅通过初等教育甚至中等教育予以保证，除非扩大教育本身的范围。

由于学校以外的许多社会机构为教育提供的动力比以前少了，因此，中学的责任在进一步增加。许多职业出现了重要的变化，例如，工厂制度取代了家庭工业制度，机器的使用代替了手工劳动，与精细劳动分工相适应的工序高度专业化，以及学徒制逐步瓦解。与家庭和家庭生活相关的变化也不断呈现出来，例如，父母对孩子的责任减轻了，父亲（有时是母亲）放下家庭事务到工厂或商店工作，不断拓展的城市化导致完整的家庭生活日益减少。同样，在社区、教会、州以及其他机构也发生了许多重大变化。美国社会生活的这些变化要求中等教育进行全面的变革。

2. 中学人口的变化

在过去的 25 年间，美国的中学人口发生了显著变化。据联邦统计显示，中学生人数从 1889—1890 年的每 210 人中有 1 名，增加到 1899—1900 年的每 121 人中有 1 名，到 1909—1910 年每 89 人中有 1 名，到 1914—1915 年每

73 人中就有 1 名。中学生的群体特征已经因大量具有不同能力、天资、社会遗传和命运的学生的入学而发生改变。而且，中等教育规模的扩大也给学校带来了这样的学生：他们未能学完所有的课程就在不同的发展阶段离开学校。我们既不能忽视这些学生的需求，也不能期待在不久的将来，所有的学生都能作为全日制学生完成中学课程。

目前，在小学一年级的学生中，只有约 1/3 的人能够进入 4 年制中学，仅有约 1/9 的学生能从中学毕业。在进入小学第 7 学年的学生中，只有 1/2 到 2/3 的学生进入 4 年制中学的第一年。在进入 4 年制中学的学生中，大约 1/3 在第 2 学年开学前辍学，大约 1/2 在第 3 学年开学前辍学，只有不到 1/3 的学生能够毕业。这些事实再也不能被心安理得地忽视了。

3. 教育理论的变化

教育理论所依赖的各种科学在近几年做出了重大的贡献。特别是教育心理学开始强调以下因素：

(1) 中学生在能力和天资方面存在个体差异。这个因素已在一定程度上被认识到，并应给予更为充分的关注。

(2) 对学科价值和“普通学科”(general discipline) 教学方法进行重新评估和再解释。尽管现代心理学还未对此形成最终结论，但显然，原有的“普遍价值”的概念必须彻底修正。

(3) 应用知识的重要性。学科价值和教学方法必须依据学习规律和生活中对知识的应用程度加以检验，而不是主要根据一门学科作为有逻辑组织的科学的需要进行检验。

(4) 儿童发展的连续性。长期以来，人们认为某个特定阶段的心理变化是如此显著，以致掩盖了心理发展的连续性，且以此为基础，中等教育与初等教育被截然分割开来。然而，现代心理学日渐发现，在多数情况下，个体的发展是一个连续性的过程，因此，在小学和中学之间，或任何两个前后相接的教育阶段之间的任何突然的、生硬的中断，都是不可取的。

上述社会变化、中学生人口特性的变化、教育理论的变化，连同许多其他方面的变化，都要求中等教育进行全面的变革。这样的变革已经在某些方面开始了。当前需要的是制定一项全面的改造计划，并通过适当的调整，使其被全国所有的中学所采纳。所以，由全国教育协会这样一个具有代表性的机构来拟定这一计划是恰当的。而这就是该协会委托给中等教育改造委员会的任务。

二、民主社会中的教育目的

美国教育应当由一个关于民主意义的清晰概念加以指导。正是民主的理想使得个人和社会能够在对方那里获得自我实现。民主既不允许社会对个人的剥削，也不允许个人无视社会利益。更确切地说，民主的目的就是要建立这样一种社会，即每个成员都可以主要通过为其同胞和整个社会的福祉而设计的活动来发展自己的个性。

这个理想要求将人类活动置于高水平的效率之上，要求在这种效率中加入对这些活动重要性的理解以及对最美好理想的坚守，要求个人选择有助于其个性发展且最有效的职业和社会服务形式。为实现这些目的，民主必须首先依赖于教育。

因此，民主社会中的教育，无论是在校内还是在校外，都应发展每个人的知识、兴趣、理想、习惯和能力，借此，个人将找到自己的定位，并利用这种定位使自己和社会迈向更为崇高的目标。

三、教育的主要目标

为了确定民主社会中指导教育的主要目标，有必要分析一下个体的活动。通常情况下，个体是家庭、职业群体和各种公民团体的成员，由于这些关系，他被要求从事丰富家庭生活、为他人提供重要的职业服务以及促进公共福利的活动。因此，成为称职的家庭成员、拥有良好的职业和公民资格应作为主导目标加以关注。

除了直接履行这些具体的职责，每个人都应该有空余的时间来培养个人的和社会的兴趣。如果利用得当，这种闲暇将恢复个人的精力、扩展和丰富个人的生活，从而使他能够更好地履行责任。如果不合理利用，这种闲暇会损害健康，扰乱家庭生活，降低职业效率，损害公民意识。由于法律的保障，工业生活的趋势是缩短大多数人的工作时间。当缩短的工作时间能够缓解长期紧张工作引发的不良反应时，如果可能的话，它们可能会增加为闲暇做准备的重要性。基于这些考虑，合理利用闲暇的教育目标正变得日益重要。

为了履行生活的职责并从闲暇中获益，人们必须有健康的身体。个人的健康对于种族的蓬勃发展和国防也是至关重要的。因此，健康教育是根本。

在生活中，阅读、写作、运算以及口头和书面表达等技能，都是必要的工具。因此，掌握这些基本技能本身虽然不是目的，却是一个必不可少的目标。

最后，上述教育目标的实现取决于道德品格，即取决于建立在被清晰理解和忠实遵守的正确原则基础之上的行为。良好的公民、卓越的职业以及合理利用闲暇与道德品格并行不悖，它们同是优秀品格的产物和这些品格得以体现与发展的途径。一方面，一旦脱离了履行生活职责的意愿，品格将毫无意义；另一方面，除非原则取代冲动，否则，不管冲动出于何种善意，都无法保证这些职责得到很好的履行。因此，道德品格也应被列入其他目标之中，并需要在所有全国性的教育计划中加以特殊考虑。

因此，本委员会认为，教育的主要目标应包括：1. 健康；2. 掌握基本的技能；3. 称职的家庭成员；4. 职业；5. 公民资格；6. 合理利用闲暇；7. 道德品格。

上述目标的确定并不意味着教育过程可以被分割为各个独立的领域。这是不可能的，因为学生是不能分割的。这一分析也不是无所不包的，但我们相信，区分和确定这些目标将有助于指明努力的方向，而且我们认为它们应该构成教育的主要目的。

四、中等教育在实现教育目标中的作用

上述目标适用于将初等教育、中等教育和高等教育看作一个整体。本部分的目的是具体考察中等教育在实现上述每一个目标方面的作用。

由于第 10 部分所陈述的原因，本委员会赞成这样一种改造，即中等教育可以被界定为适用于所有 12～18 岁的学生。

1. 健康

中等教育阶段的健康需求不能被忽视，否则会严重危及个体甚至种族。因此，中学应该提供健康教育，教导健康习惯，组织有效的体育运动项目，在学业和娱乐计划中考虑健康需求，在促进安全和健康方面与家庭、社区展开合作。

为了执行这一方案，有必要让公众认识到年轻人的健康需求对社会至关重要，保证教师能够明确并满足学生个体的需要，能在整个学生群体中培养一种对“清洁运动”（clean sport）的热爱，为学生开展体育运动提供充足的设备，使校舍、教室和周围环境达到最佳的卫生和环境标准[①]。

2. 掌握基本的技能

小学应将大部分精力恰当地投入一些基本技能的教学中，如阅读、写作、算术运算以及口头和书面表达等。而对一个 12 岁或 14 岁的孩子来说，通过上述途径所获得的能力，是不足以满足现代生活的需要的，尤其是在母语学习方面。运用新内容来提升这些技能的熟练程度远比七八年级学生惯用的形式化复习更为有效。

在整个中学阶段，教学和实践必须紧密联系在一起。但是正如《英语分委员会报告》[②] 指出的那样，任何时候，只有提供足够多的理论教学才能使其实践中产生成果。

3. 称职的家庭成员

称职的家庭成员作为目标之一，要求发展使个人成为对家庭有价值的成员的品质，这些品质既有利于称职家庭成员的培养，又能使个人从这种身份中获益。

这个目标对男孩和女孩都适用。社会科学应将家庭看作一个基本的社会组织，明确其与更广泛的外部利益的联系。文学应该解释构成家庭的人文因

---

① 关于健康计划纲要，参见中等教育改造委员会的一份报告，即教育署刊行的 1917 年第 50 期公报《中学体育》。

② 中学英语的改造．教育署公报，1917（2）．

素，并将其理想化。音乐和艺术应致力于传播构建更美好的家园及其中的乐趣。男女同学和男女教师共事的学校在组织和活动时，应该体现男孩与女孩、男人与女人之间健全的关系。

称职的家庭成员作为一个目标，不应被认为仅仅指向未来的责任。如果学校帮助学生形成正确对待当前家庭责任的态度，向他们阐明家庭对个体发展的作用，这将是更好的保证。

在每一位女中学生的教育中，家政（the household arts）应占据突出地位，因为这对女孩自身、对直接受女孩照料而获得福祉的人来说，都至关重要。目前，对这方面教育的重视是不够的，尤其是对那些准备进入与家政无关职业的女孩以及那些计划进入高等学校的女孩而言。大多数中学毕业后直接就业的女孩往往只工作几年，此后，家政就成为她们的终身职业。对她们而言，中学阶段提供了为那个终身职业做准备的唯一确定的机会。也正是在这一时期，她们最有可能形成关于生活职责和责任的理想。对于那些计划进入高等学校的女孩来说，为高等学校做准备的传统理念与女孩的实际需要和未来责任极不协调。似乎那些精心设计的、旨在发展有利于家庭正常管理和运营能力的中学课程，至少应与其他课程同等重要。我们无法理解社会怎么能继续准许忽视女孩基本需求的中学课程存在，即使这些课程是为回应某些女子学院的要求而设计的①。

在男孩的教育中，应当寻找机会为他们打基础，以便他们明智地领悟完善家庭的价值和维系这样一个家庭所需的劳动和技能，最终达成更有效的合作。例如，他们应该懂得食物的营养价值、环境卫生以及家庭预算的必要性。

4. 职业

职业教育应当赋予个体自食其力、赡养他人的能力，通过他的职业很好地为社会服务，与他的同事及社会维持正当的关系，并尽可能地在职业中实现自我的最大发展。

这个理想要求学生开发自己的能力和潜质，了解世界上的职业，以便最

① 《中学与大学衔接委员会报告》，1911。

终可以明智地选择职业。因此，有效的职业指导课程在中学是必不可少的[①]。

职业教育应该致力于让学生理解职业对社区的重要性，使学生形成一些清晰的概念，这些概念涉及所从事职业的不同成员之间、不同职业群体之间、雇主和雇员之间以及生产者和消费者之间的恰当关系。职业教育的这些以前被忽视的方面需要着重注意。

中学为某一具体职业提供训练的程度取决于职业本身的特点、学校的设施以及学生以后获得这种训练的机会。为了取得令人满意的结果，应当聘用职业中的能手作为教员，并在中学或者在与家庭、农场、商店或办公室的合作中利用真实的职业情境。学生的多数时间都需要产生这样的效率。

5. 公民教育

应培养个人的一些素质，凭借这些素质，个人将扮演好作为社区、城镇、州和国家的一员的角色，并为他理解国际问题奠定基础。

对于这种公民身份，一些要求必不可少：对所属社区福祉的多方面兴趣，对公民正义理想的忠诚，关于社会部门和机构的实践知识，对不损害他人的情况下实现社会目的的手段和方法的良好判断力，以及当所有这些付诸实施时在社会事业中真诚合作的习惯。

学校应该培养男性和女性的公民责任观念，尽管有些是完全相同的，但有些则是相互补充的。

公民活动的差异性是值得鼓励的，但还没有达到对所有人都应面对的共同问题失去兴趣的程度。

培养对民主社会具有重要价值的态度和习惯的途径是，向小组学生布置合作解决和进行社会化教学的任务与问题，从而使班级作为一个整体形成集体责任感。这两种方法都训练学生的集体思维。除此之外，学校自身的民主组织和管理，以及师生之间、学生之间、教师之间的合作也是不可或缺的。

虽然所有的科目都应该促进良好公民的培养，但社会科学——地理、历史、公民、经济——应该将此作为它们的主要目标。然而，单一的信息、陈

① 关于职业指导的全面计划，参见该委员会的 份报告，即教育署 1918 年第 19 期公报《中学的职业指导》。

旧的价值观念和与当下时代疏远的关系，构成了社会科学的主要内容。历史科目应该这样对待制度的发展，即它们的现代价值也应被重视。地理科目应该在展示人类对自然的普遍依赖的同时，反映人与自然的相互依赖关系。公民课应该较少关注宪法问题和遥不可及的政府职能问题，而应把注意力转向身边的社会机构和日常生活中注重追求公共福利的非正式活动。像儿童福利机构和消费者联盟这类机构为年长学生展现公民素质提供了特殊机会。

英语教学应该激发社会理想，深入洞察社会状况及与这些状况相关的个人品质。因此，英语分委员会强调关于社会活动、社会运动的知识的重要性，以及英语教师的社会需求。

对美国民主理想的理解和忠诚应成为公民教育的一个重要目标。学生应该感到他们有责任与其他人一起使美国忠实于传承下来的关于民主的最好的理念，学生同样也应该意识到，民主本身是一个由他们及后代共同铸造的理想。

公民教育也应该关注其他国家。作为一个民族，我们应该尽力去理解他们的志向和理想，从而更富同情心地、更明智地对待来到我们国家的移民，并为更明智地、更有同情心地应对国际问题奠定基础。我们的学生应该认识到，每个国家至少潜在地在促进文明方面有其价值，且没有这种价值贡献，人类就是不完整的。这就意味着不仅要研究各个国家的成就和潜力，而且也不能忽视其局限性。这样一种基于人类友爱理念对不同国家的学习，既避免了感情用事，又做到了立足现实，且在国家事务中可实际操作，有助于建立一种真正的国际主义①。

6. 合理利用闲暇

教育应该赋予个体从闲暇中重塑身体、心灵、精神，并丰富和拓展个性的能力。

这个目标要求运用常见的娱乐形式，如音乐、美术、文学、戏剧和社交，并将其与培养每个人的一个或多个特殊的业余爱好联系起来。

---

① 对公民教育的进一步讨论，参见本委员会发表在教育署公报 1915 年第 23 期的《社区公民教育》和 1916 年第 28 期的《中等教育社会学科》两份报告。

迄今为止，中学教育很少自觉地关注这个目标。它是如此专注于智力训练，以至于很少关注文学、艺术和音乐，以唤起学生们正确的情感反应，产生积极的享受。科学的引入在某种程度上激发了对自然的真正理解。

学校也没有像它本应做的那样组织和指导年轻人的社会活动。使学生为成年后有效利用闲暇做好准备的最可靠方法之一，就是引导和指导他们在年少时就好好利用闲暇。因此，学校应该让学生明白，虽然学校和其他适合的社会机构都可以提供娱乐，但学校在这方面有一个独特的优势，即它的成员来自社会各个阶层，因而能够通过社会关系，建立起友谊和共识的纽带，而这是其他机构所不具备的。此外，学校可以组织校庆或节庆这样的娱乐活动，它们同时也有助于达成教育的其他目的。

7. 道德品格

在一个民主社会中，道德品格是中学所有教育目标中最重要的。培养道德品格的方法，包括对所有学习科目教学内容和方法的明智选择、学生与学生以及学生与教师之间的社会交往、学校在组织和管理中为培养学生个人责任感和主动性提供的机会。但最重要的是服务精神和真正的民主原则应该渗透于整个学校——校长、教师和学生的生活。

有关道德价值的具体考察可见本委员会《中等教育中的道德价值》的报告中关于学校组织和学习科目的部分。该报告还考察了在道德教育方面开设一门独特课程以弥补学校其他活动的可行性。

五、中等教育中教育目标之间的相互关系

本委员会认为，教育在本质上是一个统一和连续的过程，以上所述的每一个目标都必须在整个中等教育范围得到认可。健康需求显然在所有的阶段都很重要；即使在早期阶段甚至在特定的准备工作被延误的时候，职业的目标和内容也被恰当地认为是一个必要的和有价值的要素；公民资格和合理利用闲暇，涉及学生自身成熟的特定教育阶段，很显然在较早的阶段是很重要的，在中等教育的后期也是不可或缺的。

而且，只有当学生认识到他的职业与公民资格相关、他的公民资格是基

于他的职业时，他才会在工业民主社会中为成为有效的成员做准备。因此，本委员会反对任何虽出于善意，却存在着使职业和社会公民教育相分离的有风险的计划，本委员会坚定地支持将服务精神与职业相融合，通过与职业界的真正联系赋予文化以生命。

六、在中学学科改造中认识教育目标

为了更有效地促进这里所概述的目标的实现，需要对中学现有学科进行全面改造。某一学科在中等教育中的地位应该取决于它为实现上述目标所做出贡献的价值。在本报告第四部分中已经多次提及各种需要进行的改变。为了更充分地理解，读者可以参阅本委员会论述一些学科的报告。这些报告指出了这些改造中采取的重要举措。在每一份报告中，委员会都试图依据目标来分析目的，指出呈现方法应与已被接受的目的相适应，并建议根据目的和方法选择内容。

七、教育即生长的过程

教育必须被设想为一种生长的过程。只有如此构想和实施，教育才能为生活做准备。迄今为止，因为这个原则一直被忽视，结果造成了形式主义和思想的贫瘠。

例如，公民教育的主题经常一开始就远离学生的经验和兴趣。为克服这种形式主义，一些学校就让学生只学习他们年少时期能够胜任的活动。然而，这一极端做法既不必要也不可取。学校应该引导学生对当前的责任做出回应，同时激发他们对成年生活问题的兴趣。在这种兴趣的基础上，应帮助学生获得能够使他们履行今后生活的职责和责任的习惯、洞察力和理想。同样，在家庭教育中，忽视学生对家庭的职责和责任的培养，就会造成学生的道德虚伪并危及学生未来的正确行为。从当前的职责出发，家庭教育应该激发学生对于未来家庭活动的兴趣，并基于这种兴趣提供必要的训练。

八、明确价值的需要

学生在超过义务教育年龄之后继续留在学校的年限，很大程度上取决于他们及其父母在多大程度上意识到学校课业对他们的价值，以及他们在其中所取得的成功。或许，在很多社区，对学校所提供的课业的价值的质疑远比经济需求更能让学生离开学校。因此，非常重要的是，每个学生的课业呈现应当使他和他的父母确信其真正的价值。

九、延迟价值的从属性

目前设置的许多科目都要花上几年时间学习，否则价值甚微。由于每一学年都有很多学生离开学校，因此，每门学科都应该这样安排：第一学年的课业对那些不再继续读书的学生要有明确的价值。这一原则应该适用于每一学年的课程。根据这一原则，学年开始时应该安排一些更为简单和更为直接实用的课程，当这些课程能够被很好地领会时，再延迟和细化以后的课程。到那时，整个课程将会更好地满足那些继续求学或者辍学的学生的需要。

十、初等教育和中等教育的划分

学生的个体差异和社会的多样化需求都要求教育多样化，以便与职业、公民及闲暇生活的主要方面产生联系。为此，必须在适当的阶段安排课程[①]并逐步使学生的课业差异化。

为了理智地实现这种差异化，通常应该在学生 12 岁或 13 岁时帮助他们对成人的活动及相关的自身天赋进行初步调查，以便他们至少是尝试性地对

① 本委员会使用的“课程”（curriculum）一词意指学科的系统安排以及这些学科下的具体课程，包括必修课和选修课，这些课程持续两年或更长时间，专为那些学习目的和职业取向与其他学生有较大差异的学生群体设计。

某一人类努力的领域予以特别关注。在进行初步调查和选择之后，学生应对所选领域进行深入了解，包括对与之相关的社会意义的理解。那些就此终结学业的学生则应该掌握一些相关技术。对一些学生而言，已选择的领域是一个已被明确的具体行业，而对其他学生而言，这仅仅是在一个广泛领域做出的初步选择，随后将在其中做出更具体的选择。

在本委员会看来，这些得到他人支持的考量意味着需要对初等教育和中等教育阶段进行重新划分。此前，初等教育 8 年时间通常未被有效地利用，尤其是最后 2 年的教育没有很好地适应青少年的需要。许多学生丧失了兴趣或者完全辍学，或者养成了游手好闲的习惯，对以后的工作产生了严重的危害。我们认为，通过一种始于 12 岁或 13 岁的新型中等教育，许多困难将会迎刃而解。而且，要完成以上提及的课业，目前分配给中学的 4 年时限太短了。

因此，我们建议改造学制。凭此，前 6 年用于初等教育，以满足 6～12 岁学生的需要；后 6 年用于中等教育，旨在满足 12～18 岁学生的需要。

十一、中等教育初级阶段和高级阶段的划分

用于中等教育的 6 年可以划分为两个阶段：初级阶段和高级阶段。初级阶段的重点应放在努力帮助学生发掘自己的潜能，并引导学生对自己将来所要从事的职业类别做出至少是临时性的选择。高级阶段则应该将重点放在对所选择职业领域的训练上。这种区分构成了组织初级和高级中学的基础。

初级中学应该逐步引入分科教学、根据指导选择课程、按学科升级、引入职前教育课程、组建能产生首创精神和培养对团体福祉有个人责任感的社会组织。

高级中学应该提供明确的课程安排，凭此，每个学生都可以根据个人的学习需要及作为社会一员的需要系统地设计课业。高级中学应具有的特征是迅速发展的社会意识，以及基于清楚理解目标所形成的自立能力。

通常情况下，初级阶段和高级阶段应该各为 3 年，以便实现它们各自的

特定目的。在高级中学无法有效维持的人口稀少的地方，初级中学可以将学制延长为 4 年，这样，学生就可以多 1 年就近入学的时间。

本委员会并非不注意这种愿景，即在经费允许时，在地方支持下，扩充中等教育以使它涵盖通常在大学提供的前两年的课业，建立所谓“初级学院”。只是由本委员会试图概述这种新机构的工作似乎是不明智的。

十二、中等教育与初等教育的衔接

现在，升入中学通常需要以完成规定数量的学业为基础。结果是许多超龄学生要么完全辍学，要么仍滞留在小学，而此时他们已无法再从这里的教育中获益了。在小学学制已缩短至 6 年后，如果小学和中学之间类似衔接的概念继续存在，那么，类似的不利影响也将持续下去。然而，某些学制的经验表明，中学能比小学更为成功地为超龄学生提供特别的教育。因此，我们建议，中学应该招收在各方面都已成熟以至于能从中学获得比在小学更多教益的学生，并为他们提供恰当的教育。

十三、高等教育与中等教育的衔接

鉴于中等教育在实现美国生活必不可少的目标中所发挥的重要作用，高等院校目前所坚持的入学要求和品格考察是不合理的，因为它们阻碍了中学在民主社会中发挥其恰当的功能。

正如本报告第十二部分所述，中学应当接纳在中学获得的教益远大于小学的所有学生。由于民主社会要求为日益增多的人口扩大自由教育和职业教育，因此从整体来看，高等院校应该对那些中学教育不再能满足其需求，并有接受继续教育倾向的学生提供教育的义务。基于民主的考量，高等教育应只限于少数人的观念注定会消亡。

因此，认为中学教育是一种特殊类型的教育，在性质上完全是非职业性的、是唯一可为自由的或职业的高等教育做准备的这种传统认识必须让位于对中等教育的科学评价，即所有类型的中等教育都可以为继续学习做准备。

这个更为宽泛的概念无须减少那些早就对适应自身需求的课业表现出学术兴趣的学生的机会。然而，这个概念确实也意味着在中等教育阶段，那些投入大量时间学习包含职业内容的课程的学生，应该被允许继续接受任何形式的高等教育，无论其是自由的还是职业的。他们是能够为自己和社会带来益处的。

十四、在课程规划中认识教育目标

除非对上述每一个教育目标给予应有的重视，否则，中学的课程无法令人满意。

作为一个目标，健康的实现必须基于时间充足的体育锻炼，并需要开设有关个人和社区卫生学、卫生原则及其应用的科学课程。掌握基本技能需要开设英语语言学科的完整的课程，以作为吸收思想和表达思想的手段。称职的家庭成员需要重新定义文学、艺术、社会科学的大部分课业。对女生来说，需要开设充分的家政课程。公民资格要求突出社会科学的地位。作为一个目标，职业要求学生为某个确定的行业投入大量时间做特殊准备，要求学生深入学习那些为高校的高阶课业打基础的课程。合理利用闲暇要求开设文学、艺术、音乐和科学等课程，以发展鉴赏力，同时也有必要开设基于个人业余兴趣的自由选修课程。

对这些目标的充分认识将提供分配和集中的要素，这些要素被认为是均衡和有效的教育所必需的。

十五、中等教育的专门化和统一化功能

1. 意义

如本报告第二部分所述，民主社会的理想包含两个方面：一是专门化，借此，个人和群体在各种职业与人类努力的领域中变得更为有效；二是统一化，借此，民主社会的成员形成有利于合作、凝聚和团结社会的共同观念、共同理想以及共同的思想、感受和行动方式。

没有由个人组成的群体的有效的专门化，就没有进步可言。没有民主社会中的统一化，便不会存在有价值的社区生活，也不会存在为必要的社会目的而采取的协调一致的行动。不断深化的专门化增强了统一化的需求，没有统一化，民主制度就会沦为国内外敌人的牺牲品。

2. 专门化的功能

过去，中等教育只满足了少数群体的需要；现在，人们逐渐认识到，美国民主的进步在很大程度上取决于是否为诸多领域的专门化做好了充分的准备，而这是推动目前中等教育改造的主要原因。只有通过关注不同群体的天赋、能力和抱负所反映的不同需要，中学教育才能确保每个学生竭尽所能。学校必须利用每个男孩和女孩当前的主要兴趣，并尽可能明智地引导那些兴趣。这是保证每个学生努力和有效学习的最可靠方法。

专门化要求中等教育具备下列条件：

（1）范围广泛的学科。为了测验和发展中学年龄段学生身上的许多重要能力和兴趣，学校应该尽可能有效地开设范围广泛的学科。

（2）探索和指导。尤其在初级中学，学生应拥有各种各样的经验和交流，以开发自己的能力和潜质。应该通过教育督导或指导体制帮助学生确定他的教育和职业。这些决定不应由别人强加给他。

（3）内容和方法的适应。每个科目的内容和教学方法应该适应有关学生的能力、兴趣和需要。在某些科目中，对于不同的学生群体，有些因素也大不相同，例如，化学应该在农业、商业、工业和家政的教学中强调不同的方面。

（4）组织和管理的灵活性。应该通过科目或课程的“选择”来保证灵活性，从初中开始按学科升级、实现课程之间可能的转化、为能力较强或较弱的学生分别布置最难和最简单的作业、在某些条件下对能力不同的学生实施进度不同的教学。

（5）课程的分化。应该把高中的课业重组为分化的课程。这些课程的范围应根据学校开设课程的能力尽可能地拓宽。从这个术语的广义上来讲，分化的基础应该是职业性的，从而证明通常所说的诸如农业、商业、文秘、工业、美术和家政课程的正当性，也应该为那些具有特殊学术兴趣和需要的学生开设相应课程。高中的课业应以课程为基础加以组织，但这并不意味着每门科目在各种课程中各不相同，也不意味着每门科目由这种课程的主要因素决定。事实上，任何这样的做法都将忽视与职业效率目标一样重要的其他教育目标。

3. 统一化的功能

在一些国家，共同的传统、强大的中央政府和官方宗教，都有助于社会的团结。在美国，种族群体千差万别，不同形式的社会传统相互冲突，不同的宗教信仰并不总是产生一致，不同职业的成员常常不能认识到与其他人的共同利益。学校是一个以团结人民为目的、受民主制度明确地和有意识地控制的机构。在这个过程中，中学必须发挥重要作用，因为充溢着未成熟学生的小学不能独自培养美国民主必需的共同知识、共同理想和共同兴趣。此外，进入中学的移民子女数量巨大且不断增加；中等教育正处于男孩和女孩社会兴趣快速形成的发展阶段；大多数学生从中学直接参与到我们社会的各种活动中。

统一化功能要求中等教育具备以下条件：

（1）对这一目的具有直接价值的学科，尤其是社会科学、母语和母语文学。

（2）通过学校的组织和管理达到学生的社会融合的目的。

（3）学生参与自身在其中应负有很大责任的共同活动，如体育游戏、社会活动、学校管理。

4. 专门化和统一化功能的相互补充

随着社会专门化程度的不断提高，出现了加强统一化的相应需求。同样，在中学，对专门化的不断关注要求更多有意义的统一性计划。如果中学的课业极少分化，在校生的遗传和兴趣更少有差别，那么，完整意义上的社会统一就不可能发生。

这些功能的互补性与中学生学习的科目直接相关。为了实现这个目的，中学教育应提供下列几类科目：

（1）所有或大部分学生都在学习的固定课程（constants）。这些课程应主要由健康、掌握基本技能、称职的家庭成员、公民资格和道德品格等目标决定。

（2）可变课程（curriculum variables），特有的一门或一组相关课程。如通常所做的一样，这些课程应在极大程度上由职业需要（包括为专门领域的深造所做的准备）决定。

（3）自由选修课程（free electives），根据学生自身的潜能或特殊兴趣开设，通常是非职业性的。这些课程是很重要的，尤其是在为合理利用闲暇所做的准备方面。

固定课程应明确地为统一化服务，可变课程则应明确地为专门化服务，自由选修课程则为这些功能中的一种或两种功能服务。

在第 7 学年，即初中的第一年，不应要求学生从一开始就选择他想要专攻的领域。对于那些在这一时期还没有明确目标的学生，应该给予他们接触若干类型重要工作的机会（例如工业技艺、园艺或其他农业活动，打字或商业，适合女孩的家政，以及为一部分学生准备的外语课业），去获得一些经验。

将几门这样的科目或项目分成若干小单元，安排好时间表，使每个学生都能修习其中的某几个单元，这种方法看起来是可行的。这样提供的课业除了有探究价值外，还具有真正的教育价值。

在初中接下来的两年里，一部分学生应该继续这种尝试过程，而另一部分学生则可以把他们 1/4～1/2 的时间更好地投入可变课程。在九年级结束时可能会进入工业领域工作的学生，可以将 2/3 的时间用于职业准备，但不允许他们忽视对完成良好公民资格和合理利用闲暇这两项目标所做的准备。

在高中，这三组学科的相对比重将随课程发生变化。对于那些在完成高中学业前就获得一份有报酬的职业的学生，其大部分时间可以用于可变课程，尤其是在他们在校的最后一年。

简言之，预留给可变课程的时间越多，用于固定课程的时间就应更具目的性，从而使学校成为一个有效的统一化机构。最重要的是，科目之间的分化越大，学习不同课程的学生之间的社会融合就变得越重要。

专门化和统一化功能的互补性也与最符合民主社会需要的中学类型直接相关，这将在下一部分讨论。

十六、作为标准中学的综合中学

在一个统一的机构中涵盖所有课程的综合中学（有时称为“混合中学”或“全面中学”）应该成为美国中学的标准类型。

不管对高中实施何种政策，初中必须是综合型的，因为初中的主要目的之一就是通过广泛的交往和经验帮助学生，为其明智地选择教育和职业生涯奠定基础。本委员会认为，高中和传统的 4 年制中学通常也应是综合型的，理由如下：

1. 职业教育的有效性

如果能够有效地组织和管理，综合中学能通过分化的教育对个人和社会产生更大的价值，因为这种价值很大程度上取决于个人追求最适合自身需要的课程的程度。尽管在讨论职业教育和其他类型的分化教育的有效性时这个因素经常被忽视，但它仍然是非常重要的。

在类型特殊的学校系统中，许多因素妨碍学生做出明智的课程选择。因而，许多学生会选择离家最近的中学或是他们的朋友上过或正在上的中学，或是能够提供最吸引人的社交生活和拥有最好的运动队的中学。一些学生还受到亲朋邻里观念的不明智影响。在进入特殊类型的学校后，许多学生因无法适应课业而选择辍学，只有很少的学生转学到另一所学校。

综合中学可以将妨碍明智的课程选择的影响降到最小，一旦学生做出了不明智的选择，他可能会在发现更适合自身需要的课程方面得到很大的帮助。因为他可以观摩学校的其他课程，可以与学校里的伙伴交流，可以与能给予他有关这些课程专业建议的教师进行沟通。当这个学生已经找到更适合其需求的课程时，他可以转去学习那种课程，而无须断绝与学校的关系，且对他来说，似乎也无损于对学校的忠诚。

此外，综合中学的学生之间也存在从职业上看有价值的交往，因为每个职业领域的人都必须能与其他职业的人进行明智地交往，且雇主与雇员必须能相互理解并达成利益共识。同样，综合中学的教师有更好的机会来观察其他课程，从而能更好地向学生提供明智的建议。

概而言之，与特殊型学校相比，组织完善的综合中学能够使分化的教育产生更大的价值，因为综合中学有助于做出明智的课程选择，有助于在需要时进行重新调整，且能提供在每种职业中获得真正成功所必需的更广泛的交往。

2. 统一化

当综合中学由一位能认识到各种类型的中等教育的社会价值，且能在教师和学生中激发广泛的民主精神的校长来管理时，那它就是一种更好的统一化手段。通过与学习其他课程且与自己的职业和教育目标差异较大的同学建立友谊，学生会意识到他们与其他学生的共同利益终究要比可能会导致他们与其他学生产生对抗的差异性重要得多。通过学校集会和组织，他们获得了共同观念；通过团体活动，他们得到合作训练；通过对存在许多群体的学校的忠诚，为他们对州和国家的忠诚做准备。简言之，综合中学是民主社会的原型，在其中，不同群体必定拥有作为群体的一定程度的自我意识，且通过对共同利益及理想的认识，结成一个更广泛的整体。这样的学校生活为民主社会的生活提供了自然的和有价值的准备。

3. 职业之外的目标

与许多小型的特殊类型学校相比，综合中学能更有效地提供健康教育、合理利用闲暇的教育和家政教育。

最有效的健康教育需要有充足的设备、能够判断健康需求并指导健康活动的教师。在较小的特殊类型学校中，配置这些设备的花费和困难几乎让人望而却步。当有广泛的组织，诸如工艺美术俱乐部、文学辩论社以及音乐组织等可供学生选择时，为合理利用闲暇所做的准备才能很好地实现。所有这些组织的活动要获得成功，就需要有热心的领导，而较大的教师团体可以很好地提供这种领导力。在所有课程中，在具备有效的指导者和充足设备的条件下，女生应该在家政课业中占有优势，而综合中学最容易提供这些条件，它拥有很强的家政系。

4. 便利性

在那些需要不止一所中学的大城市，为服务于某一特定区域而确定每一所学校选址的做法是可取的，这样就可以减少学生往返学校的花费和时间。

学校毗邻家庭也使学生和家长对教育产生更大的兴趣，因而也提高了学校吸引和留住学生的能力。

5. 适应地方需要

在建议将综合中学作为标准中学时，委员会意识到，在需要两所或两所以上中学的大城市中，在每所中学开设所有课程总是不可能的。之所以排除这种做法，是因为某些课程在一些学校注册的学生太少，不能经济地组织和管理。在这样的情况下，一些课程可能仅在精选的综合中学或甚至只在某一所学校开设，而其他课程则会在每所学校开设。

本委员会也意识到，在每所较小的乡村中学开设所有课程是不切实际的。在这种情况下，因为学生人数过少而不值得重复开设的课程应在精选的学校开设，需要这种课程的学生应该进入那些学校，这是可取的。从本质上看，这个计划与对大城市的建议是一样的。

6. 综合中学课程的有效组织

最后，本委员会承认，过去，有些综合学校提供的教育很没成效。这部分是由于职业教育在各地已经经历或正在经历实验的阶段。然而，本委员会认为，综合中学职业教育的致命缺陷在于缺乏恰当的组织和管理。像管理许多偶然结合的学科那样是无法得到有效的职业教育的。为了改进这种状况，本委员会建议，在较大的综合中学，应该将每门课程或密切相关的一组课程置于课程主任的监督之下，主任的任务是组织课程并保持其效率。课程主任必须在校长的总指导下工作，而校长必须是学校所有活动的协调者。尤为必要的是，每位课程主任的挑选应当与特殊类型学校校长的遴选一样慎重，因为学校的注册学生数和在他指导下的课程注册人数一样多。在那些不能为各种课程聘用课程主任的中型中学，应该由教师组成各个委员会，考虑各种课程问题，所有的工作都要在校长的指导下进行。

除非对各种课程进行有效的组织和管理，除非民主精神渗透到学校，否则，综合中学就面临失败的危险。如果这些因素都具备，它就大有成功的希望。

十七、在学校的组织中认识教育目标

目标必须决定组织，否则组织会反过来决定目标。如果中学赖以组织的唯一基础就是学习科目的基础，每个部门只致力于某个特定的学科，那么，就会造成对这些学科的过高评价，且这种趋势将使每个教师将其职责仅仅看作引导学生掌握特定的学科，而不是把学习科目和学校活动当作实现教育目标的手段。这种部门的组织是可取的，但需要加以补充。建议采取以下两种方法：

（一）校长理事会

校长可以从教师中遴选一个理事会，理事会的每个成员负责研究与某一特定目标相关的学校活动。校长和理事会应该一起探讨实现这些目标的各种计划。通常情况下，如果校长能够激发理事会成员的积极性，且将成员履行职责的权力于他们，则可以提升学校的效率，而不会在任何方面削弱校长的根本职责。建议这样一个理事会的成员及其职责如下：

健康主任。该成员应该确保学生的健康需要是否得到充分满足。为达成此目的，他应该考虑建筑的通风和卫生、午餐的供应、学生的仪态、家庭作业量、体育锻炼的准备工作以及运动的效果等。他应该查明学生是否在校外有过度的社会活动，并探索在合理调节学习和娱乐方面赢得父母配合的方法。他可以仔细地察看生物教学是否适当关注了卫生保健和环境卫生。

公民资格主任。公民资格主任应该确定学生是否正在形成首创精神和个人责任感。他应该通过校报、辩论社团、通常的学校活动培养学生的公民意识，并为指导学生思考重大的现实问题提供建议。

课程主任。正如在本报告第十六部分中讨论的那样，为了给每一个重要的职业群体提供一门或一组课程，应该有一个主任研究这些职业的需求状况，调查毕业生在满足正当职业需求方面的得失。利用已获得的这些知识，课程主任应该努力改善学校提供的课业。这些课程主任中应有一位负责大学和师范学校的升学准备。他应该获得升入这些院校的毕业生的记录，并找出学生在准备过程中的优势和劣势。他会与准备报考这些院校的学生商议在中学应该修习的课业。

职业和教育指导主任。理事会中的这个成员应该收集各种职业和教育的机会以及所需资质的数据。如果学校规模较小，他可以在就业或升学的选择中帮助每个学生获得明智的建议。但如果学校规模较大，他必须培训一些能够更密切了解学生情况的人来协助提供这一服务，而他自己要时刻准备提出建议。

闲暇准备主任。这位理事会成员应该尽可能地了解学生正在养成的兴趣，这些兴趣将有助于学生在今后的生活中明智地利用闲暇时间。他应该重点关注音乐组织、学校图书馆、艺术俱乐部和艺术班级，以及学生度过闲暇的各种方式。

大型的学校可能需要任命更多的主任来负责教育的其他重要方面。

（二）通过委员会

校长可以任命教师委员会，每个委员会负责与上述类似的职责。这个委员会的优点是，它将激励更多的教师获得广阔的教育视野。

在理论上，校长亲自管理教学并指导所有的学校活动是可能的。然而，实际上，大多数校长往往只能关注教育的少数几个方面。校长在任何一方面的集中的创新性工作都必然会造成对其他方面至少是暂时的忽视。因此，为了不忽视任何目标，校长理事会或者教师委员会似乎是不可或缺的。

这并不意味着理事会或者委员会将会在任何一方面削弱校长的根本职责，而是通过这种方式，能够保证整个教师队伍的合作，并使所有目标都得到关注。

十八、中等教育对所有青年人都必不可少

在此概述的这些目标能在多大程度上被当作教育的主导目的，决定了扩大每一位男孩和女孩的教育对于民主社会的福祉甚至存续的必要性的认识程度。在我们现代民主的条件下，这些目标的重要性正变得越来越显著。这些条件产生于日益增长且迅速应用到生活方方面面的科学知识、激烈的竞争及

随之而来的危机、不同种族和不同宗教的民族之间更为紧密的联系，以及所有男人和女人在掌控自己命运时所表现出的自信。这些及许多其他趋势都提高了健康、称职的家庭成员、职业、公民资格、合理利用闲暇以及道德品格的重要性。

这些目标中的每一个目标的实现不仅要求儿童获得可能的训练和习惯养成，也需要发展那些在青春期前无法形成的智力和效率。事实上，它们的实现要求把整个学习时间分配到初中和高中。

因此，本委员会认为，应该对教育进行这样的改造，从而使每一个正常的男孩和女孩都被鼓励在学校待到 18 岁，如果可能最好是全日制，不然也可以是非全日制。

十九、非全日制教育作为一种强制性的最低要求

正如在本报告第一部分所陈述的，只有约 1/3 的美国青年升入 4 年制中学的第一年，而且只有约 1/9 的学生留在学校直到完成中学学业。归根到底，这种情况主要是由四个原因造成的：第一，中学普遍提供的教学范围有限；第二，学校不能向年轻人及其父母充分证明它们所提供的教育的价值；第三，就业的诱惑以及年轻人不断增强的经济独立的愿望；第四，实际的或预期的家庭经济压力。

第一个原因正在因为有丰富职业教育内容的课程的引入而迅速消失。第二个原因可以通过从属的延迟的价值以及为使教育对学生的价值更为凸显而进行的教育改造而消除，正如在第八和第九部分中讨论的一样。第三个原因可以通过增加学校课业中的男子气概来削弱其影响。而直到社会状况得到实质性改善之前，经济压力会一直持续下去。

与此同时，一项健全的全国政策对立法提出了迫切的要求，由此，所有年轻人无论就业与否，都应该被要求进入学校学习，在学校开学期间，每周不得少于 8 个小时，直到 18 岁。

每周 8 小时的学习不仅可能使职业效率获得提高，也可能在增进健康、为称职的家庭成员做准备、提升公民智力和效率、更好地利用闲暇等方面取

得进展。显然，所有这些目标对年轻工人和对那些全日制在校学生都是同样重要的。

如果组织得当，非全日制教育的价值会超出其所投入的时间，因为它可以以年轻工人的新经验和新的社会与公民交往作为基础。而且，持续在学校就读将为这些年轻人提供一种在现代劳动分工环境下经常缺乏的智力激励。

因此，本委员会建议制定一项法律，凭此，所有 18 岁以下的年轻人，无论就业与否，都应被要求进入中学学习，在学校开学期间，每周学习时间不少于 8 个小时。

在一些州，要求 16 岁或 17 岁以上的年轻人参加这种非全日制教育，一开始这可能会被认为是行不通的，但是，本委员会认为，除非把这个期限延长到 18 岁，否则，就不可能满足美国民主的迫切要求。

为了使这种非全日制教育有效，必须使它适应相关学生的具体需求，而且必须为这种新型课程培训教师。如果没有这些举措，会有很大的失败风险，以及随之而来的对中等教育的这种最有价值的拓展的抵制。

鉴于培养年轻工人与继续留在全日制学校就读的同伴们的共同兴趣和社会团结意识的重要性，本委员会认为，这种非全日制教育应该在综合中学实施，而不是像在不太民主的社会惯常做的那样，在单独的继续教育学校开展。根据这个方案，非全日制学生和全日制学生可以共用礼堂、体育馆和其他向所有人开放的设施。这个方案还有一个好处，就是中学为所有学生的注册是持续的，由此，一方面可以加强就业督导，另一方面也使对全日制学习的回报变得更为容易，因为无论何时，工业的诱惑或家庭经济状况的改善都会让这种回报变得诱人和可行。

要让所有 14～18 岁辍学的孩子参与每周 8 小时的非全日制学习，就需要大量增加中学的师资。然而，没有哪一部单独的教育法能够在提升智力和效率水平、确保民主福祉方面做得足够充分。

二十、结论

在对这份关于中等教育基本原则的报告进行总结时，本委员会呼吁关注它的其他 17 份报告，在这些报告中我们会发现，这里提出的原则被应用于中等教育的各个方面。其中一份报告将详细考察这些原则在中学组织和管理方面的运用。13 份报告涉及根据这些原则制定的各种学科和课程的目的、方法和内容。另外 3 份报告讨论了职业指导、体育以及产生于中学组织和教学的道德价值。

中等教育的问题应该得到比以前更为严肃的关注，这一点正在变得越来越明显。关于使中等教育适应现代民主生活需求的最好方法的研究才刚刚开始。对年轻人的身体、智力、情感和道德特点的理解依然模糊不清。只有相对较少的管理者和教师认真学习了有关社会需要和已有教育理论与实践的知识。在很大程度上，进步取决于对教师进行充分的职前和职后的专业培训。必须采取计划，汇集教师个体成功的实验成果。为了使改造工作有效进行，中等教育的各个领域必须提供称职的管理和建设性的领导。

本委员会坚定地认为，美国中等教育必须完全以所有青年完满而有价值的生活为目的，因此，在此陈述的目标必须在每个男孩和女孩的教育中占据一定的地位。

最后，在把这里提出的基本原则转化为日常实践的过程中，美国的中学教师自身必须努力探寻正在为争取至高无上地位而斗争的伟大的民主运动的内在含义。"每个人都有权利获得发展自身最优秀的品质的机会"这个学说，在个人潜在的、独特的价值这个信念中得到了强化。因此，教育的任务，正如生命的任务一样，就是要唤起这种潜在的价值。

在寻求唤醒个人和群体独特的卓越品质时，中学必须同样积极地培育共同的观念、共同的理想、共同的思维、情感和行为模式。由此，通过一种丰富、统一和共同的生活，美国可以为正在寻求人类和国家之间的民主的世界提供最真诚的服务。

主要参考文献

[1] Abbott, G. Federal Regulation of Child Labor, 1906－1938. Social Service Review, 1939, 13 (3).

[2] Angus, D L, Mirel, J E. The Failed Promise of the American High School, 1890－1995. New York and London: Teachers College Press, Columbia University, 1999.

[3] Ayres, L M. Laggards in our schools. New York: Russell Sage Foundation, 1909.

[4] Barlow, T A. Pestalozzi and American Education. Este Es Press, 1977.

[5] Beck, R H. American Progressive Education, 1875－1930. Yale University, 1942.

[6] Beveridge, A J. Child Labor Laws. The Journal of Education, 1908, 68 (12).

[7] Black, M A. Changes in Entrance Requirements of New England College. Educational Administration and Supervision, 1919 (5).

[8] Bohan, C H. Early Vanguards of Progressive Education: The Committee of Ten, the Committee of Seven, and Social Education. Journal of Curriculum and Supervision, 2003, 19 (1).

[9] Bolton, F E. Editorial Notes. The School Review, 1908, 16 (1).

[10] Boydston, J A. Jone Dewey, The Later Works, 1925－1953 (Volume5: 1929－1930). Southern Illinois University Press, 1984.

[11] Brace, C L. The Dangerous Class of New York and Twenty Years' Work Among Them. New York: Wynkoop & Hallenbeck, 1872.

[12] Brauner, C J. American Educational Theory. Englewood Cliffs, New Jersey: Prentice-Hall, Inc., 1964.

[13] Bremner, R. Children and Youth in America: A Documentary History. Cambridge: Harvard University Press, 1971.

[14] Briggs, T H. The Committee of Ten. Junior-Senior High School Clearing House, 1931, 6 (3).

[15] Burnham, J C. After Freud Left: A Century of Psychoanalysis in America. Chicago: The University of Chicago Press, 2012.

[16] Butts, R F. Public Education in the United States. New York: Holt, Rinehart and Winston, 1978.

[17] Carroll, H K. The conflict over the public school question: An outline of its history. The Independent Devoted to the Consideration of Politics, Social and Economic Tendencies, 1894.

[18] Carter, L K. Evening Schools and Child Labor in the United States, 1870 – 1910. The Journal of Economic History, 2010, 70 (2).

[19] Cattell, J M. The Reorganization of Secondary Education. The school and Society, 1919, March.

[20] Charles, H. The Development of the Teachers College in the United States. Bloomington: McKnight and McKnight, 1935.

[21] Charles, M. The McMurrys in American Education. Peabody Journal of Education, 1928, Mar., 5 (5).

[22] Chidester, L H. Junius L. Meriam's Elementary School. The University of Georgia, 2005.

[23] Chrisman, O. Child-Study: A New Department of Education. The Forum, 1894 (16).

[24] Clement, P F. Growing Pains: Children in the Industrial Age, 1850-1890. New York: Twayne Publishers, 1997.

[25] Cohen, S. The Mental Hygiene Movement, the Development of Personality and the School: The Medicalization of American Education. History of Ed-

ucation Quarterly, 1983 (2).

[26] Cohen, S. Education in the United States: A Documentary History. New York: Random House, 1974.

[27] Comparye, G. Herbart and Education by Instruction. New York: Croweel, 1907.

[28] Conant, J B. The Comprehensive High School Today. New York: Teachers College Pres 1959.

[29] Cook, K. Sociological Perspectives on Social Psychology. Boston: Allyn and Bacon, 1995.

[30] Cooper, W J. The American South: Vol. 2, Rowman & Littlefield Publishers, 1991.

[31] Cremin, L A. The Transformation of the School: Progressivism in American Education (1876-1957) . New York: Alfred A. Knopf, Inc. & Random House, Inc. 1961.

[32] Cubberley, E P. Public Education in the United States. Houghton Mifflin, 1962.

[33] Danborn. The Resisted Revolution: Urban America and the Industrialization of Agriculture, 1900-1930. Ames, IA. : The Iowa State University Press, 1976.

[34] Davidson, E H. Child Labor Legislation in Southern Textile States. University of North Carolina Press, 1939: preface.

[35] Davis, C O. The Curriculum and the Seven Objectives. Ninth Yearbook of National Association of Secondary School Principles, 1925.

[36] Dearborn, N H. The Oswego Movement in American Education. Columbia University, 1925.

[37] DeCarmo, C. Herbart and the Herbartians. New Yrok: Charles Scribner's Sons, 1896.

[38] DeCarmo, C. The Essentials of Method, A Discussion of the Right Methods of Teaching Observation, Generalization, Application. Boston:

D. C. Heath & Co. , 1890.

[39] Dewey, J. Education vs. Trade-Training-Dr. Dewey's Reply. The New Republic, 1915.

[40] Dewey, J. Ethical Principles Underlying Education. Herbart Yearbook, 1897.

[41] Dewey, J. How Much Freedom in New Schools. The New Republic, 1930 (9).

[42] Dewey, J. Progressive Education and the Science of Education. Progressive Education, 1928 (3).

[43] Dewey, J. The Educational Situation. Chicago: The University of Chicago Press, 1902.

[44] Dewey, J. The Interpretation Side of Child-Study. Transactions of the Illinois Society for Child Study, 1897, 2 (2).

[45] Dewey, J. Democracy and Education. New York: The Macmillan Company, 1916.

[46] Dewey, J, Dewey, E. Schools of Tomorrow. New York: E P Dutton & Company, 1915.

[47] Dewey, J. The Influence of Darwin on Philosophy, and Other Essays in Contemporary Thought. New York: Peter Smith, 1951.

[48] Dewey, J. The School and Society (2nd edition). Chicago: University of Chicago Press, 1900.

[49] Dexter, E G. Ten Year's Influence of the Report of the Committee of Ten. The School Review, 1906, 14 (4).

[50] Dorchester, D. Romanism verse Public School. New York: Phillips & Hunt, 1888.

[51] DuBois, P. The Need of an Educational Consciousness. The Biblical World, 1903 (3): 210-215.

[52] Duke S P. Cardinal Principles of Secondary Education. Educational Administration and Supervision, 1919, April, IV.

[53] Dunkel, H B. Herbartianism Comes to America: Part I. History of Education Quarterly, Vol. 9, No. 2, Summer, 1969.

[54] Eby, F. The Development of Modern Education. New York: Prentice-Hall, Inc. 1952.

[55] Eisenberg, M Jay. Compulsory Attendance Legislation in America, 1870-1915. University of Pennsylvania, 1988.

[56] Eliot, C W. Can School Programmes Be Shortened and Enriched? // Charles W E. Educational Reform: essays and addresses. New York: The Century Company, 1901.

[57] Eliot, C W. The Report of the Committee of Ten. Educational Review, 1894, Feb.

[58] Eliot, C W. The Unity of Educational Reform. Educational Review, 1894 (10).

[59] Ensign, F C. Compulsory School Attendance and Child Labor. The Athens Press, 1921.

[60] Fuller, R G. Child Labor and the Constitution. New York: Thomas Y. Crowell Company, 1923.

[61] Guarneri, J. Changing Strategies for Child Welfare, Enduring Beliefs about Childhood: The Fresh Air Fund, 1877-1926. The Journal of the Gilded Age and Progressive Era, 2012 (1).

[62] Hall, G. S. The Contents of the Children's Minds. The Princeton Review, 1883 (11).

[63] Hall, G. S. The Ideal School as Based on Child Study. The Forum, 1901 (32).

[64] Hall, G. S. The Contents of Children's Minds on Entering School. New York & Chicago: E. L. Kellogg & Co. , 1893.

[65] Handlin, O. John Dewey's Challenge to Education: Historical Perspective on the Cultural Content. New York: Harper & Brothers, 1959.

[66] Haunold, J L. Idle Hands Are the Devil's Workshop: A History of

American Child Labor and Compulsory Education, Emancipation or Reconstituted Oppression?. Counterpoints, Vol. 209, The Freirean Legacy: Educating for Social Justice, 2002.

[67] Hawes, J M, Hiner, N R. American Childhood: A Research Guide and Historical Handbook. Westport, Connecticut: Greenwood Press, 1986.

[68] Heffron, I C. Francis Wayland Parker: an interpretive biography. Los angels: Ivan Deach, Jr. Publisher, 1934.

[69] Herbst, J. The American People's College: The Lost Promise of Democracy in Education. American Journal of Education, 1992, 100 (3).

[70] Hindman, H D. Child Labor: An American History. M. E. Sharpe, 2002.

[71] Hiner, N R. Children in American History//William J. Reese and John L. Rury, eds. Rethinking the History of American Education. New York: Palgrave Macmillan, 2008.

[72] Hiner, N R. Herbartians. History, and Moral Education. The School Review, 1971, Aug., 79 (4): 593.

[73] Hunter, R. Poverty. Macmillan, 1904.

[74] James, W. Talks to Teachers on Psychology, and to Students on Some of Life's Ideals. Longmans, Green and Company, 1902.

[75] Johns, D R. Child Labor: Foe to the School, Feeder to the Penitentiary. Journal of Education. 1907, 66 (10).

[76] Joseph, H M, Hiner, N R. American Childhood: A Research Guide and Historical Handbook. Greenwood Press, 1986.

[77] Kauffman, B. The Child Labor amendment debate of the 1920s. The Journal of Libertarian Studies, 10 (2).

[78] Kilpatrick, W. What do We Mean by Progressive Education. Progressive Education, 1930 (7).

[79] Kliebard, H M. Education at the Turn of the Century: A Crucible for Curriculum Change. Educational Researcher, 1982, Jan, 11 (1).

[80] Kliebard, H M. Changing Course: American Curriculum Reform in the 20th Century. Teachers College Press, 2002.

[81] Kliebard, H M. The Struggle for the American Curriculum, 1893-1958, 3rd ed. New York and London: RoutledgeFalmer, 2004.

[82] Knox, H M. The Progressive Development of J. F. Herbart's Educational Thought. British Journal of Educational Studies, 1975, Oct, 23, (3).

[83] Koch, C. A Historical Review of Compulsory School Attendance Laws and Child Labor Laws. University of Wyoming, 1972.

[84] Krug, E A. Charles W. Eliot and the Secondary School. History of Education Quarterly, 1961 (3).

[85] Krug, E A. The Shaping of the American High School, 1880 - 1920. Madison: The University of Wisconsin Press, 1964.

[86] Labaree, D F. How Dewey Lost: The Victory of David Snedden and Social Efficiency in the Reform of American Education. Stanford University, 2008.

[87] Leeds, J A. The History of Attitudes toward Children's Art. Studies in Art Education, 1989 (2).

[88] Leidecker, K F. Yankee Teacher: The Life of William Torrey Harris. New York: Philosophical Library, 1946.

[89] Lewis, W D. Democracy's High School. Boston: Houghton Mifflin Company, 1914.

[90] Lindenmeyer, K. A Right to Childhood: The U. S. Children's Bureau and Child Welfare 1912-1946. University of Illinois Press, 1997.

[91] Lindner, C. Manual of Empirical Psychology. Boston: D. C. Heath & Co. , 1890.

[92] Link, A S, Catton, W B. American Epoch: A History of the United States Since the 1890s. New York: Alfred A. Knopf, 1963.

[93] Lovejoy, O R. School-House or Coal-Breaker. The Outlook, 1905

(8).

[94] Lovejoy, O R. The Function of Education in Abolishing Child Labor. The Annals of the American Academy, 1908.

[95] Lovejoy, O R. Will Trade Training Solve the Child-Labor Problem? . The North American Review, 1910, 191 (655).

[96] MacLeod, A S. From Rational to Romantic: The Children of Children's Literature in the Nineteenth Century. Poetics Today, 1992 (1).

[97] Martin, G H. Child Labor and Compulsory Education. The Journal of Education, 1905, 62 (5).

[98] Mary, M. The "Problem of Duty": Family Desertion in the Progressive Era. Social Service Review, 1988 (1).

[99] Mathieson, M. English Progressive Educators and the Creative Child. British Journal of Educational Studies, 1990, Nov, 38 (4).

[100] McAhren, R W. Making the Nation Safe for Childhood: A History of the Movement for Federal Regulation of Child Labor, 1900-1938. University of Texas, 1967.

[101] McKenny, C. The McMurrys in American Education. Peabody Journal of Education, 1928. , Mar.

[102] McMurry, C A. My Philosophy of Education. Peabody Journal of Education, 1927 (5).

[103] Mehl, B. The High School at the Turn of the Century: A Study of the Changes in the Aims and Programs of Public Secondary Education in the United States, 1890-1900. Urbana: University of Illinois, 1954.

[104] Meriam, J L. Child Life and the Curriculum. University of Michigan, 1920.

[105] Meriam, J L. The Traditional and the Modern Curriculum, an Emerging Philosophy. Berkeley, California: Berkeley Mimeographing, 1960.

[106] Meyer, A E. An Educational History of the American People. McGraw-Hill Book Company, Inc. , 1957.

[107] Mintz, S. Huck's Raft: A History of American Childhood. Cambridge: Harvard University Press, 2004.

[108] Monroe, W S. History of the Pestalozzian Movement in the United States. C. W. Bardeen Publisher, 1907.

[109] Moulton, G L. The American Herbartian: A Portrait from His Yearbooks. History of Education Quarterly, 1963., Sep, 3 (3).

[110] Muney, A L. Were Compulsory Attendance and Child Labor Laws Effective? An Analysis from 1915 to 1939. The Journal of Law & Economics, 2002, 45 (2).

[111] Neilson, W A. What the College Has a Right to Expect of the High Schools in English. The School Review, 1908, 16 (2).

[112] Nelson, M. First Efforts toward a National Curriculum: The Committee of Ten's Report on History, Civil Government, and Political Economy. Theory and Research in Social Education, 1992, 20 (3).

[113] Nelson, M. What Goes Around Comes Around: History Education in the 1890s and the 1990s. The History Teacher, 1992, 25 (4).

[114] Nightingale, A F. The Committee on College Entrance Requirements: Report of the Chairman. The School Review, 1897, 5 (6).

[115] Northrup, B B. Annual Report of 1889. Bureau of Education, 1889.

[116] Norton, A P. The School and Home. The Elementary School Teacher, 1903 (9).

[117] Ogata, A. Designing the Creative Child: Playthings and Places in Midcentury America. Mineapolis: University of Minnesota Press, 2013.

[118] Parker, F W. Results of Child-Study Applied to Education: Letters from Eminent Scientists. Chicago & New York: Werner School Book Company, 1894.

[119] Parker, F W. Talks on Pedagogics: An Outline of the Theory of Concentration. New York & Chicago: E. L. Kellogg & Co., 1894.

[120] Parker, F W. Talks on Teaching. New York & Chicago: E. L.

Kellogg & CO. , 1896.

[121] Parkhurst, H. Education on the Dalton Plan. London: G. Bell and Sons, 1927.

[122] Pearse, C G. The Common School as an Instrument of Democracy. NEA Journal of Proceedings and Addresses, Department of Superintendence, 1916.

[123] Perera, F. Child Labor Reform in the Early Progressive Era, 1870-1900. American Journal and Public Health. 2014, 104 (10).

[124] Pinloche, A B. Pestalozzi and the foundation of the modern elementary school, C. Scribner's Sons, 1901.

[125] Pratt, C, Deming, L C. The Play School. New York: Bureau of Educational Experiments, 1917.

[126] Ravitch, D. A Century of Failed School Reforms. New York: Simon & Schuster, 2000.

[127] Ravitch, D. National Standards in American Education. Brookings Institution Press, 1995.

[128] Reese, W J. The Origins of Progressive Education. History of Education Quarterly, 2001 (1).

[129] Rice, J M. Need School be a Blight to Child-life? . The Forum, 1891 (12).

[130] Rice, J M. The Public Schools of St. Louis and Indianapolis. Forum, 1892 (12).

[131] Rice, J M. The Public-school System of the United States. New York, 1893.

[132] Riis, J. How the Other Half Lives: Studies among the Tenements of New York. New York: Charles Scribner's Sons, 1890.

[133] Riis, J. The Children of the Poor. New York: Charles Scribner's Sons, 1892.

[134] Rillero, P. The Enlightenment Revolution: A Historical Study of

Positive Change Through Science Teacher Education. Journal of Science Teacher Education, Spring, 1993.

[135] Robinson, E V D. The Reorganization of the Grades and the High School. The School Review, 1912, (20).

[136] Robinson, J H. Medieval and Modern History in the High School. Herbart Yearbook, 1899.

[137] Rodriguez, A A. Federal Child Labor Policies in America, 1912-2002. Howard University, 2002.

[138] Rosenberg, C M. Child Labor in America: A History. McFarland & Company, Inc. , Publishers, 2013.

[139] Rugg, H. Foundations for American Education. Yonkers-on- Hudson: World Book Co. , 1947.

[140] Rugg, H, Shumaker, A. The Child-Centered School: An Appraisal of the New Education. New York & Chicago: World Book Company, 1928.

[141] Rugg, H. Foundations for American Education. New York: World Books Company, 1947.

[142] Rury, J L. Education and Social Change: Contours in the History of American Schooling. 3rd ed. New York: Routledge 270 Madison Ave, 2009.

[143] Sanderson, A R. Child Labor Legislation and Labor Force Participation of Children. Journal of Economic History, 1974.

[144] Schmitt, N C. Francis Wayland Parker's Morning Exercise and the Progressive Movement. American Educational History Journal, 2010, 37 (1).

[145] Schurman, J G. The Outlook for the Curriculum. The School Review, 1893, 1 (2).

[146] Semel, S F. and Sadovnik, Alan R. eds. Schools of Tomorrow, Schools of Today: What Happened to Progressive Education? . New York:

Peter Lang, 1999.

[147] Seth, J. The Relation of Knowledge to Will and Conduct. Fourth Yearbook of the National Herbart Society, 1898.

[148] Sheppard, K, Robbins, D M. Lessons from the Committee of Ten. The physics teacher, 2002, 40 (10).

[149] Sidwell, B A. The Changes and Trends in Child Labor Legislation in the United States Since 1900. University of Southern California, 1927.

[150] Silber, K. Pestalozzi: the man and his work. London: Routledge and Kegan Paul, 1976.

[151] Smiley, W H. Secondary Education. The School Review, 1896, 4 (7).

[152] Smuts, A B. Science in the Service of Children, 1893-1935. New Haven: Yale University Press, 2006.

[153] Spargo, J. The Bitter Cry of the Children. New York: The MacMillan Company, 1906.

[154] Spring, J. The American School, 1642-1993. 3rd ed. McGraw-Hill, Inc., 1990.

[155] Stambler, M. The Effect of Compulsory Education and Child Labor Laws on High School Attendance in New York City, 1898-1917. History of Education Quarterly, 1968, 8 (2).

[156] Stepenoff, B. Child Labor in Pennsylvania's Silk Mills: Protest and Change, 1900-1910. Pennsylvania History: A Journal of Mid-Atlantic Studies, 1992, 59 (2).

[157] Strayer, G D. Edward L. Thorndike, Educational Administration: Quantitative Studies. New York: The Macmillan Company, 1913.

[158] Strickland, C E. The Child, the Community, and Clio: The Uses of Cultural History in Elementary School Experiments of the Eighteen-Nineties. History of Education Quarterly, 1967, 7 (4).

[159] Sumner, H L, Merritt, E A. Child Labor Legislation in the

United States. Washington：Government Printing Office，1915.

[160] Swift，E J. Mind in the Making：A Study of Mental Development. New York：Charles Scribner's Sons，1980.

[161] Terman，L M. Commercialism：The Educator's Bugbear. The School Review，1909，17（3）.

[162] Thomas，J L. Romantic Reform in America，1815-1865. American Quarterly，1965（4）.

[163] Toch，H. The Social Psychology of Social Movements. Indianapolis，IN：Bobbs-Merrill，1965.

[164] Trattner，W I. Crusade for the children：a history of the National Child Labor Committee and child labor reform in America. Quadrangle Books，1970.

[165] Troen，S K. The Public and the Schools：Shaping the St. Louis System，1838-1920. Columbia，Mo.：University of Missouri Press，1975.

[166] Tyack，D B. Turning Points in American Educational History. Lexington：Xerox College Publishing，1967.

[167] U. S. Bureau of the Census. Census of Population：Occupations. 1930，Ⅳ（39）.

[168] U. S. Department of Commerce. Historical Statistics of the United States. Colonial Time to 1970. U. S. Census Bureau，1997.

[169] Van Liew，C. The Educational Theory of Cultural Epochs. Herbart Yearbook，1895.

[170] Van Overbeke，M A. Climbing the Ladder：The Evolving Relationship between Secondary and Higher Education and the Standardization of American Schooling，1870-1910. Madison：University of Wisconsin-Madison，2005.

[171] Voget，F W. Man and Culture：An Essay in Changing Anthropological Interpretation. American Anthropologist 62，December，1960.

[172] Webb，S. The Case for the Factory Acts. London：Grant Rich-

ard, 1902.

[173] Weber, E. Ideas Influencing Early Childhood Education: A Theoretical Analysis. New York: Teachers College Press, 1984.

[174] Wraga, W G. Left out: The Villainization of Progressive Education in the United States. Educational Researcher, 2001, 30 (7).

[175] Wright, C D. The Work of the National Society for the Promotion of Industrial Education. Annals of the American Academy of Political and Social Sciences, 1909, Jan., 33 (1).

[176] Wright, E C. School English and Social Order: Nineteenth-Century Background to the Work of the Committee of Ten and Its Conference on English. Evanston: Northwestern University Press, 1977.

[177] Zelizer, V A. Pricing the Priceless Child: The Changing Social Value of Children. New York: Basic Books, 1985.

[178] 波普诺．社会学．北京：中国人民大学出版社，1999.

[179] 帕克赫斯特．道尔顿教育计划．北京：北京大学出版社，2005.

[180] 杜威．学校与社会·明日之学校．北京：人民教育出版社，2004.

[181] 恩格尔曼，高尔曼．剑桥美国经济史．北京：中国人民大学出版社，2008.

[182] 富兰．教育变革新意义．北京：教育科学出版社，2005.

[183] 福禄培尔．人的教育．北京：人民教育出版社，2011.

[184] 林克，卡顿．一九〇〇年以来的美国史．北京：中国社会科学出版社，1983.

[185] 克雷明．学校的变革．济南：山东教育出版社，2013.

[186] 科南特．科南特教育论著选．北京：人民教育出版社，1988.

[187] 梅休，等．杜威学校．上海：华东师范大学出版社，1991.

[188] 斯普林．美国学校：教育传统与变革．北京：人民教育出版社，2010.

[189] 泰亚克．一种最佳体制：美国城市教育史．上海：上海人民出版

社，2010.

[190] 坦纳．学校课程史．北京：教育科学出版社，2006.

[191] 托克维尔．论美国的民主．北京：商务印书馆，1988.

[192] 维特．事故共和国：残疾的工人、贫穷的寡妇与美国法的重构．上海：上海三联书店，2013.

[193] 沃特拉斯．20 世纪美国教育中的哲学冲突．合肥：安徽教育出版社，2011.

[194] 扎斯特罗．社会问题：事件与解决方案．5 版．北京：中国人民大学出版社，2010.

[195] 张斌贤．教育与社会变革．北京：中国社会科学出版社，2012.

[196] 十人委员会报告．中国教育科学，2016 (1).

[197] 中等教育的基本原则：美国全国教育协会中等教育改造委员会报告．教育学报，2015 (6).

[198] 张斌贤，李曙光，王慧敏．揭开美国中等教育改革的序幕：《十人委员会报告》始末．外国教育研究，2015 (1).

中英文人名对照表[①]

Adams, Matthew P.	马修·亚当斯
Adams, Jane	简·亚当斯
Adams, Charles K.	查尔斯·亚当斯
Adler, Felix	费利克斯·阿德勒
Agassiz, Louis	路易斯·阿加西斯
Alcott, Bronson	布朗森·奥尔科特
Angell, James B.	詹姆斯·安杰尔
Angus, David L.	戴维·安格斯
Ash, Robert	罗伯特·阿什
Ayres, Leonard	伦纳德·艾尔斯
Baber, Zonia	佐尼亚·巴伯
Bagley, William C.	威廉·巴格利
Baker, James H.	詹姆斯·贝克
Barnard, Henry	亨利·巴纳德
Bell, Alexander Graham	亚历山大·格雷厄姆·贝尔
Bctts, George	乔治·贝茨
Beveridge, Albert	艾伯特·贝弗里奇
Black, Millare A.	米勒·布莱克
Blaine, Anita M.	安妮塔·布莱恩

① 此人名对照表的翻译，主要参考了新华通讯社译名室. 英文姓名译名手册. 4版. 北京：商务印书馆，2004. 其中少量参照了教育学界通用且熟知的人名翻译。

Bryan, Anna E.	安娜·布赖恩
Bloomfield, M.	布卢姆菲尔德
Blow, Susan	苏珊·布洛
Bobbitt, Franklin	富兰克林·博比特
Bohan, Chara Haeussler	查拉·霍伊勒斯·博安
Bolton, Frederick E.	弗雷德里克·博尔顿
Brace, Charles Loring	查尔斯·洛林·布雷斯
Briggs, Thomas H.	托马斯·布里格斯
Brill, Abraham A.	亚伯拉罕·布里尔
Brown, Elmer E.	埃尔默·布朗
Brown, George	乔治·布朗
Bunker, F. F.	邦克
Burk, Frederic	弗雷德里克·伯克
Burris, W. P.	伯里斯
Butler, Nicholas Murray	尼古拉斯·默里·巴特勒
Butts, R. F.	巴茨
Calkins, N. A.	卡尔金斯
Cattell, J. Mckeen	麦基恩·卡特尔
Chamberlin, Thomas C.	托马斯·钱伯林
Clapp, Elsie	埃尔茜·克拉普
Cobb, Stanwood	斯坦伍德·科布
Comenius, Johann Amos	约翰·阿莫斯·夸美纽斯
Compayre, G.	康帕亚
Cohen, Sol	索尔·科恩
Conant, James	詹姆斯·科南特
Cone, J. H.	科恩
Cook, Flora J.	弗洛拉·库克
Cook, J. W.	库克
Coonley, Queene Ferry	奎妮·孔利

Coy, E. W.	科伊
Cremin, Lawrence A.	劳伦斯·克雷明
Cubberley, Ellwood P.	埃尔伍德·克伯莱
Curtis, Henry	亨利·柯蒂斯
Darwin, Charles Robert	查尔斯·罗伯特·达尔文
Davis, William M.	威廉·戴维斯
Dewey, John	约翰·杜威
Dexter, Edwin G.	埃德温·德克斯特
Dood, Alvin E.	阿尔文·多德
Dorey, J. Milnor	米尔纳·多里
Douglas, William	威廉·道格拉斯
DuBois, W. E. B.	杜波依斯
Duke, S. P.	杜克
Emerson, Ralph W.	拉尔夫·埃默森
Eliot, Charles W.	查尔斯·埃利奥特
Fess, S. D.	费斯
Fish, Frederick P.	弗雷德里克·菲什
Forest, Robert W.	罗伯特·福里斯特
Foster, Frances	弗朗西丝·福斯特
Fretwell, Elbert K.	埃尔伯特·弗雷特韦尔
Freud, Sigmund	西格蒙德·弗洛伊德
Froebel, FriedrichWilhel	弗里德里克·威廉·福禄培尔
Froelicher, Francis M.	弗朗西斯·弗罗利切
Fullan, Michael	迈克尔·富兰
Garmo, Charles De	查尔斯·德·加谟
Glynn, Michael	迈克尔·格林
Grane, M.	格雷恩
Griswold, Wells L.	韦尔斯·格里斯沃尔德
Hailmann, Eudora	尤多拉·海尔曼

Hall, Florence	弗洛伦斯·霍尔
Hall, Granville Stanley	格兰维尔·斯坦利·霍尔
Haney, James P.	詹姆斯·黑尼
Hanus, Paul. H.	保罗·汉纳斯
Handlin, Oscar	奥斯卡·汉德林
Harper, WilliamReiney	威廉·哈珀
Harris, William Torrey	威廉·托里·哈里斯
Hartman, Gertrude	格特鲁德·哈特曼
Heffron, Ida Cassa	艾达·赫夫龙
Herbart, Johann Friedrich	约翰·弗里德里克·赫尔巴特
Herbst, Jurgen	尤尔根·赫布斯特
Hine, Lewis W.	刘易斯·海因
Holmes, H. W.	霍姆斯
Holt, Luther E.	卢瑟·霍尔特
Hughes, D. M.	休斯
Hymes, James L.	詹姆斯· 海姆斯
Jacobi, Abraham	亚伯拉罕·雅各比
James, Edmund Janes	埃德蒙·简·詹姆斯
James, George Francis	乔治·弗朗西斯·詹姆斯
James, William	威廉·詹姆斯
Jesse, Richard H.	理查德·杰西
Johns, Mary Harris	玛丽·哈里斯·约翰斯
Johnson, Marietta	玛丽埃塔·约翰逊
Jones, Margaret	玛格丽特·琼斯
Jung, Carl Gustav	卡尔·古斯塔夫·荣格
Kandinsky, Wassily	瓦西里·康定斯基
Kelley, Florence	弗洛伦斯·凯利
Kilpatrick, William H	威廉·克伯屈
King, Henry C.	享利·金

Kinsley, Clarence D.	克拉伦斯·金斯利
Kingsbury, Susan M.	苏珊·金斯伯里
Kirkpatrick, E. A.	柯克帕特里克
Kittredge, George L.	乔治·基特里奇
Kliebard, Herbert M.	赫伯特·克利巴德
Krug, Edward A.	爱德华·克鲁格
Krüsi, Hermann	赫尔曼·克鲁西
Lang, Ossian H.	奥西恩·兰
Lapp, John A.	约翰·拉普
Lathrop, Julia	朱莉娅·莱思罗普
Leipziger, Henry M.	亨利·莱布兹格尔
Lewis, William D.	威廉·刘易斯
Lindner, C. A.	林德纳
Lindsay, Semuel McCune	塞缪尔·林赛
Locke, John	约翰·洛克
Jean-Jacques Rousseau	让-雅克·卢梭
Lovejoy, Owen R.	欧文·洛夫乔伊
Lukens, Herman T.	赫尔曼·卢肯斯
Mackenzie, James C.	詹姆斯·麦肯齐
Maclure, William	威廉·麦克卢尔
Mann, Horace	贺拉斯·曼
Marshall, Florence M.	弗洛伦斯·马歇尔
Martin, George H.	乔治·马丁
Mason, Lowell	洛厄尔·梅森
McAndrew, William	麦克安德鲁·威廉
McClure, Samuel S.	塞缪尔·麦克卢尔
Mcgovern, W. C.	麦戈文
McAndrew, William	威廉·麦克安德鲁
McMurry, Charles. A.	查尔斯·麦克默里

McMurry, Frank. M.	弗兰克·麦克默里
McKelway, Alexander J.	亚历山大·麦克尔韦
McKenny, Charles	查尔斯·麦肯尼
McMurry F.	麦克默里
Mehl, Bernard	伯纳德·梅尔
Melluci, Albero	麦鲁齐
Meriam, Junius L.	朱尼厄斯·梅里亚姆
Miller, R. M.	米勒
Mirel, Jeffrey E.	杰弗里·米雷尔
Monaghan , J. C.	莫纳汉
Morrison, Gilbert B.	吉尔伯特·莫里森
Morse, Lucia	露西娅·莫尔斯
Murphy, Edgar G.	埃德加·墨菲
Neator, Agnes	阿格尼斯·尼特
Nightingale, A. F.	奈廷格尔
Neef, Joseph	约瑟夫·尼夫
Nelson, Murry	默里·纳尔逊
Nelson, W. A	纳尔逊
Northrup, Birdsey B.	贝德塞·诺思拉普
Norton, Alice P.	艾利斯·诺顿
Noss, Theo. B.	诺斯
Oliver, Pamela E.	帕梅拉·奥利弗
Oshea, M. V.	奥谢
O' Reilly	奥赖利
Owen, Robert	罗伯特·欧文
Owen, William B.	威廉·欧文
Page, Carroll S.	卡罗尔·佩奇
Parker, Francis W.	弗朗西斯·帕克
Parker, Franklin	富兰克林·帕克

Parkhurst, Helen	海伦·帕克赫斯特
Parsons, Frank.	弗兰克·帕森斯
Peabody, Elizabeth	伊丽莎白·皮博迪
Pearse, Carroll G.	卡罗尔·皮尔斯
Pestalozzi, Johann Heinrich	约翰·海因里希·裴斯泰洛齐
Picasso, Pablo	巴勃罗·毕加索
Pinnar, William F.	威廉·派纳
Phelan	费伦
Pratt, Caroline	卡罗琳·普拉特
Pratt, Frederick B.	弗雷德里克·普拉特
Prosser, Charles Allen	查尔斯·艾伦·普罗瑟
Ravitch, Diane	戴安娜·拉维奇
Redefer, F. L.	雷德弗
Redfield, William C.	威廉·雷德菲尔德
Rein, Wilhelm	威廉·赖因
Reisner, Edward H.	爱德华·赖斯纳
Rice, Joseph Mayer	约瑟夫·迈耶·赖斯
Rice, Emily J.	埃米莉·赖斯
Richards, Charles R.	查尔斯·理查兹
Riis, Jacob	雅各布·里斯
Robinson, Harvey	哈维·鲁宾逊
Robinson, James H.	詹姆斯·鲁宾逊
Roosevelt, Theodore	西奥多·罗斯福
Robinson, Oscar D.	奥斯卡·鲁宾逊
Rugg, Harold	哈罗德·鲁格
Runkle, John Daniel	约翰·丹尼尔·郎克尔
Schurman, J. G.	舒尔曼
Schurz, Margaretha M.	玛格蕾特·舒尔茨
Search, Theodore C.	西奥多·瑟奇

Seeley, Levis L.	莱维斯·西利
Seligman, Isaac N.	艾萨克·塞利格曼
Sheldon, Edward A.	爱德华·谢尔登
Shumaker, Ann.	安·休梅克
Smiley, Wm. H.	斯迈利
Smith, Hoke	霍克·史密斯
Smith, Margaret K.	玛格丽特·史密斯
Smith, Perry Dunlap	佩里·邓拉普·史密斯
Snedden, David	戴维·斯内登
Snow, David A.	戴维·斯诺
Snyder, Morton	莫顿·斯奈德
Spargo, John	约翰·斯帕戈
Spring, Joel	乔尔·斯普林
Stein, Lorenz von.	洛伦茨·斯坦
Stoy, Kelvin E.	凯尔文·斯托伊
Stoy, Karl	卡尔·斯托伊
Swift, Edgar James	埃德加·詹姆斯·斯威夫特
Taft, William Howard	威廉·霍华德·塔夫脱
Tanner, Daniel	丹尼尔·坦纳
Tarrow, Sidney	悉尼·塔罗
Taylor, Katharine	凯瑟琳·泰勒
Taylor, James M.	詹姆斯·泰勒
Terman, Lewis M.	刘易斯·特曼
Tetlow, John	约翰·泰特洛
Teutegerg, L. W.	图特格克
Thomsen, Gudrun T.	古德龙·汤姆森
Thorndike, Edward L.	爱德华·桑代克
Tibbetts, Vinal H.	维纳尔·蒂贝茨
Tilly, Charles	查尔斯·蒂莉

Toch, Hans.	托克
Turner, F. J.	特纳
Tyack, David	戴维·泰亚克
Tyler, Ralph W.	拉尔夫·泰勒
Ufer, Chr.	厄弗
Van Cleave, James W.	詹姆斯·范克利夫
Vanderlip, Frank A.	弗兰克·范德利普
VanOverbeke, Marc A.	马克·范欧弗贝克
Wald, Lillian	莉莲·沃尔德
Warburg, Paul M.	保罗·沃伯格
Washburne, Carleton	卡尔顿·沃什伯恩（又译为华虚朋）
Washington, Booker T.	布克·华盛顿
Watras, Joseph	约瑟夫·沃特拉斯
Webster, Noah	诺厄·韦伯斯特
Wheeler, Benjamin I.	本杰明·惠勒
Wilson, William B.	威廉·威尔逊
Wilson, Woodrow	伍德罗·威尔逊
Winslow, Charles Wolsey	查尔斯·沃尔西·温斯洛
Wirt, William A.	威廉·沃特
Woods, Robert A.	罗伯特·伍兹
Woodward, Calvin M.	卡尔文·伍德沃德
Wright, Carroll D.	卡罗尔·赖特
Young, Ella Flagg	埃拉·弗拉格·扬
Zald, Mayer. N.	迈耶·扎尔德
Ziller, Tuiskon	戚勒尔

后 记

近三四年来，我的学术兴趣主要集中在1890—1920年美国公立学校教育史研究。在美国学校教育处于前所未有的巨大发展和重大变革时期，可以和值得研究的问题难以计数，并且不同的问题之间存在着错综复杂的关系，因此很难同时开展多个问题的研究。鉴于此，我只能采用较为简单而实用的方法，即陆续对不同的问题进行逐个研究，并在对不同问题的研究过程中把握不同问题之间的关系。几年来，我先后进行的专题研究主要包括：职业教育运动、进步主义教育运动、中学课程《十人委员会报告》等。与此同时，先后指导研究生对进步主义新学校实验、美国教育协会史等专题展开初步的研究。这些研究的部分成果已相继发表在《教育研究》《教育学报》《北京大学教育评论》《清华大学教育研究》《高等教育研究》等刊物上。以儿童中心学校为研究对象的著作《改变美国教育的儿童中心学校》已由山西人民出版社出版，以"职业教育运动"为主题的著作《迎接工业化的挑战：美国职业教育运动研究》已由教育科学出版社在2019年出版。

在相关问题研究的基础上，我开始考虑对近几年的研究工作进行阶段性总结，以审视前期研究工作的得失，同时也便于从较为宏观的视角审视这个时期美国公共教育变迁的轨迹，为后续的专题研究提供一个更为广阔和合理的认识框架。本书就是这项阶段性总结工作的成果之一。正因如此，本书虽名为《美国教育改革：1890—1920年》，但并不试图对1890—1920年间美国学校教育的改革进程进行全面的、系统的梳理，而是有选择性地针对几个较为重要、具有较好研究基础的专题展开研究。此外，由于团队关于这一时期美国教育改革的一些研究成果将另行出版，为避免内容重复，本书没有系统涉及一些问题，如职业教育运动、进步主义教育运动等。

本书是北京师范大学外国教育史团队合作的一项成果。华东师范大学祝贺博士承担第一章裴斯泰洛齐运动部分的写作，威斯康星大学麦迪逊校区博士研究生王慧敏承担哈里斯部分和第二章的写作，北京师范大学陈露茜副教授承担赫尔巴特运动部分的写作，陕西师范大学吴婵博士承担本书第三章、第六章的写作，北京师范大学博士研究生杨帆承担库克实习学校和埃利奥特关于美国中等教育改革论述部分的写作，天津大学高玲博士承担杜威学校、密苏里大学初等学校部分的写作，《教育科学研究》杂志范婕编辑承担道尔顿制部分的写作。本书部分章节曾以论文的形式在不同期刊发表。此次根据编写的需要，均由原作者做了程度不同的修改和补充。在此基础上，我对大多数章节做了进一步修改。

中国人民大学出版社策划“当代中国教育学人文库”，并邀我参与其中，这为我总结阶段性的科研工作提供了契机。本书出版之际，衷心感谢中国人民大学出版社的盛情邀请，感谢编辑王雪颖女士为本书出版所付出的辛劳。同时，感谢参与本书编写工作的各位同人、同学，尤其感谢吴婵博士在全书文字加工、注释统一以及中英文对照编写等方面做出的大量具体的工作。本书得以成书和出版，吴婵博士功不可没。

本书为北京市社会科学基金重大项目“教育与美国社会改革（1890—1920 年）”（项目编号：15ZDA25）阶段成果，感谢北京市哲学社会科学规划办公室的大力支持。

張斌賢

2019 年 1 月于北京师范大学

图书在版编目（CIP）数据

美国教育改革：1890—1920年/张斌贤等著．—北京：中国人民大学出版社，2019.6
（当代中国教育学人文库）
ISBN 978-7-300-26994-8

Ⅰ.①美… Ⅱ.①张… Ⅲ.①教育改革-教育史-研究-美国-1890—1920 Ⅳ.①G571.29

中国版本图书馆CIP数据核字（2019）第097084号

国家出版基金项目
当代中国教育学人文库
美国教育改革：1890—1920年
张斌贤 等 著
Meiguo Jiaoyu Gaige：1890－1920 nian

出版发行 中国人民大学出版社
社　　址 北京中关村大街31号　　**邮政编码** 100080
电　　话 010－62511242（总编室）　　010－62511770（质管部）
010－82501766（邮购部）　　010－62514148（门市部）
010－62515195（发行公司）　　010－62515275（盗版举报）
网　　址 http://www.crup.com.cn
经　　销 新华书店
印　　刷 北京鑫丰华彩印有限公司
规　　格 170 mm×240 mm　16开本　　**版　　次** 2019年6月第1版
印　　张 18.75　插页1　　**印　　次** 2019年6月第1次印刷
字　　数 275 000　　**定　　价** 65.00元